DEEPAK CHOPRA | Vida sin condiciones

byblos

Título original: *Unconditional Life*
Traducción: Edith Zilli
1.ª edición: junio 2007

© 1991, Deepak Chopra, M.D.
© Ediciones B, S. A., 2007
   Bailén, 84 - 08009 Barcelona (España)
   www.edicionesb.com

Diseño de portada: Estudio Ediciones B
Fotografía de portada: © JULITERIMAGES Corporation
Diseño de colección: Ignacio Ballesteros

Printed in Spain
ISBN: 978-84-666-3315-4
Depósito legal: B. 23.409-2007

Impreso por LIBERDÚPLEX, S.L.U.
Ctra. BV 2249 Km 7,4 Polígono Torrentfondo
08791 - Sant Llorenç d'Hortons (Barcelona)

DEEPAK CHOPRA | Vida sin condiciones

PRIMERA PARTE

EL MISTERIO
DE LA REALIDAD PERSONAL

1

El hombre que sanaría

—¿Cuánto más de esto cree usted que puedo soportar? —preguntó el paciente, encorvado en la silla. Su rostro se oscureció—. Hace seis meses yo sólo pensaba en seguir vivo. Prestaba oídos a cualquiera que me ofreciera esperanzas de curarme. Todos tienen miedo de usar la palabra «cura», por supuesto, pero se me han prometido todos los lechos de rosas que se puedan cultivar. Ahora todo resulta bastante extraño, ¿verdad?

—No —dije, serenamente—. Sé que usted se ha esforzado mucho por mejorar.

Le apoyé una mano en el hombro, pero él se apartó, rígido.

—Dejémoslo así —murmuró—. Sólo un tonto puede seguir de este modo.

—En su estado, es de esperar que usted tenga altibajos —advertí cauteloso—. Pero en vez de sentirse tan desilusionado por su recuento de glóbulos blancos...

—No —me interrumpió, amargado—, basta de recuentos. No quiero ni enterarme.

—¿Qué quiere usted? —pregunté.

—Una salida.

—¿A qué se refiere?

—Créame: si yo supiera que...

Hubo un silencio largo y tenso. El hombre mantenía la vista clavada en el suelo, la cara convertida en una dura máscara. Los dos esperamos a oír lo que yo diría a continuación.

Mi paciente se llamaba Robert Amis. Tenía treinta y siete años y había trabajado para una pequeña firma de computación, en las afueras de Boston. Un año antes, la empresa había exhortado a todos los empleados a que se sometieran a un análisis de sangre completo, decidida a dar más importancia a la salud. Robert cumplió sin reparos. Fue una sorpresa que las pruebas indicaran una sospechosa elevación en su recuento de glóbulos blancos. Se hicieron nuevos análisis y, pocas semanas después, un oncólogo le informó, sombríamente, que padecía de un tipo incurable de leucemia. Robert quedó profundamente alterado. Los afectados por esa enfermedad llamada Leucemia Mielocítica Crónica no tienen un promedio de vida seguro, pero puede ser muy breve: de dos a cuatro años. Puesto que le restaba tan poco tiempo, él comprendió que debía actuar.

—En cuanto salí del consultorio fue como si se operara una llave —me contó en nuestra primera entrevista—. Comprendí que debía cambiar de prioridades.

Propuso matrimonio a la muchacha con quien vivía y se casaron muy pronto. Luego renunció a su trabajo en Boston y compró un condominio en Miami. Pero lo más importante fue que se entregó íntegramente al proyecto de curación.

—Muchas publicaciones decían que existía un curador interior —me contó—, y yo estaba decidido a hallarlo.

Descubrió que abundaban las vías por las que se podía lograr esa meta: autohipnosis, visualización, psicoterapia, masaje profundo y relajación progresiva fueron sólo el comienzo. Comenzó a asistir a reuniones de grupos de apoyo con otros enfermos de leucemia y, en los fines de semana, a seminarios de autocuración, donde escuchaba alentadores relatos de pacientes que se habían recuperado de enfermedades incurables. Cuando lo conocí, blandió el último audio de la serie que enviaba a parientes y amigos, todos los meses, para mantenerlos al corriente de su vida... con lo cual se refería a su enfermedad, que lo consumía casi todo, al punto de dejarle muy poca existencia aparte.

Al cabo de seis meses, cuando estaba en la cumbre de su nueva existencia, Robert se sentía más seguro que nunca en el plano emocional. Cuando se sometió, confiado, al nuevo análisis de sangre, descubrió que el recuento de glóbulos blancos, en vez de volver a la normalidad, había trepado a las nubes. Su dolencia parecía acelerarse peligrosamente; su oncólogo adoptó un tono severo y le aconsejó que se sometiera a una quimioterapia intensiva o que diera un paso más drástico: hacerse practicar un transplante de médula ósea. Ninguna de esas dos medidas podía asegurarle una cura definitiva, pero la medicina convencional tenía poco que ofrecerle.

Robert trató de mantener su decisión y rechazó ambas posibilidades. Sin embargo, poco después comenzó a caer en una profunda depresión. Perdió el apetito; cada vez le costaba más dormir. Cuando me lo enviaron se sentía deprimido, solitario y casi aislado de los otros por su desesperación.

Mientras lo veía frente a mí, encorvado en su silla, me pregunté qué decirle. Aunque todo lo que había intentado era «correcto» (su búsqueda del curador interior, su intento de romper con viejos hábitos poco satisfactorios, su decisión de evitar las situaciones tensas), en realidad no había cambiado de una manera profunda.

—Permítame aclararle algo —dije—: no pretendo que usted mejore sólo por pensarlo. No es cuestión de desear con suficiente fuerza que la enfermedad desaparezca: todos los pacientes que están en su situación desean desesperadamente mejorar. ¿Por qué algunos lo consiguen?

Él se encogió de hombros.

—Un cuerpo más fuerte, buenos genes, suerte. Tal vez Dios los ama más que a otros.

—No descarto ninguno de esos factores; podemos analizarlos uno a uno. Pero lo que le oigo pedir —expre-

11

sé— no es sólo una curación, sino saber por qué motivo le ha ocurrido esto a usted.

La expresión de Robert se mantuvo congelada, pero sus ojos parecieron ablandarse un poquito. Continué:

—Me sería fácil asegurar que su enfermedad no tiene sentido, que es sólo resultado de alguna alteración ocurrida en su cuerpo por azar. Eso es, más o menos, lo que nos inculca nuestra preparación médica.

«También sería fácil decirle exactamente lo opuesto: que su enfermedad tiene una sencilla causa emocional, que usted no se ama lo suficiente o que algún tipo de dolor psíquico reprimido lo está enfermando. Pero eso también es una verdad a medias. Ambas son respuestas prefabricadas.»

—¿Y qué más hay? —preguntó él, con amargura.

En esa pregunta, que pendía en el aire entre nosotros con tanto reproche y desesperanza, ambos llegamos a un punto decisivo. Él estaba en el límite de lo que podía pedir. Yo, en el límite de lo que, según la medicina, podía ofrecerle. Sin embargo lo que él pedía estaba absolutamente claro, en términos más humanos que médicos. Las antiguas disyuntivas: («¿Qué significa la vida? ¿Por qué no puedo tener lo que deseo?») habían vuelto a la superficie de la mente de Robert, activadas por la crisis de su enfermedad.

UN RECLAMO DE SENTIDO

En los diez o veinte últimos años, la medicina ha debido abrirse a temas que, en el pasado, nunca pudo enfrentar a gusto. Los pacientes quieren saber por qué sufren, lo que no es novedad, por cierto; pero cuando plantean la pregunta, sus implicancias más profundas se niegan a permanecer sepultadas. No se conforman con saber por qué les duele el estómago, los intestinos o el pecho. «¿Por qué sufro *yo*?» es la disyuntiva. Y aun después de apaciguar la úlcera, desbloquear el intestino o extirpar el tumor de mama, el paciente vuelve con la aflicción en los ojos.

Llevado hasta el límite de mi supuesta pericia, he pensado en ese sufrimiento y tratado de observar con la mayor atención a las personas que tienen la franqueza de enfrentarme a él. Así he efectuado algunos descubrimientos sorprendentes. En el medio de la vida cotidiana parece haber un agujero, como si alguien hubiera arrojado una piedra a través de un vidrio blindado. Pero en vez de ser un agujero físico, podríamos llamarlo «agujero de sentido», ausencia que no se puede definir, salvo diciendo que duele. Aunque la gente no pueda analizar el efecto que esa falta de sentido tiene en su vida, lo experimenta; como resultado una tristeza enfermiza pende sobre las cosas, aun sobre las mejores. ¿Cuántas personas experimentan el amor, la libertad, la fe o la devoción con tanta profundidad como quisieran? ¿Cuántos son los que no pueden sentir en absoluto estas cosas y quedan, en cambio, con remordimientos y culpa?

En la superficie, todos mis pacientes buscan ayuda porque están enfermos, algunos de gravedad. Pero lo que con frecuencia me impacta es que muchos parezcan, de algún modo apenas disimulado, experimentar alivio. Robert, en medio de toda su lucha, mostraba un estrato subyacente de esa sensación. Detestaba su enfermedad, pero ella le había abierto oportunidades que la vida común le negaba.

—Yo no creí en Dios hasta que enfermé de este cáncer —expresó una señora sesentona—, pero ahora lo siento muy cerca.

No puedo juzgar su experiencia; por cierto, me alegra que haya encontrado consuelo al acercarse al final de su vida, en vez de dejarse destrozar por la amargura. Pero sus palabras también parecen decir: «Mi vida no significaba gran cosa hasta que fui obligada a abandonarla».

Uno de los fenómenos más extraños de la cultura posmoderna es este optimismo sobre la muerte: médicos y terapeutas nos están instando a hacer de la muerte, no sólo una experiencia positiva, sino la experiencia positiva por excelencia de toda una vida. La enfermedad siempre ha tenido un elemento de escapismo. Cuando niños, cada vez que teníamos fiebre nuestra madre nos mimaba; los adultos gravemente enfermos reciben grandes cuidados en terapia intensiva. Pero si se considera que una enfermedad terminal es un escapismo llevado a sus últimas consecuencias, uno no puede dejar de preguntarse: «¿Tan terrible es esta vida que su mayor recompensa es escapar?». Una paciente mía, que padecía de cáncer de colon con metástasis múltiple, asistió a un seminario sobre «la voluntad de vivir», cuya intención es ayudar a recobrarse a enfermos incurables. Al abrir su libro de programas, quedó horrorizada al notar que los principales patrocinadores del evento eran seis empresas funerarias. Nadie más pareció percatarse de esa salvaje ironía; por lo menos, no hubo comentarios.

No quiero convertir este asunto en parodia, pues tengo el fuerte convencimiento propio de que el miedo a la muerte es demasiado paralizante y debe ser superado en el plano más profundo. Pero perturba pensar que nuestra cultura nos proporciona tan pocas oportunidades de confrontar el sentido básico de la vida, al punto que la enfermedad y la muerte llenan el vacío convirtiéndose en experiencias de conversión. Robert estaba desesperado por tener una experiencia semejante y le enfurecía que le fuera negada. Sin embargo, otros pacientes míos han abrazado su conversión con resultados inquietantes.

Barbara constituía uno de esos pacientes. En cuanto entró en mi consultorio me costó no dejarme hechizar por ella. Aun sabiendo que me visitaba por una grave enfermedad, se la veía radiante, con ojos chispeantes y un cutis perfecto. Era originaria de California y había viajado en avión a la Costa Este para asistir a la consulta. Cuando le estreché la mano percibió que la miraba fijamente. Entonces se echó a reír y me contó:

—La semana pasada traté de viajar a Boston para visitarlo, doctor, pero una emergencia familiar me hizo perder el vuelo. Pedí a mi médico de San Diego que me extendiera un certificado médico para que me reembolsaran el pasaje. Por teléfono sólo dije a su secretaria que le pidiera una nota certificando una gripe.

»Cuando llegué al aeropuerto y entregué la nota, la empleada del mostrador se puso pálida. Mi médico había escrito: "Esta infortunada mujer está recibiendo un tratamiento intensivo por un caso de cáncer de mama metastático terminal"».

Quedé tan desconcertado como la agente de la aerolínea. Costaba creer que esa mujer, tan joven y vital, había sido sometida a cirugía, radiaciones y quimioterapia durante más de un año, a fin de combatir un tumor maligno que se extendía desde sus pechos, invadiendo muchas zonas óseas. Al investigar su historia clínica, Barbara comenzó a revelar fragmentariamente su estado anímico actual, que era extraordinariamente apacible.

—Verá usted: he pasado veinte años en una carrera hacia el éxito. Cuando joven me establecí ciertas metas totalmente artificiales. Lo quería todo: una casa bonita, un esposo que me adorara, hijos y la independencia financiera hacia los cuarenta años, para poder abandonar el trabajo y disfrutar de mi familia. Estas metas se fijaron en mi mente antes de terminar la universidad y jamás las perdí de vista.

»Terminé los estudios de abogacía y dediqué veinticinco horas diarias a lograr lo que deseaba. El año pasado todo estaba a mi alcance. Tengo la casa, el esposo y los hijos; en mi carrera profesional me han ascendido a socia del estudio. Y entonces me diagnosticaron cáncer de mama. Mentalmente sabía que me habían dicho algo terrible, pero a los pocos días descubrí que estaba cayendo en un estado de humor sumamente extraño. Comencé a sentirme muy feliz y satisfecha.»

Estuve de acuerdo en que esa reacción era imprevisible.

—Siempre he creído que en la vida se obtiene lo que se desea —explicó—. Y me pregunté, ¿por qué me había dado ese cáncer. Habría algún deseo secreto en funcionamiento? Para muchas personas esa pregunta es aterradora, pues está llena de culpa y negación. Para mí, formularla era bastante razonable. ¿Y sabe usted cuál fue la respuesta?

Manifesté una gran curiosidad por saberlo.

—El cáncer me permitió alcanzar mi meta final —dijo ella, con una nota de triunfo en la voz—. Yo quería retirarme a los cuarenta años. Y aquí estoy, con una pensión completa por incapacidad. Por fin soy una mujer sin obligaciones.

—Al parecer, usted no cree haber pagado un precio muy alto por alcanzar la seguridad financiera —comenté. No podía sino sospechar que el asombroso autodominio de Barbara disimulaba temores a los que ella no podía enfrentarse.

—Permítame terminar —replicó, excitada—. Poco después del diagnóstico, mi oncólogo vino a visitarme al hospital, con expresión muy afligida. Me dijo: «Lamento muchísimo decirle esto, Barbara, pero la enfermedad se ha extendido a otras zonas de su cuerpo. En mi opinión profesional, usted es ya un caso terminal».

»Sin ninguna vacilación, repliqué: "Bueno, si yo soy un caso terminal, usted también lo es, doctor, igual que todo el mundo". Quedó horrorizado. Pero tal como yo veía las cosas, el hecho de que él viviera treinta o cuarenta años más que yo no constituía una gran diferencia. Morir es inevitable; es parte natural de la vida. Y lo que yo había comprendido, lo que me dio tanta paz espiritual, era que morir puede ser una aventura.

»Cuando dejé de preocuparme por mis metas, infladas y totalmente artificiales, metas que me habían abrumado durante toda mi vida adulta, la experiencia de liberación fue también una especie de muerte; sin embargo, fue lo más grandioso que me ocurrió jamás. Cada vez más, fui comprendiendo que "morir" todos los días era una manera ideal de vivir, pues cada mañana sería nueva. ¿Cómo puede ser nueva la vida, si no se aprende a morir?»

—Sí, sí —murmuré, conteniéndome para no decir: «¿Cómo puede ser nueva la vida si no se aprende a vivir?». Pero captaba exactamente lo que Barbara quería significar. Estaba escapando a la amenaza de la muerte «muriendo» a sus viejas costumbres y a sus valores falsos. Una vez «muerta», descubría que la vida nueva corría a llenar el vacío. El gran poeta bengalí Rabindranath Tagore lo expresaba con una bella imagen: «Cuando mueren en la lengua las palabras viejas, del corazón brotan nuevas melodías».

Aunque Barbara bien podía estar escondiendo sensaciones de amenaza que aún no había resuelto, me alegra informar de que su «muerte» fue tan vivificante como ella esperaba. Su oncólogo me informa de que está respondiendo extraordinariamente bien al tratamiento. Los núcleos de metástasis han empezado a reducirse y los efectos colaterales se mantienen bien dentro de lo aceptable.

Pese a la jubilosa conversión de Barbara, debo insistir en que algo ha salido mal en este caso. La enfermedad no es manera de resolver los asuntos centrales de una vida. Cuando enfermamos, nuestra debilidad es extrema y somos mucho menos capaces de reunir los recursos necesarios para una verdadera transformación. La bella conversión de Barbara no anula automáticamente el sufrimiento que la acompañaba. Tampoco soluciona la disyuntiva crucial: si hacía falta sufrir, para empezar. Una antigua creencia sostiene que el sufrimiento es inevitable, profundamente humano y hasta una gracia. Barbara consideraba que había aprendido de su dolor y se enorgullecía de ello. Cierta vez me dijo: «Prefiero vivir seis meses con este cáncer que siete años tal como era».

Dadas las circunstancias, tenía pocas opciones, aparte de pensar así; la alternativa era dejarse aplastar por las fuerzas disparadas contra ella. Pero cualquiera que sea el sentido que una persona encuentre a su sufrimiento personal, creo que vivir sin dolor tendría aún más sentido y sería más humano. Es preciso que nos transformemos antes de la crisis. De lo contrario, podemos descubrir que no tenemos tiempo suficiente para disfrutar de la vida que, de pronto, parece tan valiosa.

CAOS EN EL CORAZÓN

Al llegar a esta altura de mis observaciones, me vi obligado a llevar mis pensamientos fuera de la medicina y hasta fuera de los expandidos límites de la medicina mente-cuerpo. Los médicos que conozco sólo están dispuestos en un sentido muy limitado a tratar a sus pacientes como totalmente humanos. «Medicina mente-cuerpo» es una etiqueta nebulosa para un campo que aún está investigando sus métodos y valores adecuados. Lo que le hace conservar su integridad es, principalmente, un hallazgo clave: que los pensamientos y las sensaciones no se pueden dividir en compartimientos rígidamente, separándolos de los efectos físicos por ellos creados. La ciencia médica no fue fiel a la realidad mientras no reconoció que la enfermedad está vinculada con las emociones, creencias y expectativas de una persona. (Tal vez haga mal en decir sueltamente que la ciencia médica lo ha reconocido. En 1990, la revista informativa de la Asociación Médica Americana interrogó a sus miembros y descubrió que sólo un diez por ciento «creía» en la vinculación mente-cuerpo. Un cardiólogo amigo me arrojó el artículo, gruñendo: «El noventa por ciento restante, ¿cómo cree que hace para mover los dedos de los pies?».)

Tras haber hecho este gran descubrimiento, la medicina mente-cuerpo no ha continuado hasta descubrir por qué sufre la gente. En cambio, nos encontramos ante una confusión incluso más profunda. Esta confusión se relaciona con la naturaleza de la vida misma y es, por lo tanto, sumamente difícil de expresar. En la niñez todos hicimos a nuestros padres preguntas urgentes y llenas de importancia: «¿Quién soy yo? ¿Qué me pasará cuando muera? ¿Por qué las cosas salen como salen?». Son muy pocos (si los hay) los padres que proporcionaron respuestas lo suficientemente buenas como para calmar los inquietantes miedos que subyacen a semejantes preguntas; por eso dejamos de hacerlas. Pero continúan albergándose dentro de nosotros y arden con más intensidad que nunca. Cuando nosotros también llegamos a la edad adulta, tendemos a desecharlas por ser «cuestiones últimas», etiqueta que las hace parecer muy abstractas. En realidad, son las más primarias de todas las cuestiones y, en tanto permanezcan sin resolver, el agujero que dejan crea gran parte de la miseria con la que luchamos: enfermedad física, males emotivos, una invasora sensación de inquietud y una corrosiva falta de felicidad.

Me parece revelador que, entre mis conocidos, quienes se sienten fascinados por los *sin techo* son los que gozan de posiciones más seguras, tanto en lo material como en lo psicológico. No es una simple preocupación: ven espectros de sí mismos en los desamparados más desesperanzados. Sienten que ellos también podrían ser desposeídos en cualquier momento. Este miedo es muy real, si consideramos que el hogar cuya posible pérdida los asusta está, básicamente, dentro de ellos mismos. Es el centro de esas personas, tan inseguro que hasta se preguntan si realmente existió alguna vez.

Intelectualmente, la misma mezcla de fascinación y

miedo ha teñido a una joven rama de la física llamada teoría del caos, que va mucho más allá de los pulcros y estables modelos matemáticos de Newton y hasta Einstein, adentrándose en los dominios del cambio constante, donde la regla es la inestabilidad. El caos es la ausencia de modelos y vinculaciones previsibles. El agua arremolinada, las bocanadas de humo y las motas de polvo que danzan en un rayo de sol ejemplifican el caos. Son fenómenos imprevisibles, que dependen del azar; si en ellos parece emerger un patrón, se disuelve tan pronto como aparece. Para la persona no científica, la conducta del caos parece perturbadora y demasiado humana. Las motas de polvo en colisión se traducen en la solitaria muchedumbre; el humo arremolinado equivale a las relaciones personales que no se pueden conservar por mucho tiempo sin que se desvanezcan en el aire.

En términos puramente racionales, hace tiempo que la física está intrigada por el hecho de que el universo, aunque en muchos aspectos funcione como una maquinaria bien engarzada, carezca de los cables, las poleas y los ejes que mantienen unida a una máquina. Las estrellas primordiales se separaron en el momento del Big Bang, cuando eran gases salvajes y sin forma, y desde entonces han continuado separándose. ¿Dónde están las conexiones, los principios del orden? ¿Por qué las margaritas silvestres, las alas de murciélago y la corteza terrestre conservan su integridad con tanta precisión, si la maquinaria toda (el cosmos) parece tener partes de sí sembradas en todas direcciones?

La teoría del caos trata de desentrañar el orden más profundo que puede yacer debajo del incesante juego de creación y destrucción de la naturaleza. En ese sentido es una ciencia optimista, pues cada nueva capa de orden se presenta como un consuelo, al menos para la persona laica, asegurándole que la naturaleza tiene sentido. Por otra parte, ¿por qué no se mantiene ese orden? Porque no es así como funciona la naturaleza, al parecer. Por cada capa de orden hay otra capa que se derrumba en el desorden. Una nova en explosión es el caos puro; sin embargo, sus átomos individuales son modelos de orden. Una célula de la piel humana realiza su miríada de funciones biológicas con una pulcritud tan asombrosa que la medicina apenas conoce sus secretos; pero al cabo de tres semanas la célula de piel muere y se desintegra en el caos. La naturaleza parece renuente a demostrar que, por fin, prevalecen el orden o el desorden.

Los físicos suelen desdeñar las imágenes populares que nacen de sus teorías; sin embargo, a los legos les ha afectado profundamente descubrir que nada en la naturaleza puede resistirse a los embates del cambio. Las enfermedades más temibles, incluido el cáncer, parecen arraigar en la probabilidad de que el ADN cometa un error. En condiciones normales, el ADN es autocorrector, es decir: sabe cómo repararse a sí mismo si está dañado, cómo desmantelar el material genético aberrante, cómo anular hasta los errores más drásticos para preservar el delicado equilibrio de las funciones normales de la vida.

Pero como cada una de nuestros cincuenta mil billones de células contiene un juego completo de tres mil millones de fragmentos genéticos, en este área es imposible la perfección. La cantidad de errores que se desliza es desconocida: probablemente, millones de ellas por año; algunas de estas aberraciones escapan al control y el resultado puede convertirse en un cáncer en gran proliferación. Se piensa que la diabetes, la artritis y las dolencias cardiacas tienen también un componente genético. El mecanismo activante será distinto para cada una de ellas y todas se diferencian del cáncer, pero la incertidumbre subyacente es igualmente horrible.

No sólo la enfermedad crea una sensación de falta de base. El cuerpo en sí no es un paquete estable de átomos y moléculas, sino un proceso o, antes bien, miles de millones de procesos simultáneos que se coordinan entre sí.

Cierta vez me fascinó observar a un apicultor que introducía los brazos en un enjambre y, encerrando suavemente a la reina entre las manos, trasladaba a toda la colmena, como un glóbulo viviente de insectos suspendidos en el aire. ¿Qué estaba trasladando? No era una masa sólida, sino sólo una imagen de vida en vuelo, rápida, siempre cambiante, que se había centrado alrededor de un punto focal. El enjambre existe como resultado de la conducta de las abejas. Es una ilusión de forma detrás de la cual la realidad es cambio puro.

Lo mismo somos nosotros. Somos un enjambre de moléculas que vuelan en derredor de un centro, pero perdiendo la confianza. La vieja reina, el alma, se ha retirado, pero la nueva reina parece resistirse a salir de su celda. La gran diferencia entre nosotros y un enjambre de abejas es que nos cuesta atribuir realidad al centro invisible que nos mantiene integrados. Es evidente que lo hacemos, porque de lo contrario nos diseminaríamos en el caos. Pero una reina se parece a cualquier otra abeja, sólo que de mayor tamaño; nosotros, en cambio, no tenemos esperanza de hallar un grumo de células que contenga lo que consideramos nuestro centro: amor, esperanza, confianza y fe.

El caos puede ser una ciencia apasionante, pero no es un buen modo de vivir. La falta de sentido lastima demasiado. Los grandes exploradores científicos que marcharon hacia el corazón de la naturaleza, decididos a desmantelar el núcleo de los átomos de hidrógeno y a medir los horizontes más alejados del espacio-tiempo, pasaron por alto el hecho de que, por cada marcha hacia adentro, hay una marcha hacia afuera. Para llegar a alguna parte es preciso irse de otro lugar. Esto significa que, cuanto más profundamente exploremos la naturaleza «de allá afuera», mayor será el peligro de dejar abandonada nuestra propia realidad humana, la realidad «de aquí adentro» con la que vivimos privadamente.

En estos momentos estamos profundamente sumidos

en ese peligro. Freud tenía mucha razón al expresar sus dudas sobre las bendiciones del progreso material cuando pensaba en el teléfono, descubrimiento que se hizo de uso común durante su juventud. Era indudablemente cierto que, gracias al teléfono, podía hablar con su hija, que estaba muy lejos en otra ciudad. Sin embargo, dijo que, de no existir los teléfonos, tal vez ella no se habría mudado. Sin embargo, esto no significa que las máquinas sean malas ni intrínsecamente antihumanas, sino que la marcha tecnológica hacia adelante debe ser equilibrada de modo tal que no se produzca la reacción posterior antihumana.

No quiero demorarme en esta reacción, salvo para dar un ejemplo imborrable. En el número que la revista *Pediatrics* publicó en mayo de 1986, un artículo evaluaba los beneficios médicos de la «estimulación táctil y anestésica de los neonatos prematuros». Ciertos médicos de la Universidad de Miami dividieron en dos grupos a cuarenta bebés que habían nacido tras un promedio de sólo treinta y una semanas de embarazo, es decir, antes de los ocho meses: en la jerga médica, «neonatos prematuros».

A un grupo se le brindó el tratamiento normal en la unidad hospitalaria de terapia intensiva para neonatos. Al otro se le asignaron quince minutos de atenciones especiales: alguien metía las manos por las aberturas de sus cunas herméticas para acariciarlos y moverles suavemente brazos y piernas: la «estimulación táctil y cinestésica», que se repetía tres veces por día.

Los resultados de un agregado tan simple a la rutina hospitalaria acostumbrada fueron asombrosos. Aunque alimentados según la necesidad y con la misma fórmula, los bebés acariciados aumentaban diariamente de peso un cuarenta y siete por ciento más que el grupo de control; eran más vivaces y fueron los primeros en actuar como bebés nacidos a término. Finalmente, abandonaron el hospital una semana antes de lo programado, permitiendo que los autores del estudio registraran un ahorro de tres mil dólares por infante en la factura final.

El contraste entre la vida y la antivida parece aquí demasiado obvio. La medicina científica ha llegado a una etapa en que ya no es respetable llamar a las caricias por su nombre correcto, mucho menos hablar de amor y afecto. Las caricias deben recibir el orwelliano nombre de «estimulación táctil y anestésica». Resulta aún más orwelliano realizar experimentos controlados para comprobar si los bebés necesitan cuidados amorosos, suministrados en dosis, como el yodo o los jarabes para la tos.

Sin embargo, los que despiertan mis más profundas emociones son los bebés del grupo que no recibió caricias. Cuando los imagino tan solos en sus cunas herméticas, empantanados en el extraño ambiente de las unidades de terapia intensiva, que embota a los pacientes adultos y con frecuencia provoca manifestaciones psicóticas, mi corazón grita en protesta. No sólo los bebés prematuros: todo el mundo sufre cuando se tambalea nuestra fe en la verdad. Perdemos las palabras que designan los valores básicos y así surge la posibilidad de que podamos perder los valores en sí.

REALIDAD PERSONAL

Una y otra vez nos vemos atraídos nuevamente al mundo «de aquí adentro», que nuestra cultura aún no comprende debidamente en muchos sentidos. En los primeros tiempos de mi profesión solía sorprenderme que dos pacientes con diagnósticos idénticos pudieran reaccionar ante la enfermedad de modos tan diferentes. Después de todo, un diagnóstico debe ser un rótulo impersonal para una enfermedad clínicamente definida. Pero rara vez resulta tan simple.

Hace poco me enteré de una paciente cuyo cáncer se

había extendido en metástasis a los huesos, causándole intensos dolores. Esta mujer estaba también empantanada en un mal matrimonio; un día, totalmente fatigada de los constantes conflictos con su esposo, decidió de una vez por todas que la relación había llegado a su fin. El día después de pedirle la separación, sus dolores de huesos desaparecieron inexplicablemente. «De pronto me vino a la mente la frase *fatigada hasta los huesos*», dice, «y comprendí que mi enfermedad era el modo en que mi cuerpo expresaba el mismo concepto.» Al liberarse en parte de esa fatiga acumulada, esa mujer se alivió del dolor que era su doble literal. Ahora se pregunta, tanto como yo, si el cáncer en sí no se verá obligado a retroceder. ¿Y si toda su enfermedad era sólo una metáfora?

Nuestra cultura prefiere creer que la enfermedad se crea básicamente en el plano material. La fibra de asbestos, una vez inhalada, puede alojarse en los pequeñísimos pliegues del tejido pulmonar y, con el tiempo, existe una pequeña probabilidad de que provoque una forma específica de cáncer al pulmón. Pero al mismo tiempo se ha descubierto que la proporción del cáncer aumenta entre los viudos recientes. También la pena se aloja en lo profundo de una persona y, aunque una molécula de asbestos proveniente de «allá afuera» no se parece en nada a un sentimiento luctuoso de «aquí adentro», en algún plano profundo del ser pueden ser idénticos. Nutrimos el cuerpo con cada impulso de amor y confianza; lo envenenamos con la desconfianza y el odio.

Físicamente, usted y yo podemos tener corazones muy similares. Si se nos inyecta en las venas una dosis suficiente de cloruro de potasio, ambos sufriremos un paro cardiaco. Pero nuestras experiencias son completamente individuales. Hemos recorrido diferentes jardines; nos hemos arrodillado ante tumbas diferentes. Usted tiene recuerdos tristes que le causan dolor o nostalgia, mientras que yo soy perfectamente inmune a ellos. Del mismo modo, las imágenes gozosas qué nos alegran el corazón pueden parecerse mucho, pero las de usted tienen un sabor personal que yo no puedo degustar.

«Realidad» es una palabra que aplicamos generalmente de un modo muy impersonal. Los árboles, el cielo, las nubes, los edificios y las instituciones sociales que definen lo que es real parecen existir sin tener muy en cuenta nuestros pensamientos y sensaciones personales. Sin embargo, la nítida división entre el mundo interior y el exterior, entre «yo» y las cosas «de allá afuera» no es exacta. Todo lo que una persona experimenta debe pasar por un filtro mental antes de ser registrado como real; esto significa que estamos constantemente dedicados a «hacer» la realidad.

Permítaseme volver a Robert, con quien analicé largamente estas ideas. En una de nuestras entrevistas posteriores le pregunté:

—¿Alguna vez ha pasado por la experiencia de despertar en medio de la noche, generalmente a las dos o las tres de la mañana, sintiendo mucho miedo? ¿Conoce esa sensación llamada miedo sordo, ansiedad inmotivada o algo similar?

No esperé su respuesta; los dos la conocíamos.

—La próxima vez que le ocurra eso, tal vez pueda reparar en algo muy curioso. Casi en el instante mismo de despertar con esa sensación de miedo, su mente encuentra algo que temer: habitualmente, un sonido. El goteo de un grifo, el viento entre los árboles, el tictac del reloj. Cualquier ruido inocuo de todos los días puede parecer de pronto absolutamente horroroso.

»Usted se ha sorprendido en el acto de dar un sabor personal a las cosas proyectándose en ellas. ¿Cómo ocurre esto? Por naturaleza, la mente no se lleva bien con las abstracciones: prefiere lo concreto. Por eso, cuando surge un impulso de miedo, la mente lo fija a algo tangible. Es una especie de reflejo automático que continúa operando por cuenta propia, porque siempre hay algo que aceptamos como motivo auténtico de aflicción: la pérdida de nuestro dinero, el fracaso laboral, el morir de una enfermedad temida. Si usted despierta sintiendo miedo del cáncer, parece razonable que pase por alto lo esencial: no es el cáncer lo que le asusta, sino el reflejo de su mente.

»La próxima vez, manténgase alerta y observe ese miedo amorfo, que busca a tientas algo de que asirse. Tal vez note entonces que su mente corre de un pretexto a otro, como un mendigo expulsado de varias puertas, hasta que encuentra una buena excusa. El foco inicial puede ser el repiqueteo de una ventana. En el momento mismo en que la mente va a asirse de su pretexto, dirá: "¿Qué es esto de temerle al viento? Por Dios, estoy enfermo de cáncer. Por eso sí que en realidad cabe preocuparse".»

Contra su voluntad, Robert tuvo que sonreír.

—Ya ve usted —proseguí—: sentado aquí, usted capta el elemento ridículo de todo esto. ¿Por qué necesita la mente permitirse este hábito? Por seguridad: tal como una persona puede trepar por una soga, mano sobre mano, la mente se impulsa de un minuto al siguiente identificándose con imágenes, sonidos, sabores, olores, texturas y, sobre todo, recuerdos.

»De este modo la vida mantiene su continuidad, pero la mente condicionada deja poco espacio para lo nuevo. Una vez que usted comienza a comprender que sus pensamientos más atesorados pueden ser sólo reflejos, es inevitable la necesidad de liberarse. En vez de dejarse convencer tanto por los estímulos del dolor y el placer, comenzará a ver la posibilidad de una nueva perspectiva.»

—Pero no es la preocupación lo que me asusta —objetó Robert—, sino mi enfermedad.

—La preocupación brota de su punto de vista —insistí—, no de su enfermedad. Su percepción interior tiene una importancia primordial en la realidad que usted experimenta.

La expresión de Robert seguía siendo dubitativa.

—Dos personas pueden cabalgar en la misma ola —señalé—. Una está aterrorizada y su cuerpo se llena de hormonas de estrés, lo que consigue que su respuesta inmunológica descienda bruscamente. Al otro le encantan las grandes olas y produce un torrente de elementos químicos, tales como el interferón y la interleukina, que fortalecen su sistema inmunológico. Una misma experiencia produce resultados opuestos, todo debido a un punto de vista diferente.

Le di tiempo a captar eso. Luego dije:

—Mi propuesta es que resulta posible lograr la libertad de elegir el punto de vista que desee, por lo tanto, cualquier realidad. Ser el hacedor de su propia realidad es, de hecho, su punto de vista básico, aunque comprenderlo ahora pueda serle casi imposible. Sin embargo, una vez que vuelva a su punto de vista básico ya no se verá a sí mismo como víctima pasiva de la vida: usted ocupa el centro mismo de la vida y tiene la potestad de renovarla a cada momento.

—Esto empieza a tomar un cariz místico —dijo Robert, vacilante.

—No será así cuando usted pase realmente por la experiencia —repliqué—. ¿Con quién estoy hablando en este momento? Si estuviera conversando sólo con una colección de hábitos y recuerdos, usted sería una cantidad totalmente previsible, pero no lo es. Las viejas escenas, los hechos que ha acumulado en su interior no son usted; usted es quien los ordena y los dirige. A cada brizna de dato sensorial, usted le da su significado. Sin usted, todo volvería al caos.

Esto nos trae a lo que Robert suplicaba: una salida a ese sufrimiento profundamente asentado. La frustración y el dolor quedan atrapados dentro de nosotros porque el condicionamiento nos dice que son ineludibles; por lo tanto, para curar el dolor es preciso ir más allá del condicionamiento. Todos nos vemos acosados por limitaciones. La mente se estructura en torno a las impresiones que contiene; es inútil tratar de negarlas o escapar de ellas. Todos los días una persona tiene aproximadamente cincuenta mil pensamientos diferentes (al menos, así lo ha calculado alguien): una desconcertante cascada de impulsos salvajemente mezclados y conflictivos. Por sí mismo, este torbellino puede ser sumamente doloroso. Experimentamos verdadero amor y odio por las personas más próximas a nosotros, sin que parezca haber posibilidades de separar definitivamente el uno del otro. Las emociones más destructivas: duda, miedo, culpa, vergüenza y soledad, vagan por la mente a voluntad, más allá de nuestro dominio consciente. Es más exacto decir que ellas nos dominan.

Pero esta prisión adquiere un aire de ilusión cuando se comprende que uno mismo la ha construido y se ha encerrado en ella. La mente, tras haber erigido las barreras por las que se siente atrapada, debería poder quitarlas. Desde ese punto de vista, cada uno puede asumir la responsabilidad de su propia realidad interior. Por una parte, el viejo condicionamiento nos dice que, si tratamos de liberarnos, sufriremos más. Por la otra, el impulso hacia la libertad nos urge a descubrir que todas las limitaciones son, en el fondo, falsas. Lo que dificulta tanto la obediencia a ese impulso es que está envuelto en dolor.

En presencia del dolor la gente se acobarda, como si retrocediera ante el ataque enemigo. Pero el dolor es, básicamente, una señal que indica dónde debería iniciarse la curación. Mi propósito, por ende, es calmar los miedos de la gente y permitirle comprender que una vida sanada es el modo más natural de vivir. Cuando alguien reúne siquiera un poco de coraje para enfrentarse a sus viejos condicionamientos descubrirá que al volverse hacia adentro comienza a disolverlos. En la actualidad, la perspectiva de volverse hacia adentro intimida a casi todo el mundo, pero no hay otro modo por el cual la mente pueda dominar sus resistencias intrínsecas. No hay curación desde allá afuera. La falta de sentido que soportamos en la actualidad no hará sino empeorar y, con el tiempo, la humanidad podría hartarse de sí misma al punto de no poder recuperarse.

¿MEJORES IMÁGENES MENTALES?

Hasta ahora he pintado un cuadro sombrío, integrado por personas que sufren sin conocer la causa y buscan alivio sin hallarlo definitivamente. Pero esa perspectiva es demasiado limitada, pues si observamos las cosas de otro modo la situación cambia por completo. Si invertimos el telescopio, la naturaleza no es otra cosa que curación. Las estrellas estallan, pero también se las crea constantemente; las células mueren, pero también se dividen y producen vástagos para que sigan portando el ADN hacia adelante (y hacia arriba: para todos mis pesares, prefiero mil veces ser humano y no una ameba, ni siquiera el más atractivo de los chimpancés).

Bajo esta luz, la vida se presenta como un milagro de renovación. Todo el orden que se disuelve en el caos regresa en otro tipo de orden. Toda la vida que se rinde a la muerte renace sin cesar. La danza de la luz solar en el mar, el verdor de los valles alpinos, la sencilla bondad de los niños, las manos frágiles de una anciana, que conservan su gracia pese a las cicatrices de la edad: todas esas cosas existen independientemente de nuestros estados de ánimo, esperando ser reconocidas por el goce que en realidad contienen. Cuando los pacientes pasan por una experiencia de conversión, lo que cambia no es la realidad en sí, sino el punto de vista que tienen con respecto a estos asuntos.

Cuando comprendemos que la naturaleza contiene curación y destrucción entrelazadas, surge la sospecha de que todas nuestras miserias son, básicamente, autoinfligidas. Vemos las nubes en vez del arco iris y las culpamos por la depresión que causan. He llegado a pensar que es una manera válida de contemplar el problema, pero al mismo tiempo debo admitir que comparto la resistencia manifestada por la gente cuando se le pide que perciba una realidad más luminosa. Su mente rechaza violentamente cualquier sugerencia de que su dolor, tan intenso e incontrolable, ha sido autoinducido. Sin embargo, todo dolor viene a nosotros por la conexión mente-cuerpo. Es razonable pensar que la conexión funciona en ambos sentidos. Si tenemos pruebas de que determinados elementos químicos del cerebro hacen que uno experimente bienestar, no es posible negar los otros, los que nos hacen sentir deprimidos, enfermos y desesperanzados.

La trampa es que los cerebros más necesitados de curación están atrincherados, para empezar, en la química cerebral incorrecta. Como el cerebro deprimido está condicionado para creer que el mundo es triste y desolado, reaccionará ante cualquier idea, incluida la de su propia curación, como si fuera un nuevo motivo de depresión. Podemos invocar al curador interior como si fuera un objeto, como una dosis de penicilina, pero es abstracto, hijo de las palabras y los recuerdos. Habita elusivamente el mundo privado que cada uno de nosotros construye dentro de sí, cambiando de forma de persona en persona y de minuto a minuto.

Así podría quedar el asunto: la imagen que el cerebro tenga de la realidad está regida por su química; sólo que ahora tenemos drogas que pueden alterar profundamente esa química, y eso significa que pueden alterar profundamente nuestra imagen del mundo.

Una persona deprimida traga una píldora y, de pronto, el prójimo le parece más cordial y menos amenazante; las situaciones ya no son tan desesperadas; los colores parecen más brillantes y los sonidos, más vívidos. No siempre se produce una transformación tan dramática, pero el campo de las drogas de efecto mental se ha expandido tan rápidamente que, por primera vez, la ciencia puede entregarnos nuestra realidad deseada en una botella.

Peter Kramer, psiquiatra que se dedica a la práctica privada en Providence, Rhode Island, relata el caso de una mujer que lo visitó varios años atrás, en un estado de depresión crónica. Era una ejecutiva bien empleada, tan trabajadora y dedicada a los detalles de su función que casi no tenía tiempo para hacer vida social. Su vida personal, si le dedicaba alguna atención, estaba enredada en una larga relación, sin esperanzas, con un hombre casado. Si algún otro intentaba acercársele, ella emitía las señales necesarias para mantenerlo a distancia.

Kramer no tenía que tratar a esa mujer, que estaba progresando en su terapia con un psicólogo; simplemente, se le pidió que le diera medicamentos, lo que él hizo con un antidepresivo convencional. La droga aparentemente surtió efecto. Hubo una notable reducción de los síntomas: ella dormía y comía mejor; sufría menos ataques de llanto que antes. Aun así, nadie habría podido decir que llevaba una vida normal. Kramer calificó su caso como remisión parcial y mantuvo la esperanza de poder hacer algo más por ella.

Dos años después apareció en el mercado un antidepresivo nuevo, llamado Prozac, nombre comercial de la sustancia química fluoxetina, acompañado por notables ejemplos de su efectividad. Estructuralmente, el Prozac no se diferencia mucho de otras drogas del tipo llamado tricíclicas, pero es más específica. Ayuda a normalizar la acción de un elemento cerebral llamado serotonina, una de las moléculas mensajeras básicas o neurotransmisores, por los cuales una neurona se comunica con otra.

Kramer decidió prescribir Prozac a su paciente por un período de prueba; entonces se produjo una transformación dramática. Eufórica y frenética en un principio, la mujer se asentó en un estado algo más optimista y con más energías que antes. Ese ligero cambio bastó para transformar su vida por completo. Se volvió más flexible en su trabajo. Dejó de emitir señales hostiles y empezó a tratar a los hombres de una manera menos profesional. Como resultado, su vida social inició el despegue. «¡Tres citas en un fin de semana!», exclamó, al entrar en el consultorio de Kramer. «Es como si llevara un cartel en la frente.» Se desprendió de sus viejos amigos, con los que mantenía una relación basada en su depresión, y buscó amigos nuevos, tan vivaces como ella.

Éste es un ejemplo clásico de cómo se puede cambiar la realidad de alguien alterando la química de su cerebro. Kramer tuvo reacciones muy ambivalentes. «La paciente mantenía su buen juicio; el leve exceso de energía no parecía poner en peligro su funcionamiento diario (muy por el contrario, a su modo de ver); pero yo me quedé intranquilo. Me parecía que la medicación daba a mi paciente un estilo personal que provenía de lo exterior a ella.» Kramer sólo pudo articular su intranquilidad diciendo que el Prozac había hecho impacto en el «carácter» de esa mujer, de algún modo, pero ése es un tipo de criterio amorfo. ¿Sufrir era parte de su carácter? En ese caso, ¿no podemos agregar un poco de carácter para permitir que sufra menos?

Otros psiquiatras se detienen ante la puerta de la farmacia con expresión preocupada, pero es claro que hemos llegado a un punto decisivo. Puede llegar el momento en que un estado de depresión clínica no sea ya requisito previo para tomar esas drogas. Un eminente médico de Nueva York comentó: «Lo cierto es que todos estamos deprimidos. El mundo entero está deprimido. No conozco un ser humano que no lo esté». ¿Se supone que debemos recetar Prozac al mundo entero?

De hecho, el principal motivo de que no repartamos realidad en frasquitos es ampliamente táctico. Casi todas las drogas que alteran la mente son muy tóxicas, crean hábito o tienen algún otro efecto colateral inaceptable. Las anfetaminas pueden brindar una sensación de vivacidad aumentada, concentración e intensidad creativa, pero también provocan paranoia. El Valium y los sedantes relacionados con él borran la ansiedad de bajo nivel, pero son adictivos. El LSD y una amplia variedad de alucinógenos proporcionan experiencias visionarias, a veces de un orden muy elevado, pero distorsionan a tal punto las percepciones que pocas personas pueden someterse a su influencia y seguir siendo normales. En todos estos casos, el sentirse bien viene con el gran castigo de tener que sentirse también muy mal.

En su vejez, el filósofo francés Jean-Paul Sartre admitió que había escrito su último libro con la influencia de las anfetaminas. Aun consciente de que estaba destruyendo su cerebro y acortando su vida, prefirió el mayor brillo que le impartía la droga. En Norteamérica, donde los médicos vigilan más las drogas peligrosas, a Sartre no se le hubiera permitido tomar esa decisión; el médico que le negara las anfetaminas se habría hecho responsable de perder un libro, pero hubiera salvado una vida. ¿Podemos negar a alguien esa dosis adicional de genio, una vez que no haya un precio que pagar?

Ahora que se está reduciendo la toxicidad de los psicofármacos, la imagen surge con mayor claridad. Obviamente, en la vida es una ventaja contar con un cerebro más brillante y alerta; debemos tener muy buenos motivos para negarlo a la gente. Se dice que el Prozac altera tan sutilmente el sentido del yo que algunos pacientes deben poner un despertador para acordarse de tomarlo. De lo contrario olvidan que esa persona feliz y llena de energías en la que se ha convertido no existía en un principio.

Aunque hoy en día puedan existir objeciones éticas, es probable que los médicos cedan poco a poco y lleguen a suministrar productos químicos para el cerebro más o menos a pedido. El único motivo justificable que se me ocurre para privar a la gente de una imagen cerebral más feliz es que quizá puede perderse algo mejor. ¿Hay algo mejor que la felicidad y la creatividad? Sí: la felicidad y la creatividad verdaderas, de las que no desaparecen si olvidamos poner el despertador.

En vez de considerar el cerebro como una serie de transmisores químicos, que se pueden realzar o aminorar como un monitor de televisión, deberíamos explorar mucho más profundamente su papel de creador. Todos somos co-creadores de la realidad; por lo tanto, nuestro objetivo en la vida no es sólo ser brillantes, despiertos e imaginativos, sino dar forma a la existencia misma. Si el cerebro pudiera hacer eso, alcanzaría un sentido real, mucho más allá de la ayuda química de un psicofármaco.

Lo que realmente importa no son las cosas de «allá afuera», por mucho que podamos darles un aspecto alegre, sino el experimentador sentado dentro de nosotros mismos. Sin el experimentador no hay luz, sonido, contacto, olor ni sabor. Crear estas cosas es una magia especial para cada persona, tan hechicera que nos cuesta recordar que somos el mago y no sólo el público.

Este libro se subtitula «Dominando las fuerzas que dan forma a la realidad personal». Me ha llevado mucho tiempo descubrir y articular qué significa ese dominio. No es manipular la propia psicología ni elevarse a cumbres sobrehumanas de fuerza de voluntad. Ambos caminos han fallado en cuanto a cambiar nuestra situación. Vivimos en una cultura dedicada a la creencia de que es preciso trabajar para vivir y que mayor será la recompensa cuanto más se trabaje. Ese supuesto torna casi imposible el percibir que ciertas cosas no requieren de trabajo y, no obstante, brindan recompensas enormes. La curación es una de esas cosas. Uno no puede hacer que ocurra; sin embargo, sucede. Y cuando la curación es lo suficientemente profunda, resuelve problemas mucho peores que la enfermedad física. La búsqueda de sentido llega a su fin; una vez más se pone de manifiesto la inmensa capacidad que tiene la naturaleza para purificar y restaurar el equilibrio.

Cuando se nos aplica presión, aunque sea presión para que nos curemos, sufrimos por dentro. Tan pronto como se retira la presión, la mente comienza a curarse sola. No son muchos los que pueden aceptar inmediatamente esta experiencia. La gente prefiere luchar contra el dolor, combatiendo el sufrimiento, la depresión y el miedo, pese a las abrumadoras evidencias de que, si estas emociones acaso se resuelven, lo hacen por cuenta propia. El esfuerzo no logra sino demorar el proceso y tornarlo más penoso.

La curación completa depende de nuestra capacidad para dejar de luchar. Los capítulos siguientes explican mejor lo que esto significa. Han sido ordenados con el fin de presentar las principales etapas que llevan a una persona desde el condicionamiento hacia la libertad. Al caer cada barrera, en su lugar se abre una nueva posibilidad. La lectura de un libro no puede hacer que nos sintamos libres, curemos de un dolor profundo o recuperemos el sentido de nuestra existencia, pero sí llevarnos a comprender qué es lo que nos retiene. La comprensión y la experiencia son las dos patas de la curación, que marchan lado a lado. Así el yo que vivía baldado por el miedo descubre, sin presiones, el reprimido poder de la verdad que le ha sido negado por tanto tiempo.

2

La lente de la percepción

Cierta vez un hombre murió por algo que le dije. Era un paciente al que llamaré Arthur Elliott, abogado, de unos treinta años. Ya pasada la medianoche, apareció en una sala de emergencia, en las afueras de Boston, solo y vestido con un pijama arrugado. El señor Elliott, visiblemente asustado, anunció en la sala de enfermeras que, cuando estaba profundamente dormido, lo había despertado un dolor súbito y muy intenso en el medio del pecho. Esperó, y osó apenas respirar. Al cabo de algunos minutos el dolor pasó, pero saltó de la cama y buscó el hospital más cercano.

El joven doctor que esa noche estaba de guardia en urgencias se apresuró a examinarlo, pero no halló nada malo. Una vez que se aseguró de que el señor Elliott no tenía antecedentes previos de dolencia cardiaca, le manifestó que el dolor podría haber sido provocado por un calambre de los músculos del pecho.

—¡Pero si era como una puñalada! —protestó el señor Elliott.

El médico lo tranquilizó, asegurándole que un ataque cardiaco se inicia, típicamente, con un dolor sordo y opresivo, no con una punzada aguda. El señor Elliott no tenía tampoco mareos, náuseas, debilidad súbita ni dificultades para respirar, señales de que podía haber un ataque cardiaco en marcha. Se le aconsejó que regresara por la mañana, pues entonces se le podría efectuar una serie de pruebas.

Volvió a su casa, a desganas, pero una hora después le atacó nuevamente la punzada en el pecho. Volvió frenéticamente a la sala de urgencias; entonces me despertaron, pues era el médico de más antigüedad entre los que estaban de guardia, y me pidieron que lo atendiera. Al pasar, el médico de urgencias mencionó que el señor Elliott estaba «un tanto belicoso».

El hombre al que me enfrenté en el consultorio parecía pálido y preocupado. Dio un brinco atrás en cuanto le puse el estetoscopio contra el pecho.

—Tranquilícese —le dije con suavidad—. Probablemente no haya nada de qué preocuparse.

—Para usted no, claro —me atacó, clavándome una mirada fulminante—. Soy yo el que puede morir aquí.

Sin contestar, me incliné para auscultarle el corazón. Parecía algo acelerado, pero, por lo demás, normal. Para asegurarme, ordené que le hicieran un electrocardiograma; tampoco allí detecté anormalidades evidentes. No obstante, decidí internarlo en observación, sobre todo porque delataba mucha agitación emotiva.

A la mañana siguiente, después de hacerle otro electrocardiograma, mis noticias fueron ambiguas.

—Pedí a algunos de nuestros cardiólogos que echaran un vistazo a sus dos electrocardiogramas. Había muy pocos cambios desde anoche. Eso podría indicar que su músculo cardiaco sufrió daños menores durante sus dos episodios de dolor.

Iba a agregar que el señor Elliott no parecía estar en peligro inminente. Un corazón saludable es muy capaz de compensar esas pequeñas heridas. Algunas cicatrizan, simplemente; otras quedan aisladas y el corazón funciona eludiéndolas. Pero antes de que pudiera informarle de esto, el paciente estalló. Con los ojos desorbitados por la ira, hizo un gesto violento.

—¡Esto es indignante! A usted le importo un cuerno. Si por usted fuera, bien podría haberme muerto. Pero esto no va a quedar así simplemente. ¡Tendrá que pagarme con todo lo que tenga!

Su furia le producía una extrema incoherencia, pero era bastante claro que pensaba iniciarme en el acto un soberano juicio por mala práctica, y a todo el personal de la sala de urgencias, por añadidura. Para cumplir con su amenaza tomó el teléfono que tenía junto a la cama y comenzó a llamar a sus colegas, cada vez más agitado. Le rogué que tratara de serenarse. Como su presión sanguínea había saltado a las nubes, le administramos los antihipertensivos más fuertes y los sedantes que teníamos a mano. Nada sirvió. Había perdido todo control y estaba en un mundo propio.

Una hora después, mientras continuaba delirando al teléfono, sintió que volvían las punzadas en el pecho, esta vez con tanta violencia que se derrumbó. La enfermera que lo encontró no pudo encontrarle el pulso. Dos minutos después llegaba al sitio una unidad cardiaca, con el equipo de electrochoque, pero todos los intentos de resucitarlo fueron infructuosos.

Cuando supe que lo habíamos perdido, mi reacción inmediata fue un desconcierto total. Naturalmente, para cualquier paciente es inquietante saber que ha sufrido un posible ataque cardiaco. Sin embargo, la frase que a mí me parecía suave («daños menores en su corazón») se tornó catastrófica escuchada por el señor Elliott. Desató una reacción en cadena que nadie pudo controlar; él, menos que nadie.

Cuando en un hospital se produce una muerte súbita, se realiza una necropsia detallada. En este caso, se dictaminó que la causa de la muerte era ruptura del miocardio: una parte del músculo cardiaco, necrótica o muerta, se había desgarrado, presumiblemente como resultado de un violento espasmo de las arterias coronarias, con resultados fatales.

El tejido necrótico no presentaba cicatrices; eso sugería que el daño sufrido por el corazón se había producido recientemente. Sin embargo, no hubo modo de determinar si sus dos ataques de dolor habían creado esa herida. Según la autopsia, las arterias coronarias del señor Elliott estaban limpias. Ya sabíamos que no fumaba ni tenía alta presión sanguínea, dos riesgos primarios para un ataque cardiaco. El corazón no presentaba ningún defecto intrínseco, tal como válvulas dañadas, y no había señales de infección.

En otras palabras: estaba tan sano como uno puede estarlo... hasta que su corazón decidió partirse.

Nunca se me había ocurrido que una palabra pudiera matar. Físicamente, una palabra es sólo un débil sonido, por lo que resultaría absurdo considerarla causa de un paro cardiaco, a menos que uno esté dispuesto a expandir radicalmente su sistema de creencias. He leído que los isleños de Nueva Guinea pueden derribar un árbol formando un círculo a su alrededor y gritando a todo pulmón. Luego se van; cuando regresan, pocas semanas después, el árbol se ha derrumbado por propia decisión. El Antiguo Testamento cuenta que Josué ganó la batalla de Jericó ordenando a sus tropas que hicieran sonar sus cuernos hasta que se derrumbaran las murallas de la ciudad. Pensando en el señor Elliott, comencé a creer que a él le había ocurrido un portento similar.

Si un estímulo muy débil puede matar a alguien es, entre otros motivos, porque el corazón humano posee potencia más que suficiente para autodestruirse. Aunque no es más grande que un puño cerrado, realiza en un solo día el esfuerzo necesario para levantar un peso de una tonelada a la altura de un edificio de cinco pisos. Normalmente, esta enorme potencia está disciplinada, por fortuna. Sin embargo, visto de cerca, el más leve latir del corazón está situado en el borde mismo de la violencia: literalmente, el corazón trata de saltar fuera de la cavidad torácica con cada latido; sólo se detiene cuando el extremo ahusado o ápice golpea abruptamente el interior del pecho.

Afortunadamente, todos tenemos en el cuerpo formidables dispositivos de seguridad. La naturaleza protege a nuestro corazón de la autodestrucción y lo hace muy bien, comenzando por una diminuta región del cerebro llamada hipotálamo. Aunque es apenas mayor que la punta del dedo meñique, el hipotálamo regula cuidadosamente decenas de funciones corporales, incluyendo la presión sanguínea y los latidos del corazón. Por añadidura, uno de los diez nervios craneales, el vago, es el encargado de apaciguar el ritmo del corazón acelerado y de llevarlo nuevamente a la normalidad. El corazón está internamente protegido por sus propias células marcapasos independientes y por un sistema eléctrico incluido, por si acaso el cerebro quedara incapacitado por enfermedad o trauma. Sin embargo, por complejo que esto parezca, en el caso del señor Elliott esta maquinaria de seguridad se descompuso, abatida por la nimiedad de un pensamiento.

VERSE UNO MISMO EN EL MUNDO

La oración precisa y objetiva del forense: «Causa de la muerte: ruptura del miocardio» no llega siquiera a sugerir cómo ocurrió ese desastre. Sólo aplica una etiqueta convencional al resultado. Si el informe hubiera dicho: «Causa de la muerte: percepción distorsionada de la situación», nos acercaríamos más a la verdad.

Una cámara registra un hecho recibiendo señales lumínicas que convierte en una imagen literal, pero no es así como operan nuestros sentidos: nosotros percibimos, lo cual significa que agregamos sentido a todas las señales que vienen hacia nosotros. A la cámara no le importa que un autobús esté pintado de amarillo; nosotros, al verlo, sabemos que lleva niños a bordo y que es preciso tomar ciertas precauciones. La percepción es el paso primero y más importante para convertir en realidad los datos en bruto del universo. Ver el mundo dista mucho de ser un acto pasivo, como parece, pues cuando miramos algo lo vemos coloreado por nuestra propia serie de experiencias únicas.

Si yo contemplo la aurora y me siento deprimido, mi estado de ánimo se filtra en el amanecer, dándole un aspecto triste y solitario. Si estoy jubiloso, esa misma aurora me devuelve el júbilo. Esta fusión del «yo» y de las cosas de «allá afuera» es lo que convierte en algo mágico la lente de la percepción. Sólo por escuchar, mirar, oler, saborear y palpar, convierto el mundo en *mi* mundo.

Tampoco hay límites para la cantidad de sentido que podamos otorgar a los datos que interpretamos. Es muy posible mantener una relación de amor y odio con una serie de números al azar, tal como lo demostró cierta vez un equipo de psicología de Harvard. Pidieron a los estudiantes que jugaran a las apuestas con un compañero. Las reglas del juego eran simples: «Usted y su compañero tendrán dos botones para operar, marcados 1 y 0», dijeron los experimentadores. «Si ambos oprimís el cero, ninguno recibirá nada. Si ambos oprimís el uno, ambos recibiréis un dólar. Pero si usted oprime el cero cuando su compañero opere el uno, usted recibirá dos dólares y él, nada.»

La finalidad del juego, según dijeron, era averiguar si la gente estaba dispuesta a cooperar para obtener una pequeña recompensa en vez de competir con la esperanza de obtener más. Se dijo a los estudiantes que estarían en cuartos separados, para que no pudieran ver a sus adversarios; esto era para impedir que se hicieran señales o demostraran sus sensaciones al desarrollarse el juego. Comenzó la prueba; al terminar el tiempo fijado se preguntó a cada estudiante, cuando salió:

—Basándose en este juego, ¿puede decir qué clase de persona es su adversario?

—¡Es muy taimado! —fue la respuesta típica—. Al principio yo oprimía siempre el uno, para que los dos pudiéramos beneficiarnos, pero él se volvió codicioso y, al cabo de unas pocas movidas, pulsó el cero, justo cuando yo menos lo esperaba. Entonces yo también comencé a pulsarlo.

—Pero de ese modo ninguno de los dos recibía nada —señalaron los experimentadores.

—¿Y qué iba a hacer? —decían los estudiantes—. Él trataba de engañarme. Tuve que darle una lección.

Cada sujeto tenía su historia que contar: relatos de traición y codicia, de breves retornos a la colaboración, seguidos por una veta de conducta vengativa o pura irracionalidad. A esta altura el lector puede haber adivinado que, en realidad, no había ningún adversario. Cada estudiante jugó contra una secuencia de ceros y unos distribuidos al azar por un ordenador. Sin embargo, nadie detectó la trampa. Todos los jugadores emergieron con un retrato psicológico completo, de un socio cuya conducta iba desde lo «sádico» a la «manipulación brillante».

Esto presenta una cuestión inquietante: si mi percepción es sólo un puñado de experiencias al azar, en respuesta a un mundo básicamente gobernado por el azar, ¿hasta qué punto soy yo real? Tal vez toda mi personalidad no tenga en absoluto un centro fijo. Quizá no sea sino una colección de hábitos y gustos acumulados, una interpretación ambulante que gusta de las espinacas, detesta las judías verdes, se siente atraído por el jazz y repelido por la ópera wagneriana, etcétera. No hay duda de que todos nos construimos a partir de las más leves briznas de experiencia que surgen a nuestro paso. El señor Elliott recibió apenas una brizna y de ella murió. Lo que yo le dije no era demoledor, pero no hacía falta que lo fuera. Bastaba con que representara la gota que desborda la copa. Las palabras «daños menores a su corazón» parecieron impulsarlo a una realidad privada caótica. En realidad, ya estaba metida en ella hasta la nariz. La violencia de su reacción dependió de la violencia acumulada que estaba hirviendo lentamente en su yo.

El enfado y el dolor escondidos en el yo suelen pasar inadvertidos hasta cuando están acumulando presiones enormes en busca de expresión. Reprimir los sentimientos negativos, como lo hacemos casi todos, hace que la realidad interior se distorsione, porque ya no importa con cuánta fuerza puje la mente contra esa energía: su presencia se siente constantemente.

Yo estaba dedicado a examinar a una joven, a la que pocos meses antes se le había diagnosticado un cáncer de pulmón. Súbitamente, mientras la interrogaba sobre sus enfermedades infantiles, barbotó en actitud desafiante:

—Dígame lo que quiera, pero no me obligue a dejar de fumar.

—¿Por qué no? —pregunté, desconcertado.

La mujer respondió:

—Porque mi tipo de cáncer no se relaciona con el tabaco.

Como padecía de carcinoma de células en grano de arena, su afirmación era técnicamente correcta; esa enfermedad no es el carcinoma de células escamosas vinculado con el tabaco. No tuve tiempo de decirle que no me importaba si ella fumaba o no (dadas las circunstancias, ése era el menor de sus problemas), porque ella agregó:

—La vida no vale la pena si una no puede disfrutarla. Y yo disfruto fumando.

En mí estalló algo que no debe estallar cuando un médico habla con un paciente gravemente enfermo.

—¿Disfruta de no sentir el sabor a la comida? —le pregunté—. ¿De no sentir ya el perfume de las flores, de tener siempre mal aliento, dedos entumecidos y una presión sanguínea tan alta que puede ser tan peligrosa como el cáncer?

En cuanto acabó mi estallido sentí vergüenza, pero al mismo tiempo me sentía profundamente frustrado. ¿Cómo es posible que la gente «disfrute» de ciertas cosas, a sabiendas de que le hacen mal?

Ella respondió, al borde de las lágrimas:

—No me dé órdenes. Yo sé lo me gusta.

Me estaba arrojando a la cara su yo, su indiscutible derecho a ser ella misma. Hasta el modo en que acentuó la palabra «yo» me arrancó una mueca: era como una apelación al último recurso. Ese yo extraviado había sufrido mucho, había cometido grandes errores, y estaba por ingresar en un futuro ineludiblemente sombrío. Sin embargo, ¿a qué otra cosa podía ella aferrarse? «Yo» era su ancla en la realidad, cosa a la que nadie renuncia de buena gana, salvo en una desesperación tal que la mente necesite desamarrarse para iniciar lo que Freud llamaba «el peligroso viaje de la psicosis».

El yo tiene un modo preocupante de actuar contra sus propios intereses, de convertir lo bueno en malo y lo malo en bueno. Parece ser parte de la naturaleza humana que la mente se divida en una región consciente y en otra inconsciente, subdivida ambas regiones en muchas capas menores y, por fin, cree miles de compartimientos dentro de cada capa. Como un rey ambicioso que construyera un palacio demasiado vasto como para poder visitar todas sus habitaciones, nuestra mente ha perdido la cuenta de sus propios laberintos, sus cámaras secretas y sus desvanes llenos de fantasmas.

Más aún: ciertos compartimientos contienen cosas obviamente demasiado penosas para ser expresadas y hasta enfrentadas. Entonces los cerramos herméticamente, a fin de evitar conflictos insoportables. Como un bebé envuelto en pañales y mantillas, nuestra percepción de la realidad se va cubriendo con capas de experiencia, hasta que el «yo» tenga una noción bastante confusa de quién soy en realidad.

Hasta ahora he hecho todo lo posible por dar a la percepción un aspecto muy personal, cambiante, ilusorio, arbitrario y nada digno de confianza. Para un investigador de este campo, se trata de una postura extraña, pues la abrumadora tendencia de los últimos años ha sido «explicar» la percepción sobre la base de los sentidos, convirtiéndola en algo mucho menos psicológico y mucho más mecánico. De este modo, con respecto al sentido de la vista sabemos que el ojo humano tiene unos ciento veinticinco millones de bastoncillos y siete millones de conos implantados en la superficie de la retina. Los bastoncillos tienen a su cargo la visión nocturna; los conos, la visión diurna. Nadie sabe por qué tenemos casi veinte veces más receptores para la luz de la luna que para la del sol, pero así son las cosas.

Estos receptores especializados son extensiones directas del cerebro; cada uno reacciona sólo ante una estrecha longitud de onda lumínica. Cuando un fotón toca una célula retinal, crea una alteración química que, a su vez, despide una señal eléctrica que es enviada al córtex visual, en la parte posterior de la cabeza, por medio del nervio óptico, un manojo de ochocientas mil fibras neuronales envueltas en un solo cable. Durante las primeras etapas del proceso visual, el cerebro mantiene la imagen de cada ojo por separado; sólo en el mismo final se funden para crear un objeto tridimensional. Aun entonces no existe en nuestro cerebro una imagen del mundo. La figura de un árbol, por ejemplo, se descodifica puramente en datos eléctricos. Sin embargo, el córtex visual es, definitivamente, un mapa que marca ciertos aspectos del árbol. Las partes de la imagen visual que van de arriba abajo y de izquierda a derecha son registradas por células cerebrales también dispuestas de arriba abajo y de izquierda a derecha.

Actualmente conocemos tan bien la mecánica de la

vista que se la puede imitar artificialmente: se han inventado ojos robóticos capaces de detectar la luz y enviarla a un ordenador, que la almacena y descodifica. En algunos casos, la visión robótica es tan avanzada que puede interpretar color, textura y forma, seguir objetos móviles y distinguir las distancias, tal como lo hacen nuestros propios ojos. El único problema de este impresionante conocimiento del código visual es que se ha pasado totalmente por alto la *experiencia* de ver. Los ojos robóticos nunca se aburren de lo que ven ni se sienten transportados por la belleza. No prefieren el carmesí al escarlata ni viceversa. No disfrutan con las suaves sombras de Tiziano ni con el dramatismo de Caravaggio. Ninguna de las cualidades de la luz que realmente importan, en un sentido humano y personal, puede ser traducida a términos mecánicos.

La madre de un amigo mío ha entrado en la ancianidad y, como suele suceder, se está quedando calva. La pelusa azulada que le cubre la cabeza aflige a esta mujer, antes hermosa; ya cerca de los ochenta años, se resignó finalmente a usar peluca. Para alegrar a su madre, mi amigo la invitó a una fiesta a la que asistiría gente muy distinguida. Los invitados eran chispeantes y la señora pareció muy impresionada.

—¿Verdad que eran todos fascinantes? —le preguntó él, después.

—Extraordinarios —murmuró ella—. ¿Y viste cuánto pelo tenían?

Todos nosotros vemos el mundo con la misma subjetividad. Cuando entramos en una habitación vemos lo que nos importa, filtrando lo que nos es indiferente. También vemos muchas cosas que son invisibles: que aquella persona es un antiguo amante; esa otra, un pelmazo reconocido; que ese florero vale una fortuna (¿de dónde habrán sacado tanto dinero?), que los cuadros parecen falsificaciones. Un mapa del córtex visual del cerebro jamás nos dirá nada sobre las sutiles connotaciones que la luz revela al ojo, tal como el diagrama de un piano nada puede decir sobre cómo la música encanta al oído.

Si un ojo robótico puede pretender siquiera que «ve» es sólo por un motivo: porque fueron humanos quienes lo hicieron. Cada parte fue diseñada para aproximarse a lo que una persona sabe que debe buscar. Si no pudiéramos diferenciar el fondo del primer plano, por ejemplo, ningún ojo robótico podría percibir esa diferencia y no habría ordenador que la tomara en cuenta. Aun cuando un ojo robótico pudiera duplicar perfectamente el ojo humano, incluido el córtex visual, seguiría siendo ciego. La luz que colma el mundo es *mi* luz.

Comprendí sorpresivamente esta verdad mientras leía *La linterna mágica*, autobiografía del gran director sueco Ingmar Bergman. Él dejó de filmar antes de los setenta años, situación con la que ha hecho las paces, pese a muchos momentos de intenso arrepentimiento. «Sobre todo», dice, «echo de menos el trabajo con Sven Nyquist (su camarógrafo de mucho tiempo), tal vez porque a ambos nos cautivan totalmente los problemas de la luz, la luz suave, peligrosa, soñada, viviente, muerta, clara, brumosa, caliente, violenta, desnuda, súbita, oscura, como de vertiente, en caída, recta, inclinada, sensual, sutil, limitada, venenosa, sedante, pálida. La luz.»

Siguiendo la curva de esta frase elegíaca, puedo ver en la luz todas esas cualidades. Todos nosotros podemos, porque sin nosotros la luz no las tendría. No tendría brillo, color ni tono alguno. Sin mi ojo (o el suyo, lector), no hay nada que ver, ni siquiera la negrura. Los fotones rebotarían al azar, ininteligiblemente por el vacío, sin definir jamás nada, sin convertirse en luz. En el espacio interestelar la luz es invisible; cuando toca un objeto rebota en una nueva senda, pero no por eso se torna más visible. El sol no es radiante, como no lo son las estrellas. A lo sumo serían «puntos calientes» de emisión de energía, pero hasta ese término depende de nuestro sentido de la temperatura.

Por sí mismo, nada «allá afuera» tiene definición alguna sin alguien que lo perciba. Cuando los científicos aseguran haber descifrado la mecánica de la visión, no han hecho otra cosa que hallar un mapa, que no debe confundirse con la realidad. Un mapa de Tahití no tiene ningún sentido mientras no sepamos que, supuestamente, se ajusta a cierta isla cuyas montañas, costas y ríos han sido experimentados por seres humanos. En el mapa no ponemos las corrientes de aire ni los buenos sitios para anidar que llamarían la atención de los pájaros, aunque forman parte de la Tahití real tanto como las características que nosotros buscamos.

El mapa no es el territorio. Todos hemos visto fotografías de cómo se ve el mundo por el ojo múltiple de una abeja, una araña o una mosca. Cada uno de estos insectos ve por más de una lente; por lo tanto, los fotógrafos presentan un racimo de ocho, diez, veinte imágenes, generalmente de una flor. Y nosotros debemos suponer que el cerebro del insecto ve así la flor.

Sin embargo, estas composiciones no captan realmente la experiencia del insecto al ver; sólo indican lo que vería un ser humano si mirara a través de varias lentes a un mismo tiempo. En realidad, el ojo de un tábano se divide en veinte mil racimos de células ópticas independientes. Cada una responde ya sea a una longitud de onda lumínica muy específica o a ciertos elementos químicos que flotan en el aire. Como resultado, la imagen del mundo procesada por el sistema nervioso de un tábano es inconcebible para nosotros. (Al fin y al cabo, ¿qué significa «ver» un elemento químico en el aire?).

El cerebro de una marsopa es casi tan grande como el humano, pero el ochenta por ciento está dedicado a procesar sonidos. Las marsopas, las ballenas y los delfines tienen un oído notable; algunas especies pueden detectar los «cantos» de otro a través de kilómetros de agua. El mapa del oído de una marsopa me dirá qué clase de tímpano tiene; si observo las diminutas células capilares dentro del oído, veré parientes de las células que tengo en el oído interno. Sin embargo, toda esta similitud de estructura induce a confusión, pues la experiencia de la marsopa no es comprensible para la mente humana, por muy bueno que sea el mapa.

Hasta la palabra «oír» es sospechosa. Para la marsopa, el oído es una especie de sónar, como el del murciélago, que trae imágenes tridimensionales, más parecidas a imágenes que a sonidos. Una marsopa puede «oír» el tamaño de un tiburón y en qué dirección se mueve. En realidad, yo no debería siquiera aventurar esta tosca suposición; por lo que sé, una marsopa puede «oír» que es verano, que el sol está bajo en el horizonte, que un pez piloto es gris o que Marte está inclinado en su eje.

MIRAR SONIDOS

Si toda percepción es personal, ¿dónde comienzan las imágenes, sonidos, olores, sabores y texturas «reales»? Confiamos en que nuestros ojos ven fotones «reales» y nuestros oídos oyen vibraciones «reales» en el aire, pero es fácil demostrar que esta confianza reposa sobre una base muy endeble. El neurólogo Oliver Sacks cuenta en *Seeing Voices*, su penetrante libro sobre el mundo de los sordos, la extraña historia de David Wright, un inglés que creía poder oír hasta el momento en que «vio» que estaba sordo.

Wright perdió gradualmente el oído en su temprana infancia y no quedó completamente sordo hasta la edad de siete años. Como había nacido con una capacidad auditiva normal, el joven Wright ya había dominado el habla y estaba habituado a oír hablar a los demás. Por eso le costó detectar que estaba aislado del mundo auditivo: «Desde el comienzo mismo mis ojos habían comenzado, inconscientemente, a traducir el movimiento a sonido. Mi madre pasaba la mayor parte del día a mi lado y yo entendía todo lo que ella decía. ¿Por qué no? Sin saberlo, yo leía los labios desde siempre». En otras palabras, cuando su madre hablaba, Wright no podía reconocer que su voz no era real, pues la «oía» como el resto de nosotros. «Esa ilusión persistió aun cuando supe que se trataba de una ilusión», recuerda. «Mi padre, mis primos, todos mis conocidos retenían voces fantasmales.»

El cerebro de Wright convertía instantánea y automáticamente en sonido la imagen de los labios en movimiento. Estas «proyecciones de hábito y memoria», como las llamaba, perduraron hasta que abandonó el hospital donde se determinó, definitivamente, que su sordera era total e irreversible. Entonces llegó el momento decisivo. «Un día, mientras estaba conversando con mi primo, él tuvo un momento de inspiración y se cubrió la boca con las manos mientras hablaba. ¡Silencio! Entonces comprendí, de una vez por todas, que si no veía no oía.»

En ese caso, ¿por qué no vemos todos las voces en vez de restringirnos a la gastada rutina de oír? Muchos sordos «oyen» el viento en los árboles cuando ven que las ramas se mecen. Alguna intersección de sus mentes convierte una señal visual en otra auditiva. De la misma manera, muchos ciegos pueden «ver» las caras palpándolas con las manos. Una intersección mental ha tomado las señales del tacto para convertirlas en imágenes. Presumiblemente, todos los cerebros podrían hacer lo mismo, pero preferimos dejar todo en manos del hábito y la memoria. Vemos con los ojos y palpamos con los dedos porque se nos ha condicionado así. ¿Es tan increíble esta afirmación?

En *Walden*, Thoreau cuenta que, ya caída la noche, solía demorarse en casa de un amigo, en Concord, y luego debía volver caminando hasta su cabaña de Walden Pond, sin llevar lámpara. Aunque no hubiera luna y los bosques estuvieran negros como la pez, él «veía» su camino perfectamente y marchaba sin tropezar varios kilómetros, hasta llegar sin errores a su umbral.

Es también el caso de Meyer Schneider, israelita ciego de nacimiento, quien logró recobrar un notable porcentaje de visión mediante ejercicios oculares ideados por él mismo. (En la actualidad los enseña a muchos seguidores desde su casa de San Francisco.) Aunque se ha evaluado su vista en 20/70, los oftalmólogos que examinan el interior de sus ojos ven las mismas partes defectuosas que siempre tuvo.

Para empezar, la misma idea de que tenemos exactamente cinco sentidos es arbitraria por completo. En el sentido del tacto, por ejemplo, incluimos nuestra respuesta al calor, la textura, la presión, la posición de nuestros miembros, el peso del propio cuerpo y el dolor: todas son cosas que «sentimos». Cuando el sistema nervioso está intacto, se puede decir que tenemos hasta diecisiete sentidos, según los investigadores de la percepción. En su mayoría no tienen nombres y algunos aún son tema de discusión. Todo el mundo parece poder detectar las feromonas, por ejemplo: los característicos elementos químicos que el cuerpo emite cuando una persona tiene miedo o está sexualmente excitada; la glándula pineal de todo cerebro altera su producción hormonal según perciba el ciclo anual del sol. Pero sólo individuos selectos cuentan entre sus sentidos percepciones extrasensoriales o la capacidad de ver el aura de luz que rodea a otras personas.

Debemos llegar a la conclusión de que la percepción es infinitamente flexible y sirve a la mente como a ésta se le ocurra. Creamos mundos nuevos dentro de nuestro universo privado, mundos que los cinco sentidos luego confirman como reales. Hasta se puede desconectar la realidad exterior con un simple movimiento de la muñeca. Un psiquiatra amigo mío me contó que lo habían llamado desde el centro de Boston por un caso de emergencia. Un coche se había detenido ante un semáforo en rojo, pero no se movió cuando la luz pasó a verde. Un policía, al acercarse, descubrió que el conductor permanecía inmóvil ante el volante. Al parecer, era víctima de un ataque cardiaco. Sin embargo, el personal de ambulancia que llegó poco después vio que el conductor estaba vivo, aunque catatónico. No registraba respuesta a la luz, el sonido o el tacto, aunque sus pupilas continuaban dilatándose si se les apuntaba con una linterna. Permanecía sentado como una estatua, con las manos aferradas al volante, y tuvieron que arrancarlo del coche por la fuerza.

Cuando mi amigo psiquiatra vio a ese hombre era evidente que se había retraído por completo. No tenía antecedentes de enfermedades mentales (aunque eso no excluye la posibilidad de que fuera un «esquizofrénico ambulante», de los cuales hay muchos). Por motivos propios, había decidido parar y en un instante cerró toda su maquinaria perceptiva. Nadie sabe por qué, algunas personas deciden un día hacer que el mundo desaparezca. Es prerrogativa de ellos; una vez que la ponen en práctica, lo que esté fuera de su burbuja mental carece de toda importancia.

Tal vez la diferencia entre cinco y diecisiete sentidos no sea tan significativa, pues cualquier sentido es sólo un canal para la verdadera función de la mente, que es clasificar, interpretar y finalmente crear la realidad. Un bebé recién nacido se siente completamente fusionado con su madre y con todos los objetos. Aunque su piel contiene nervios en funcionamiento y su ojo, una retina operante, estas partes mecánicas no bastan para decir al bebé que es un individuo. El contacto y la imagen de cualquier cosa: «allá afuera» es como «yo» tocándome y viéndome.

Salir de esta homogénea sopa de «yoidad» es la principal tarea intelectal del bebé durante los primeros meses de vida. Todos nosotros hemos cumplido esa tarea, salvo unos pocos. Existen personas, por ejemplo, que fueron auristas en la infancia y aún experimentan momentos en que se sienten fundidos otra vez con la sopa de yoidad; sienten el contacto de una pared cuando la miran. La experiencia de fusión puede ser la felicidad para un bebé, pero para los adultos es desorientante y, si persiste, terrorífica.

Cuando se ha elegido a un sentido para una función en especial, las cosas que ve, toca u oye se convierten en «reales», pero durante el proceso de selección es preciso excluir millones y millones de estímulos. Cuando miramos a otra persona no detectamos las longitudes de ondas al infrarrojo que emite, el campo eléctrico a su alrededor, las líneas de magnetismo que parten de él y vuelven en curvas, el estremecimiento del suelo a su paso; todas estas son señales que no se ajustan a nuestros sentidos convencionales, aunque probablemente respondamos a ellos sin darnos cuenta.

Las serpientes, los murciélagos y los insectos dependen de esas señales y, por lo tanto, habitan un mundo que se superpone al nuestro, aunque conserva una gran diferencia. A mí me gusta especialmente imaginar el mundo tal como lo ve el camaleón, cuyos ojos derecho e izquierdo rotan independientemente en sus órbitas. Un rayo de luz contra una mesa será para un camaleón un doble rayo. Dos sillas nunca podrán estar separadas por treinta centímetros o por cualquier otra distancia fija, pues con el girar de un ojo el camaleón puede separarlas tanto como desee.

Cierta vez, alguien me desafió vigorosamente al respecto:

—Si yo tuviera ojos de camaleón —me dijo—, podría ver esa puerta como si estuviera medio metro a la izquierda, pero no es allí donde está en realidad. Si yo tratara de cruzar la puerta que vi, chocaría contra la pared.

—Pero piénselo —repliqué—: eso sólo significa que usted confía más en su sentido del tacto que en el de la vista. El mundo puede parecer muy convincente, pero eso no responde a la pregunta más profunda: ¿por qué confiar en ninguno de los sentidos, cualquiera que sea?

Si cada persona crea constantemente su propia experiencia interior y aplica innumerables interpretaciones a los someros datos que le proporcionan sus sentidos, esto es una base firme para no negar a nadie su versión personal de la realidad. Una generación atrás, el supuesto imperante era que para todos servía una realidad: firme, científica y materialista. Ahora tenemos que aprender a entendernos con el estado de muchas realidades.

Se cuenta la anécdota de un antropólogo británico que hizo un viaje de estudios por la India. Un atardecer, mientras cruzaba la selva, divisó una escena extraña. Un anciano santón bailaba extáticamente en el bosque. Corría y se abrazaba a los árboles; reía cuando las hojas se agitaban y se bañaba la cara con el claro de luna, delirante de gozo. El antropólogo observó fascinado esa exhibición, hasta que ya no pudo contenerse.

—Perdone usted —dijo, saliendo de entre las matas—, pero ¿qué le lleva a bailar solo aquí, en la selva?

El santón, desconcertado, respondió:

—Perdone usted, pero ¿qué le hace pensar que estoy solo?

Ambas preguntas carecen mutuamente de respuesta, pues dependen de puntos de vista únicos. El santón, en la selva, se siente rodeado por los espíritus de la naturaleza, mientras que el antropólogo sólo ve madera y clorofila. Las dos realidades se superponen, pero cada una de ellas no cobra vida para la otra.

Me atraen mucho esas anécdotas porque mi propia vida ha estado bajo el dominio de realidades en conflicto y a veces contradictorias. Durante mi niñez en la India, que pasé con la familia de un médico militar, veía a una banda de soldados nativos de Punjab desfilando con turbantes, al compás de la música escocesa que tocaban con sus gaitas. En mis fiestas de cumpleaños los niños se cubrían la boca con las manos, deslumbrados por la actuación de un encantador de serpientes; sin embargo, mi regalo favorito fue un tren en miniatura fabricado en Inglaterra, con diminutas estaciones que llevaban los nombres de Wembley y Paddington.

Mi escuela fue la de St. Columba, en Nueva Delhi, dirigida por hermanos católicos según estrictas normas inglesas. Durante los períodos de juegos, el hermano McNamara me arrastraba y me bajaba los pantalones para darme palmadas cada vez que fallaba en el criquet, que era cuestión de vida o muerte en St. Columba. El día de mi graduación me llevó a su despacho y dijo: «Cristo murió para redimirte de la condenación eterna. Para eso has estudiado aquí. ¿Qué vas a hacer al respecto?».

¿Cómo podía yo decirle que, en la casa vecina a la mía, un swami subsistía con las cincuenta rupias mensuales que le daba mi madre, hindú devota? (Claro que no necesitaba mucho, pues pasaba siete días seguidos en *Samadhi* profunda, casi sin respirar ni moverse.) ¿Podría haberle dicho lo emocionada que volvió mi madre de una peregrinación a una caverna sagrada, en el norte de la India? Mientras estaba arrodillada en la boca de la cueva, abrió los ojos y vio que el Señor Shiva le daba su bendición en forma de una cobra erguida a medio metro de distancia.

Mi sentido de la realidad continuaba virando inestablemente de un mundo al siguiente. Cuando viajé a Sri Lanka para hacer el examen que me permitiría ejercer la medicina en Norteamérica, pasé la mañana en un templo construido alrededor del diente de Buda, escuchando etéreas *flautas eólicas* afinadas milenios atrás para que agradaran a los *devas* o ángeles. Esa tarde me sometí a un examen lleno de senderos metabólicos y bioquímica básica. El consulado norteamericano estaba deseoso de importar sólo aquellos médicos extranjeros que dominaran bien el inglés, de modo que debí aprobar también una prueba de idioma con preguntas absurdas.

Si se me pregunta cuál es mi yo «verdadero», tendré que responder: «Todos ellos». El triunfo del yo es que puede crear algo enteramente nuevo e individual sobre la faz de la tierra. Mi yo interior contiene al hermano McNamara, a mi madre, al swami vecino, a Shiva en forma de cobra, el equipo de criquet y una estación de ferrocarril de juguete, llamada «Wembley». Estas imágenes han sido digeridas y convertidas en mí; en este momento otras imágenes más recientes, incluido todo lo que vi, oí, toqué, saboreé y olí hoy, se están convirtiendo en mí. Cada vez que pongo a la vista uno de esos aspectos míos estoy lanzando también una exhibición de reacciones físicas únicas. Cada pensamiento nuevo puede causar sólo una leve variación dentro de mi fisiología, pero aun «leve» significa millones de señales neuronales en el cerebro, que ocasionan miles de millones de otros acontecimientos celulares, acaecidos en un abrir y cerrar de ojos. En un sentido muy real, un pensamiento nuevo me convierte en una persona nueva.

Lo mismo puede decirse de todos. Un anciano que revive un atesorado recuerdo de cuando era muchacho puede brillar con súbita juventud. El efecto, aunque pasajero, suele ser asombroso por lo convincente: sus arrugas se suavizan, la piel parece fresca, los ojos chispean de vida. El muchacho sigue dentro de él, ansiando cruzar el umbral del tiempo. Se puede ver lo potente de la pena cuando el niño es obligado a retroceder y la máscara de la vejez regresa, fatigada.

A veces resulta difícil sondear lo profundo e intenso de esos cambios. Me fascinó un relato en primera persona efectuado por una feligresa sobre el sacerdote francés Jean Lamy, que murió en 1931, a la edad de setenta y ocho años. Mientras Père Lamy, hombre santo y devotísimo, pronunciaba un arrebatado sermón, esta mujer vio emerger extrañamente a un hombre joven del interior del anciano.

Se interrumpió y miró hacia arriba. Su rostro se tornó traslúcido, como un bloque de alabastro iluminado desde dentro. Por viejo que fuera, lo vi tornarse joven y apuesto, como si tuviera treinta años. Vi que sus arrugas desaparecían. No había una luz chispeante alrededor de su cabeza, sino una luz interior que hacía de su rostro algo diáfano, sin opacidades, sin sombras en la nariz o en los ojos. Eso duró cinco o seis segundos, tal vez más... no lo sé. Miraba ligeramente el aire frente a sí. Imperceptiblemente, todo volvió a la normalidad y él continuó hablando como antes.

Este momento mágico, que fue confirmado por otro testigo ocular, corresponde a un patrón de iluminaciones interiores exhibidas por hombres santos y devotos de todas las épocas y tradiciones. Aunque evite por el momento el contenido espiritual del acontecimiento, me llama la atención que la dura máscara del cuerpo pudiera fundirse sin esfuerzo con un cambio de conciencia.

Para aceptar completamente el poder de la conciencia, debemos renunciar a la idea de que su actividad está limitada a nuestra burbuja mental. Casi todas las sociedades primitivas creen que mirar a un objeto requiere que la mente se dispare por los ojos. En vez de explicar la visión diciendo que la luz entra, dicen que la vista sale. De ese modo, un cazador hábil puede hipnotizar a la presa acechándola con los ojos y un chamán, curar o hacer daño a la gente con el poder de su mirada.

En ambos casos, la mirada se comporta como una onda portadora, transmitiendo las intenciones mentales al mundo y poniéndolas sobre lo que se observa. En vez de entender la percepción visual como una recepción de la realidad, este punto de vista, compartido por Aristóteles y todo el mundo antiguo, dice que la percepción confiere realidad. Lo mismo vale para los otros sentidos. El sonido surge con una potencia que supera la de sus vibraciones físicas; por eso los indígenas de Nueva Guinea pueden derribar un árbol a gritos o los trompetazos de los israelitas, las murallas de una ciudad.

Los pueblos modernos se burlan de esas cosas, reduciéndolas a la altura de supersticiones tales como el «mal de ojo». Nos sentimos seguros sabiendo que las ondas luminosas entran por el ojo y las auditivas, por el oído. Lo asombroso es que esto no termina con la cuestión, pues es el flujo de la atención y no los fotones ni las moléculas de aire lo que transmite los poderes de los que estamos hablando.

Hemos visto que el cuerpo puede vivir o morir sobre la base de interpretaciones mentales. La antigua idea de que la mente puede interactuar con el mundo debe ser examinada con más atención. De lo contrario no podremos decir si hemos vuelto la espalda a las supersticiones o pasado por alto un poder dormido al que podríamos despertar de su largo sueño.

3

Pensamiento mágico

Hubo un tiempo en que yo vivía fuera del alcance de la magia. Me iniciaba en Boston como médico residente y trabajaba dieciséis horas diarias en el hospital de veteranos. Apenas disponía de alguna hora libre para pasar con mi esposa y me sentía afortunado si, al llegar a casa, podía pasar tres dulces minutos con nuestro bebé, que se acostaba casi en el momento de cruzar yo el umbral. Mi sueldo era pequeño: quinientos dólares por mes. Cuando nuestro diminuto apartamento empezó a resultarnos demasiado reducido, decidí que debía trabajar más. Tomé otro empleo. Por la noche, en vez de apuntar el maltrecho Volkswagen hacia Jamaica Plain, conducía por la larga ruta hasta una sala de urgencias en los suburbios, donde permanecía de guardia hasta el amanecer.

Conmigo trabajaba otro médico, un experimentado traumatólogo llamado Karl. Como éramos camaradas de agotamiento, para evitar el colapso total nos turnábamos para echar una siesta. Uno de nosotros se acurrucaba en una camilla, en el corredor trasero, mientras el otro hacía lo posible por mantener los ojos abiertos en la sala de enfermeras.

Nadie podría decir que una vida así fuera mágica; la palabra no habría tenido ningún sentido para mí. La vida era difícil y a veces aplastante, como cuando debí practicar una cesárea a una mujer recién asesinada. Esa noche trabajé sin la ayuda de Karl, acompañado por una joven enfermera irlandesa. Como no hubo tiempo de llevar la camilla arriba, a un quirófano, lo hicimos de pie a la puerta de la sala de urgencias. Lo fantasmagórico de la situación nos hacía temblar las manos. El bebé salió dos minutos después de fallecida la madre. Aguardamos, tensos. Respiraba, luego se retorció.

—Esta preciosidad está bien —susurró la enfermera. Y acunó suavemente al infante para llevarlo a una incubadora. La vi sonreír, pero al mismo tiempo las lágrimas le rodaban por las mejillas. La alegría llegaba pisando los talones del dolor. «¿Y cuándo fue diferente?», pensé. El mundo es una rueda de molino, que muele imparcialmente el nacimiento y la muerte. El médico baila en el borde de la rueda, tratando de mantenerse un paso de giga por delante de la muerte, para que el nacimiento tenga una mejor oportunidad.

Mi presunción de que las cosas suceden en la naturaleza al azar, sin tener en cuenta los sentimientos ni las esperanzas de los humanos, se atrincheraba en la experiencia de toda una vida, no sólo en un incidente perturbador. Sin embargo, surgió una extraña coincidencia que desafió mis convicciones, llevándome a plantearme la posibilidad de que la mente, de algún modo, ayudara a dar forma a los acontecimientos. Esto es el comienzo de lo que yo entiendo por magia.

La coincidencia se inició con algo bastante vulgar y aparentemente inocuo: Karl contrajo tos. No cabía sorprenderse, pues fumaba mucho, aun en el trabajo. Tenía esa tos espasmódica y ronca que requiere dos cajetillas por día para llegar a su verdadera madurez. Una noche, enfrentándolo, le pregunté por qué diantres no se hacía una radiografía de pecho, por si acaso.

—Porque si en ella aparece un cáncer me moriré de susto —dijo con seriedad. Su expresión me indicaba que lo dejara en paz.

Sin embargo, la tos de Karl empeoró a tal punto que llegó a dificultarle el trabajo. Cediendo ante mis súplicas, se hizo una radiografía. Cuando pusimos la placa frente a la pantalla del visor, en el lóbulo inferior del pulmón izquierdo se veía una sombra gris, redonda como una moneda.

—¡Por Dios! —barbotó Karl—. Sí que tengo cáncer.

Le dije que no teníamos pruebas concluyentes, pero en pocos días se comprobó que él estaba en lo cierto. Pasada una semana, escupió sangre por primera vez. Tres semanas después estaba jadeando y sin aliento. Le aplicaron fuertes radiaciones, pero los resultados fueron insatisfactorios. Mi amigo Karl murió a los dos meses.

Se había ido con impresionante celeridad; en los días posteriores traté de ser fatalista. Karl había sucumbido al cáncer de pulmón epidermoide, enfermedad cuya tasa de mortandad se aproxima al ciento por ciento. Era razonable pensar que, estadísticamente, tenía muy pocas posibilidades. Pero entonces, por casualidad, encontré una vieja radiografía de Karl, tomada cinco años antes. Al ponerla junto a la nueva me estremecí. Apenas era posible diferenciarlas: en la primera era visible la misma lesión, una sombra gris redonda como una moneda. Aparecía algo más pequeña y menos definida, razón por la cual había escapado al diagnóstico firme.

El cuerpo de Karl vivió cinco años con esa pequeña sombra redonda. ¿Cómo pudo matarlo súbitamente en dos meses? ¿Acaso había muerto de miedo, tal como predijo? La medicina convencional respondería con un atronador «¡No!»: la mecánica de los tumores malignos es precisamente así: mecánica; funcionan según leyes fijas de la física, la química y la biología, no por el capricho de la mente del paciente. No se muere de una enfermedad sólo por tenerle miedo. Sin embargo, yo tenía mis dudas.

INTRIGADO POR LA MAGIA

El miedo es sólo un deseo negativo. Si los miedos pueden convertirse en realidad, también pueden los deseos, en general. Pero se supone que no es así. En realidad, cuando un psiquiatra se sienta a interrogar a un paciente que puede estar cayendo en la demencia, uno de los primeros síntomas que busca es el llamado «pensamiento mágico». La característica del pensamiento mágico es la firme creencia de que uno puede dominar la realidad con su mente. Los semáforos no pasan de rojo a verde automáticamente, sino porque uno lo desea. Los pensamientos hacen que la gente se acerque o se aleje. Si uno cierra los ojos y lo desea con suficiente intensidad, hasta el psiquiatra puede desaparecer.

El hecho de que un pensamiento se convierta en realidad no significa necesariamente que sea mágico. Hay quien tiene la súbita premonición de que no debe tomar determinado avión; algo más tarde lee en el periódico que el avión se estrelló. Estas cosas ocurren; una vez que pasa el momento de extrañeza, por lo general las apartamos de nuestra mente. Empero, ¿no podría haber una vinculación causal en funcionamiento? Tal vez poderes invisibles advirtieron a esos viajeros para salvarles la vida. Ahora estamos coqueteando con la magia.

El paso siguiente podría llevar a la perturbación mental. Existen esquizofrénicos paranoicos que ya no pueden trazar los límites entre su mente y la de Dios. Esas personas empiezan a considerarse responsables por lo que acontece en el mundo: sin su intervención personal, un terremoto podría derribar el edificio Empire State o un misil nuclear llegar volando a través del círculo ártico. Algunos paranoicos se obligan a permanecer despiertos las veinticuatro horas del día, vigilando como madres frenéticas junto a la cuna, tan firme es su convicción de que la realidad desaparecerá, evaporada como un sueño, a menos que mantengan la mente fija en ella.

Sin embargo, ése es sólo un aspecto de un misterio que intriga a la humanidad desde hace milenios. ¿Podemos, en verdad, influir sobre la realidad con nuestros pensamientos? Un místico puro inmediatamente responderá que sí; un racionalista puro dirá que no con la misma presteza. Pero la mayoría se siente intrigada y confundida. Nadie ha probado nunca que el pensamiento mágico no exista; en algunos casos no hay otro modo de explicar por qué las cosas ocurren de determinada manera.

Existe, por ejemplo, el raro fenómeno por el cual ciertos pacientes terminales intuyen súbitamente que, contra todas las posibilidades, se van a recuperar. Este súbito cambio de conciencia no puede ser predicho por el paciente ni por su médico; parece atacar con la veleidad del rayo. Un llamativo ejemplo (que llegó a mí a través del doctor Yujiro Ikemi, principal investigador del Japón sobre las remisiones espontáneas) es el de un paciente de cáncer terminal cuyo tumor, con frecuencia de gran tamaño, desaparece súbitamente; cuando eso ocurre o justo antes, el paciente lo sabe. Como cualquier otro enfermo que se enfrenta a la muerte, ha estado sujeto a incontrolables cambios de humor. De pronto la desesperación cede paso, no a la esperanza, sino a una seguridad serena, casi ultraterrena. «Este tumor se va»: la creencia resulta tan natural como si se dijera: «Este resfriado está pasando». El cambio de conciencia ha hecho que algo ocurra en el cuerpo o ha dado una señal de que eso ya había ocurrido. Nadie sabe realmente cómo es.

Aceptemos que esto puede ser pensamiento mágico, no como perturbación, sino como poder de la mente potencialmente válido. Por lo visto, la naturaleza se ha tomado gran trabajo para mantener ese poder oculto. Uno podría pasarse la vida sin saber de su existencia, a no ser por esas personas tan inocentes o tan locas que no saben mantener secreto su mundo interior.

Un modo de enfocar el pensamiento mágico puede ser dejar a un lado el vínculo mente-cuerpo, al menos por el momento, para concentrarse en la propia idea que el pensador mágico tiene de lo que está haciendo. Yo propondría que opera de modo diferente al de la mayoría, según un principio llamado «autorreferencia». Por la autorreferencia, mido la realidad no según lo externo, sino según lo interno, por mis propios sentimientos e intuiciones. Si vivo de acuerdo con este principio, no es misterio que un cambio de conciencia produzca una alteración en mi cuerpo, pues toda la realidad se inicia con cambios semejantes y continúa cambiando cuando yo lo hago.

Aparentemente, las cosas me ocurren a mí, pero en realidad yo participo en todos y cada uno de los acontecimientos. Si estuviera lo bastante alerta, vería que mis pensamientos irradian como luz de una vela o de una estrella. Los pensamientos surgen de su fuente invisible y lamen el mundo como olas contra la costa. Golpean todo lo que hay a mi alrededor: robles, nubes, rascacielos, otras personas y hasta los átomos y fragmentos de átomo. Estas cosas son básicamente reflejos vistos en el espejo de mi conciencia. Y el espejo es vasto: mis pensamientos ruedan hasta el límite del universo, comenzando en una fuente finita, pero extendidos hasta el infinito.

Lo opuesto a la autorreferencia es la referencia a objetos, que consiste en otorgar una importancia primordial a lo externo y no a mí mismo. Una persona que basa su pensamiento en la referencia a objetos supone, automáticamente, que su mente no tiene influencia sobre las cosas del mundo exterior. Un pensamiento es un hecho subjetivo que rebota dentro de una burbuja mental, sin poder desprenderse. Para todas las finalidades prácticas, esto significa que la conciencia referida a objetos está implacablemente dominada por las cosas. Comparados con el fantasma de un pensamiento, los objetos duros y sólidos de este mundo parecen mucho más reales y, por lo tanto, mucho más poderosos. Ésa es la posición en que casi todos nos encontramos.

Aunque no podamos imaginar una realidad enteramente centrada en uno mismo, otra persona podría vivir así con mucho éxito. Un amigo mío, que viajaba por Cachemira, trajo el siguiente relato:

—En Srinagar, capital de Cachemira, los santones son algo común, por su proximidad con los Himalayas. Un día vi a un santón que caminaba calle abajo. Era un viejo asceta, de larga barba, pero muy alto y de aspecto vigoroso. Vestía una túnica azafranada y a su lado llevaba una vara de tres puntas llamada *trishul*, el tridente de Shiva. Muchos de los ascetas de la India consideran al dios Shiva su patrono.

»Cuando esta imponente figura se acercaba a mí, súbitamente fue asediado por una banda de muchachos burlones. Eran rudos y, en un minuto, sus pullas se convirtieron en empellones. Empujaban al viejo asceta de un lado a otro, sin que él demostrara la más leve irritación. Uno de los muchachos le robó el tridente y huyó con él. El anciano continuó su camino, sonriendo como si nada hubiera ocurrido. Esa vara era todo cuanto tenía. Sin duda le había sido ceremoniosamente entregada por su gurú décadas antes, y todas sus pertenencias estaban en el saco de algodón atado al extremo.

»De pronto otro de los jovencitos voló en busca del tridente y corrió en pos del asceta. En el momento en que le tendía la vara, sin que el anciano pudiera verlo, pues estaba a sus espaldas, alargó grácilmente el brazo hacia atrás para tomarla. Continuaba caminando en línea recta y no volvió siquiera la cabeza. Fue como si mano y tridente estuvieran destinados a reencontrarse o como si nunca se hubieran separado. Luego desapareció.

»Yo seguí mi camino, absorto en mis pensamientos. ¿Cómo pudo ese viejo permanecer tan imperterrito? ¿Sabía acaso que la vara volvería a él? En la calle siguiente levanté la vista y allí estaba él, cruzando nuevamente mi sendero. Giró gravemente los ojos hacia mí y me dedicó un guiño lento, conspiratorio. Yo creía que ni siquiera se había dado cuenta de mi presencia. Luego dijo, en inglés: "¿Puedo convidarlo con una taza de té?", Las palabras sonaron levemente ridículas, pero de inmediato me sentí atraído hacia su realidad imperturbable y me maravillé de su seguridad.»

Lo que me dice este relato es que el yo y el mundo no son forzosamente entidades independientes. Todo el incidente no fue necesariamente un enfrentamiento de fuerzas entre el anciano y la banda de muchachos; fue un juego de entretenimiento dentro de la conciencia del anciano que tomó forma exterior. Él se mantenía en el centro del acontecimiento, seguro de su resultado, y su mano encontró la vara otra vez porque así debía ser. Algunas personas ven más de esta magia que los demás. Tal como escribió Robert Frost, en uno de sus poemas más breves: «Nosotros danzamos en ronda y suponemos, pero el Secreto está en el medio y sabe». Mi amigo tomó el té con el santón, pero le costó sacar alguna palabra de él. Por ese día, el asceta había exhibido lo suficiente del Secreto.

Las personas que aprenden a vivir sobre la base de la autorreferencia no necesitan perder de vista el mundo objetivo; hasta el más austero de los ascetas requiere de comida, agua y abrigo. Además, no debemos suponer precipitadamente que los placeres mundanos son enemigos del yo. Es sólo cuestión de reorientar la propia perspectiva para ver el yo como primordial y las cosas exteriores como secundarias. Desafortunadamente, para alguien que se define a sí mismo por los objetos exteriores, la perspectiva de confiar en sí mismo como eje de la realidad puede ser inquietante. Por cada palabra deseable de nuestro vocabulario, como autónomo, autosuficiente y automotivado, nuestra cultura de referencia a objetos ha descubierto otra indeseable: egocéntrico, introvertido, reservado, narcisista,ególatra.

Aunque se supone que la subjetividad es cambiante e indigna de confianza, no parece menos traicionero confiar psicológicamente en los objetos exteriores. Recuerdo una fábula que solían contarme en la India: una vez había un pobre aldeano que sólo poseía dos cosas de algún valor; su hijo de dieciséis años y un bonito pony gris.

El aldeano los amaba más que a todo lo creado. Un día el pony desapareció sin que se lo pudiera hallar. El aldeano cayó en una profunda depresión. Nada pudo levantarle el ánimo hasta que el pony regresó, tres días después, seguido por un hermoso potro árabe. Regocijado, el hombre abrazó al potro y se apresuró a ensillar al potro negro.

Su hijo estaba ansioso por montar el caballo salvaje y, como el padre no podía negarle nada, consintió. Una hora después se supo que el muchacho había sufrido una grave caída mientras cabalgaba por la playa. Lo llevaron al hogar en andarillas, magullado y maltrecho, con la pierna derecha fracturada en dos partes. Al ver herido a su hijo, la felicidad del padre volvió a convertirse en absoluto dolor.

Mientras él se lamentaba, sentado a la puerta de su cabaña, apareció un contingente de soldados enviados por el rey. Como la guerra era inminente, debían reclutar en la aldea a todos los varones jóvenes. Se apoderaron implacablemente de todos los hijos en edad de combatir, pero cuando llegaron a la casa de este hombre y vieron a su hijo baldado, se fueron sin él. Las lágrimas del hombre volvieron a transformarse en júbilo y dio fervientes gracias al cielo por la tragedia que lamentaba un momento antes.

Lo peculiar de esta fábula es que no tiene final. Y ésa es su moraleja. El ánimo del aldeano sigue subiendo y bajando, atado al destino de un muchacho y un pony. En la vida real, la gente tiene más de dos cosas atesoradas, pero el resultado es el mismo. Mientras nuestra felicidad dependa de los objetos «de allá afuera», somos prisioneros de ellos. Hemos rendido nuestra libertad a las cosas.

TRISTES HISTORIAS DE AMOR

Aunque la medicina aún no está dispuesta a admitir que la autorreferencia desempeña el papel principal en la aparición o la cura de una enfermedad, hay gran cantidad de pacientes muy abiertos a esa posibilidad. Ellos se refieren instintivamente a los sentimientos que rodean a la enfermedad. Si es mucha la negación o la culpa, sus sensaciones serán turbulentas y, por lo tanto, inducirán a confusión. Pero también pueden ser asombrosamente claras y dar al paciente un mejor entendimiento de la situación del que podría proporcionar nadie objetivamente desde el exterior.

En este aspecto, quien hace un relato fascinante es el popular escritor Michael Crichton, que estudió medicina en Harvard hace veinticinco años. En su libro de esbozos autobiográficos, *Travels*, Crichton recuerda los meses que pasó en la sala cardiaca de un hospital universitario de Boston. La costumbre indica que los estudiantes de tercer y cuarto año pasen brevemente por todas las especializaciones principales de la medicina. Crichton no tenía intenciones de dedicarse a la cardiología, pero durante su período en esa sala tuvo una ocurrencia sencilla y bastante novedosa: «¿Y si la dolencia cardiaca no fuera la misma para todos los pacientes? ¿Si tuviera un significado personal para cada uno?».

Lo que llevó a Crichton a cavilar al respecto fueron ciertos famosos hallazgos de la patología, efectuados al comenzar la década de 1950. Durante la guerra de Corea se practicaba rutinariamente la autopsia a los soldados jóvenes que morían en combate. Los médicos se sorprendieron al descubrir que, en un setenta por ciento de los casos, las arterias delataban etapas avanzadas de ateroesclerosis; esas arterias jóvenes estaban acumulando ya placas de grasa, dejando sin oxígeno al corazón y avanzando inexorablemente hacia el ataque cardiaco.

Si esta dolencia estaba ya presente en jóvenes de diecisiete años, se preguntaba Crichton, ¿por qué el típico ataque de coronaria se producía mucho después, típicamente cumplidos los cuarenta o los cincuenta? «Era preciso suponer que todos esos pacientes andaban por allí con

70

las arterias obstruidas desde la adolescencia», escribe. «El ataque cardiaco podía ocurrir en cualquier momento. ¿Por qué habían esperado veinte o treinta años para sufrirlo? ¿Por qué el ataque se producía este año y no el siguiente, esta semana en vez de la anterior?»

Para responder a estas preguntas decidió averiguar algo sobre lo que los pacientes pensaban de su enfermedad. Como el enfoque directo parecía ser el mejor, Crichton recorrió la sala preguntando a sus pacientes, a bocajarro: «¿Por qué sufrió usted un ataque cardiaco?». Sabía que esas averiguaciones podían provocar reacciones imprevisibles. «Mi pregunta daba a entender, además, que los pacientes tenían cierto poder de decisión en el asunto y, por lo tanto, algún control sobre la enfermedad. Yo temía que me respondieran con enfado. Por eso comencé con el paciente más cordial de la sala, un cuarentón que había sufrido un ataque leve.»

—¿Por qué le dio ese ataque?

—¿De verdad quiere saberlo?

—Sí.

—Me ascendieron. La empresa quiere trasladarme a Cincinnati. Pero mi esposa no quiere ir. Como tiene a toda su familia aquí, en Boston, no quiere acompañarme. Fue por eso.

El hombre lo dijo con total serenidad, sin señales de enfado. Cuando Crichton llevó su pregunta al resto de la sala, los otros pacientes le dieron respuestas similares:

—Mi esposa habla de abandonarme.

—Mi hijo no quiere estudiar abogacía.

—No conseguí que me aumentaran el sueldo.

—Mi esposa quiere otro hijo y yo no creo que podamos mantenerlo.

A ninguno le faltaba una respuesta. Sin embargo, nadie mencionó la ateroesclerosis como causa del ataque; tampoco los factores de riesgo habituales, tales como una dieta rica en grasas, la hipertensión, la falta de ejercicio y el tabaco. A fines de la década de 1960 no se consideraba muy legítimo el vínculo mente-cuerpo; por eso Crichton quedó perplejo ante la perspectiva de sus pacientes. Al recordar, escribe: «Lo que yo veía era que sus explicaciones tenían sentido, desde el punto de vista del organismo completo, como una especie de actuación física. Esos pacientes me hablaban de sucesos que les habían afectado el corazón en un sentido metafísico. Me contaban historias de amor. Tristes historias de amor que les habían partido el corazón. La esposa, la familia, el jefe no se interesaban por ellos. Era un ataque a sus corazones. Y muy pronto esos corazones sufrieron literalmente un ataque».

Este penetrante relato no «prueba» nada nuevo sobre las dolencias cardiacas. Sin embargo, debemos reconocer que Crichton anticipó el concepto clave de mente-cuerpo, ahora ampliamente aceptado, de que nuestros sentimientos no viven en un mundo aparte de nuestras células. Sin embargo, es la precisa sincronización de esos ataques cardiacos, controlados por las víctimas pero también completamente imprevistos, lo que presta al relato de Crichton su inigualable fascinación. Sus pacientes comprendieron lo que habían hecho sólo después de hacerlo. Este punto ciego abre un nuevo aspecto del misterio. Vemos que el cuerpo representa los dramas de la mente, pero aún no hemos descubierto al director que decide cuál será la próxima escena. Esto ocurre porque la mente ha decidido negar una parte de sí misma.

UN ESPACIO MÁS ALLÁ DE LA RAZÓN

Como la magia parece tan extraña a ella, la parte racional de nuestra mente suele tener mucho miedo a la parte no racional. La sola palabra «mágico» tiene, para la mayoría, un tono siniestro, relacionado con todo lo oscuro, peligroso, escalofriante y salvaje. Pero la amenaza ha sido muy exagerada. Pasamos gran parte de la vida en ese espacio que está más allá de la razón. Si yo digo «te amo», la onda de sonido de mi voz rebota contra tu tímpano, provocando una vibración que el oído interno convierte en señal eléctrica. Este impulso se transmite por las neuronas hasta el centro cerebral del habla y tú pones cara de satisfacción.

La razón lo sabe todo sobre este viaje, exceptuando el último paso, que es el más importante. ¿Por qué te complace que yo te ame? ¿Por qué esos impulsos eléctricos del cerebro tienen un significado? Si digo una frase diferente, como «Tienes cáncer terminal», los mismos impulsos físicos llevan mi voz a tu centro cerebral del habla, pero entonces quedas destrozado. Científicamente las señales son casi idénticas, pero los resultados que producen no podrían ser más distintos. El electroencefalograma no puede descifrar el significado de la actividad cerebral; los garabatos del gráfico no dicen nada sobre lo que distingue al amor del odio, el júbilo del dolor, la inspiración del tedio. Las emisiones generadas por los swamis profundamente inmersos en la buenaventura crean patrones muy parecidos a los de un ataque epiléptico; el voltaje generado por el sistema nervioso de un poeta no es necesariamente menor que el de un psicópata.

El significado se escurre entre los dedos de la ciencia, y eso proporciona a toda persona interesada por los significados un buen motivo para tomar en serio la magia. El prejuicio materialista de la ciencia la lleva a desdeñar lo que no se pueda contactar directamente con los sentidos. Sin embargo, la naturaleza ha reservado una enorme región para cosas que no se pueden ver, tocar ni pesar. Quien haya visto a una bandada de golondrinas alzar vuelo en el crepúsculo habrá notado que giran y giran juntas, desviándose en ángulos imposibles en un abrir y cerrar de ojos. ¿Cómo hace cada pájaro para girar en el preciso instante en que lo hacen los otros? Los científicos han establecido que no hay una actuando como líder: el impulso es compartido, de algún modo, por todas las golondrinas al mismo tiempo. La magia está en cada una, pero también entre ellas, sobre ellas y alrededor. Es fluida e invisible, como el aire, pero aún más.

Existe un misterio similar si pienso una palabra al azar: «archipiélago». Para que yo piense esa palabra, millones de células cerebrales tienen que actuar con una medida exacta en el momento exacto. No hay una célula aislada que imagina la palabra y la pasa a las otras: aparece en todas partes al mismo tiempo. A fin de cuentas, ¿dónde estaba escondida la palabra archipiélago mientras yo no la pensaba? La localización del espacio mental es tan elusiva como el espacio exterior al universo.

Dado lo inconcebible del espacio mental, bien podríamos asegurar que es enteramente mágico. Se puede programar un ordenador para que juegue al ajedrez a la altura de los grandes maestros, pero ellos, a diferencia de los maestros de verdad, no se cansan, no tienen inspiraciones brillantes ni rabietas, no gozan de la victoria ni se deprimen con la derrota. Un maestro enfurecido se negó a jugar en un torneo, a menos que le pusieran un helado de piña junto al tablero. Eso resulta inconcebible para la inteligencia de imitación de un ordenador, pero es demasiado humano. En eso consiste tener mente. Si un ordenador se convirtiera en el ajedrecista más grande de la historia, los humanos seguirían disfrutando de toda la diversión.

Por lo tanto, el pensamiento mágico no se presenta como una desviación de la razón, sino como un modo de hurgar más allá de esta, en un espacio más lleno de vida y de sentido. Para nosotros es tan natural como la racionalidad y tal vez más. El bebé, al nacer, está totalmente centrado en sí mismo; por lo tanto, no es sorprendente que iniciemos la vida pensando siempre de un modo mágico. El día en que naces, comienzas a contemplar el mundo que nació contigo. Pronto aparece en tu campo visual un peculiar objeto volador, suave y de aspecto casi gomoso. Flota al azar delante de tus ojos, a veces visible, a veces desapareciendo raudamente.

No te relacionas con este objeto hasta el día en que haces un descubrimiento extraordinario. Incitado por un intenso deseo del pecho o del biberón, tienes el impulso de tomarlo. Al actuar siguiendo este impulso no probado antes, el aparato que se aferra al pecho es ese mismo objeto... y entonces comprendes: la entidad que pende frente a tus ojos es tuya y está a tus órdenes. Has adquirido una mano.

Las habilidades motrices más complejas, tales como tocar el violín o hacer gimnasia, se desarrollan a partir de la misma base. Un deseo se extiende hasta cierta región desconocida y vuelve con un informe; descubre qué es posible y qué no lo es. Utilizando esa información, la mente cambia ligeramente de actitud; cuando llega el próximo informe la noticia ha cambiado: ahora es más lo posible, o menos; la nueva posición del dedo en el puente del violín permite una mayor flexibilidad o no la permite. De un modo u otro, la mente se ha renovado.

La capacidad de la mente para extender su influencia parece ilimitada, aun cuando se enfrenta a obstáculos imposibles. El renombrado psiquiatra escocés R. D. Laing cuenta en su último libro, *Wisdom, Madness and Folly*, la notable anécdota de Jacqueline du Pré, la célebre violonchelista británica que murió de esclerosis múltiple antes de cumplir los cincuenta años.

Trágicamente, du Pré fue afectada por la enfermedad cuando tenía veintiocho años; su carrera musical terminó muy pronto, pues no tardó en perder la capacidad de coordinar los dos brazos. Pasó un año en el cual no tuvo ningún contacto con el violonchelo.

Sin embargo, una mañana despertó completa e inexplicablemente curada. No sólo había recuperado su coordinación muscular, sino que su habilidad musical estaba intacta. Corrió a un estudio y grabó maravillosas interpretaciones de Chopin y Franck que, no es necesario decirlo, no había podido practicar por todo un año. Su remisión duró cuatro días, al término de los cuales volvió a su anterior estado de incapacidad.

Es difícil negar que, en esos cuatro días, du Pré estuvo totalmente liberada de su enfermedad, pero desde el punto de vista médico esto no tiene sentido. La esclerosis múltiple causa daños orgánicos progresivos en el sistema nervioso; las vaina grasa que cubre cada célula nerviosa, llamada mielina, se destruye en zonas diseminadas al azar por todo el cerebro y la médula espinal. En algunos pacientes el proceso degenerativo lleva hasta cincuenta años; otros quedan incapacitados a las pocas semanas de declararse la enfermedad.

Du Pré se hallaba ya en la etapa en que sus neuronas dañadas estaban físicamente fuera de funcionamiento. ¿Cómo pudo recobrarse? ¿Cómo hizo un sistema nervioso que no podía mover un brazo recuperar, de la noche a la mañana, el dominio de los movimientos increíblemente exactos y delicados que se requieren para tocar el violonchelo? Ella no mejoró por sólo pensarlo; tampoco parece que el coraje y la fuerza de voluntad hayan desempeñado un nuevo papel. De algún modo trascendió su enfermedad tan por completo que se alteró la realidad.

Para coronar este relato, Laing recuerda que él ayudó a un paciente a crear ese mismo efecto mágico, aunque sólo por un momento. El paciente era un hombre de unos treinta y ocho años, que llevaba algún tiempo reducido a una silla de ruedas. «Definitivamente presentaba el cuadro clínico de alguien afectado por una esclerosis múltiple bien establecida», escribe Laing. «Sólo por ver qué pasaba, lo hipnoticé y le dije que se levantara de su silla de ruedas y caminara. Lo hizo... por algunos pasos. Habría caído si no lo hubieran sostenido y ayudado a volver a su silla.»

«Quizás aún estuviera caminando», cree Laing, «si yo no hubiera perdido el valor (y él también) después de esos tres o cuatro pasos; se suponía que el hombre estaba imposibilitado para caminar desde hacía más de un año». Este argumento implica que, por un momento, Laing permitió a su paciente entrar en un espacio donde su esclerosis múltiple no existía. Las neuronas destrozadas actuaron como si estuvieran sanas o dejaron de contar, de algún modo totalmente misterioso. Cualquiera de las dos ideas conduce a lo mismo: la parálisis dependía, no sabemos hasta qué punto, del estado de conciencia del paciente.

Esta conclusión enfurecería a un científico inflexible, pero todos estaríamos paralizados si los pensamientos no tuvieran una invisible fuerza animadora. Esto adquiere patética evidencia en los casos de autismo. El autismo, palabra que deriva de raíces latinas que significan «centrado en sí mismo» o «independiente», es una rara dolencia infantil, que no se diagnosticó hasta 1943; afecta apenas a un bebé entre más de diez mil y a cuatro varones por cada niña. Su causa aún es motivo de debate. Las viejas teorías psicológicas culpaban a la «madre-refrigerador», pero éstas han cedido paso a teorías biológicas, que aducen un desequilibrio químico o tal vez una lesión física en el cerebro del niño.

Cualquiera que sea la causa, el niño autista no presenta casi respuesta al mundo exterior y a otras personas. Si se le pone en un columpio y se le hamaca, puede parecer que participa levemente en la experiencia, pero vuelve a la apatía en cuanto dejamos de impulsarlo para que se hamaque solo. Si se le arroja una pelota, no levantará las manos para tomarla ni para protegerse del golpe. Puede pasar gran parte de su tiempo libre en movimientos repetitivos y mecánicos llamados «meneo». De algún modo, la chispa del deseo se ha perdido en el oscuro y serpenteante laberinto del estar absorto en sí mismo.

A veces se le puede inducir a regresar. Una vez vi un

vídeo de niños autistas que, a los tres o cuatro años de edad, aún no habían aprendido a caminar. Encerrados en sus mundos herméticos, sólo podían ponerse de pie si se les proporcionaba un objeto en el cual apoyarse. De otro modo caían de inmediato y no trataban de volver a levantarse. Para ayudar a estos niños se ideó algo ingenioso.

Primero se pusieron dos sillas a tres metros de distancia, conectadas por una soga fuerte. Cada niño fue incitado a asirse de la soga y dar unos pocos pasos. Al cabo de un tiempo, ya dominada esta tarea, el niño podía caminar de una silla a la siguiente sin caer. A continuación, se sustituyó la cuerda gruesa por una levemente más fina. Una vez más, el niño se asió de la soga y caminó de una silla a la otra. En cada día sucesivo se empleó una soga algo más fina, sin que el niño notara la diferencia. Por fin caminó «sostenido» por un endeble cordel.

Aquí viene el toque genial. Para liberar a los niños de la rutina mecánica de caminar de una silla a la siguiente, los experimentadores entregaron a cada uno un trozo de cordel para que lo llevaran en la mano. Seguros de que aún contaban con ese apoyo, los niños pudieron caminar libremente. Ese instante de desprendimiento tiene algo de magia. Al ver a esos niños recién liberados, que andaban por primera vez por el cuarto de juegos, me pregunté cuántos pequeños vacíos me separan de la libertad, vacíos que parecen abismos enórmes e infranqueables, sólo porque no tengo un trozo de cordel que me sirva de puente.

UN PUENTE ENTRE DOS MUNDOS

Hasta ahora, mi defensa del pensamiento mágico no se ha alejado mucho del bien cercado dominio del cerebro y el cuerpo que éste controla. Sin embargo, a veces creemos que nuestros pensamientos influyen sobre acontecimientos que están mucho más allá del alcance de las señales nerviosas. El estudio de la parapsicología ha establecido aquí una vacilante especie de credibilidad. Casi todos tenemos premoniciones que se tornan realidad, pero como ya apuntamos, el pensamiento mágico va más allá de las percepciones extrasensoriales y la precognición cuando hace que, al parecer, la gente o las cosas de «allá afuera» se muevan de acuerdo con nuestra voluntad.

Puesto que hay tanto miedo y tantos prejuicios en torno a esto, es el tipo de magia final que me gustaría desmitificar. Si otra persona ejecuta el pensamiento que hemos tenido, eso no significa que sea un autómata o que hayamos invadido su libre albedrío. Estos son miedos reflejos que surgen en la mente, reforzados por la creencia «racional» de que cada persona ocupa en el tiempo y en el espacio una porción completamente aislada.

Supongamos por un momento que esto es un prejuicio. Si sostenemos en la mano un pequeño imán en forma de herradura, su carga es sumamente pequeña y, al parecer, está aislada. Pero el imán no tendría carga alguna si no existiera el inmenso campo magnético de la tierra; existe un vínculo invisible entre los dos y más allá. La tierra no podría estar magnetizada sin el campo magnético del sol; el sol depende de los campos similares de la galaxia y así hasta el infinito. El resultado final es que el imán sostenido en la mano está entrelazado con el plan de todo el universo.

La secuencia evolutiva que lleva del Big Bang a mi mente es tan continua como la que lleva al imán en forma de herradura. Aunque cada pensamiento de mi mente es muy pequeño, emerge de entre los miles de millones de pensamientos potenciales que una persona podría tener. Y éstos se basan en millones de años de evolución humana, que llevaron a la estructura actual del cerebro. La evolución, a su vez, depende del despliegue de todo el universo, a partir del Big Bang. Por lo tanto, un solo pensamiento puede ser considerado como una pequeña saliente en un campo universal.

La diferencia crucial, por supuesto, se basa en que el campo electromagnético se puede medir en millones de años-luz; en cambio, nadie ha demostrado que el cosmos tenga mente. Preferimos creer que la inteligencia llegó tarde al escenario, en el último minuto de la undécima hora, dentro de la vida conocida del universo, y que nuestra inteligencia es un brote especial de ese acontecimiento sumamente aislado. Por cierto, descontando un puñado de biólogos evolucionistas, la ciencia se maneja muy bien sin tener que enfrentarse al espinoso asunto de cómo y dónde se inició la inteligencia.

Si enfocamos aquí el tema es porque el pensamiento mágico parece presentar muchas de las características de un campo energético. El campo electromagnético del universo es invisible, omnipresente y capaz de reaccionar al más leve cambio dentro de sí. Cuando el polo magnético de la tierra se mueve, todas las brújulas del planeta lo siguen; a la recíproca, si sacamos una brújula del bolsillo el campo magnético de la tierra se ve afectado en una minúscula cantidad. En pocas palabras, ninguna parte del campo puede moverse sin mover el todo.

Si trasponemos este conocimiento a la mente, eso significaría que cada uno de nuestros pensamientos afecta a todas las otras mentes, no porque ejerzamos poderes psíquicos, sino porque cada mente es una pequeña parte del campo. Lo que presento aquí es un paradigma radical y tengo toda la intención de seguirlo en sus muchas ramificaciones. Pero si pasamos por alto las enormes disyuntivas que se alzan ante nosotros, la idea de pertenecer a una inteligencia intervinculada es la conclusión lógica del argumento de que la realidad «de aquí adentro» está conectada con la realidad «de allá afuera». Pues, ¿cómo pueden ambas conectarse mejor que por medio de la inteligencia?

Si la mente de una persona participa en un creativo toma y daca con el mundo (tal como deducimos al estudiar la percepción), debe de existir algún territorio común.

Parece absurdo asegurar que la mente de alguien puede afectar a un canto rodado o a un árbol pero la actividad mental, dentro de nuestro cerebro, está alterando constantemente la estructura de los elementos químicos cerebrales. Estos elementos químicos se componen de moléculas y átomos, tal como los árboles y los cantos rodados. El solo hecho de que un átomo de carbono se aloje en la materia gris de nuestro cerebro no lo acerca más a la mente que si residiera en un árbol. Aún tenemos que lidiar con el abismo infranqueable entre materia y mente.

El pensamiento mágico nos proporciona la evidencia de que vivimos tendiendo puentes sobre ese abismo. En realidad, esta imagen lineal es demasiado estática, puesto que los campos energéticos palpitan constantemente de vida. Se acerca mucho más a la verdad decir que la mente y la materia se unen en una danza, moviéndose juntas por instinto, sabiendo sin hablar dónde caerá el paso siguiente. Para dar vida a esta metáfora puedo presentar a Sheila, una inglesa de unos cincuenta y cinco años que fue profundamente afectada por un pensamiento mágico.

Hace treinta años, cuando apenas salía de la escuela religiosa, Sheila concibió un hijo fuera del vínculo matrimonial. Sus familiares, católicos devotos, no podían aceptar ese embarazo. La misma Sheila comprendió que no estaba preparada para criar sola a un niño y, aunque la afligía renunciar a su bebé, decidió dar a luz y permitir que las agencias de adopción le buscaran un hogar. Según me contó en una carta notable:

«Vi nacer a mi bebé en el espejo que pusieron a los pies de mi cama. Recuerdo mi sensación de maravilla, entusiasmo y triunfo cuando apareció ese hermoso varoncito. Recuerdo también la sensación de pérdida que me produjo no tener con quién compartir esos sentimientos.

»En cuanto mi bebé nació los dos nos echamos a llorar. Yo lo estreché contra mi corazón, tratando de que eso nos consolara a los dos y de sentir cómo latía su corazón, al unísono con el mío. Durante seis días lo alimenté con biberón, mientras los lentos e implacables procedimientos de adopción se hacían cargo de nuestras vidas. No recibí ningún asesoramiento, sólo se me dijo que yo, "pobrecita querida", debía olvidarme de lo ocurrido, salir y comenzar de nuevo. En mi alma se asentó un dolor profundo.»

Habían hallado una familia adecuada para su bebé. Sheila accedió a no interferir durante sus años de desarrollo, a que el niño ignorara hasta su existencia. A cambio pidió que se le conservara el nombre que ella le daba: Simon. Respetó su promesa por veinte años, aunque la separación se le fue haciendo más difícil de soportar con el correr del tiempo. Nunca pudo tener otro hijo, pues temía repetir el intenso trauma de su primera experiencia.

Por fin, cuando Simon cumplió los veintiún años, Sheila decidió regresar a Inglaterra desde el extranjero y solicitar una entrevista con él. Como no conocía el paradero de la familia adoptiva, contrató a una agencia de detectives para que se encargara de la investigación. Mientras tanto se retiró a Oxford, a la casa de unos viejos amigos. Entonces ocurrió algo que lleva el relato de Sheila a una nueva esfera.

«Para pasar el tiempo, daba largas caminatas por entre los soñadores chapiteles de Oxford. Me cautivaba el aire medieval de la ciudad. Una tarde, después de visitar Christ Church College, descendí por las praderas hasta la orilla del río. Un equipo de ocho remeros de Oxford estaba practicando a poca distancia.

»De pronto me corrió por la espalda una sensación escalofriante. Sin motivo alguno la adrenalina comenzó a bombear, se me pusieron las palmas sudorosas y se me secó la boca. Mi mente estaba muy alerta y oí resonar en mis oídos la palabra "Simon". Regresé corriendo a casa de mis amigos, estupefacta, y me tendí en el sofá, frente al fuego. Tenía mucho frío; me sentía estremecida y confusa.

De algún modo, supe que mi hijo estudiaba en Oxford y que, esa tarde, lo había visto remando en el río.

»Me sobrevino una segunda oleada de esclarecimiento y dije en voz alta: "Sé algo que no debería saber. Está estudiando medicina. Simon sigue los pasos de su abuela". (La madre de Sheila era médica internista.) No tenía idea de dónde se originaba ese estado de conciencia elevada.»

Sus amigos se apresuraron a conseguir una lista de inscritos en la universidad: tal como ella había intuido, allí figuraba el nombre de su hijo. Esa extraña adivinación inquietaba a Sheila, pero como no sabía qué hacer, no hizo nada. La agencia de detectives la llamó para darle informes que confirmaban otros detalles de su intuición y se asombraron de que ella ya los conociera.

Nuestro estudio convencional de la psicología humana no puede explicar este suceso; sin embargo, no dudo de que Sheila «magnetizó» el hecho, atrayendo hacia sí al hijo perdido que tanto había ansiado recobrar. Era como si toda su frustración acumulada ya no pudiera ser contenida. Tenía que liberarse, y para hacerlo derribó la barrera artificial entre la realidad interna y la exterior.

Existe en la historia de Sheila otro detalle que me provoca una sensación de sobrecogimiento y gratitud a la par. Según resultó, sus misteriosas captaciones no condujeron a un feliz reencuentro con Simon. La familia adoptiva presionó enérgicamente al muchacho para que rechazara la súbita aparición en su vida de esa mujer no deseada. Pasaron otros nueve años antes de que madre e hijo hallaran el coraje mutuo para reunirse y aceptarse mutuamente.

El reencuentro emotivo se produjo en 1989, cuando Simon, que ya estaba practicando la medicina en Oxford, invitó a su madre a visitarlo. Pese a sus temores, Sheila vio cumplida su mayor esperanza: fue aceptada por lo que era, en sus propias condiciones, y bien recibida como parte de la familia de Simon. Poco después de llegar a la casa del joven, su hijo sugirió que salieran a caminar por los bosques, cerca de su antigua facultad. Por casualidad, eligió la misma ribera en la que Sheila había visto, años antes, al equipo de remeros. Entonces ella le habló de su intuición y él escuchó, hipnotizado.

—Es cierto —dijo, con voz entrecortada—. Ese día yo estaba remando, sí, y recuerdo que, al levantar la vista, vi a una mujer sola en el ribazo. Se me erizó el pelo de la nuca y me cosquilleó la espalda; quedé muy agitado. Ella parecía estar observándome. Y a la cabeza me vino este pensamiento: «Es tu madre».

Sheila y Simon quedaron en silencio. Para ellos era imposible comprender cómo habían sido reunidos, pero ambos sentían que había ocurrido algo sobrenatural. «Caminamos hasta la capilla de Merton College», dijo Sheila. «Simon me sacó los guantes y me retuvo suavemente las manos mientras rezábamos, agradecidos. Él susurró: "Estoy azorado. Es como una primera cita de amor." Yo me eché a reír y las lágrimas nos corrieron por las mejillas, suaves y silenciosas. Fue como si enjugaran el dolor de mi corazón, dejando sólo amor y perdón. No sabía con certeza quién o qué había sido perdonado, pero en ese momento me sentí libre de mi viejo enfado y de mi soledad.»

El relato de Sheila es extraordinario, pero creo que ilustra un fenómeno mucho más amplio. El mundo de «aquí adentro» está hecho para fluir hacia el de «allá afuera» y fundirse con él; si nos oponemos a ese fluir, no hacemos sino postergar el día en que la mente busque el exterior para restaurar el plan natural de las cosas. Esto debe de ocurrir, de modos grandes o pequeños, con mucha más frecuencia de la que notamos o queremos admitir. Es preciso creer que el pensamiento mágico es un acto de curación y que, por lo tanto, las mentes más mágicas son las más saludables.

4

Curvar la flecha del tiempo

Quiso la mala fortuna que, en la vida de Malcolm, los dos días peores vinieran a la par. El lunes, mientras su hermano trotaba en el parque, como todas las mañanas, otro corredor lo vio derrumbarse súbitamente en el camino. El hombre corrió a prestarle ayuda, pero el hermano de Malcolm ya había muerto, víctima de un fuerte ataque cardiaco. Tenía cincuenta años, siete menos que Malcolm, y no había en él antecedentes de enfermedades al corazón.

El martes fue su mejor amigo, un pediatra de la zona que tenía unos cuarenta y ocho años. La esposa llamó por teléfono, sollozando de modo incoherente. Esa tarde, al volver a la casa desde el hospital, su esposo había caído contra el volante del coche. Él también había sufrido un ataque cardiaco fatal, sin que nadie sospechara que sufría del corazón.

Estas dos pérdidas afectaron profundamente a Malcolm. Aturdido y perturbado, empezó a cavilar lúgubremente sobre lo incierto de la vida. Al terminar la semana decidió consultar a un médico por su propio corazón. El cardiólogo le hizo un electrocardiograma, que resultó normal, pero como el ataque de su hermano podía indicar una predisposición familiar, decidió someterlo también a una prueba con la rueda de andar. Malcolm se desenvolvió estupendamente; llevó su corazón a un ritmo de ciento ochenta sin sufrir dolores ni alteraciones en el ritmo.

—Deje de preocuparse —lo tranquilizó el cardiólogo—. Usted tiene el corazón de un joven de veinte años.

Sin embargo, a la mañana siguiente Malcolm continuaba obsesionado por las dos muertes que habían dejado un vacío tan grande en su vida, detenido frente a un semáforo en rojo. La luz pasó a verde sin que él lo notara. De pronto se encontró delante de tres filas de coches que hacían sonar furiosamente las bocinas, tratando de pasar. Confuso y desorientado, se tomó algunos segundos para recobrar la compostura y, al poner la marcha, notó una sensación extraña en el centro del pecho; no sabía si era dolor o presión, pero por un momento se sintió mareado.

Malcolm decidió consultar con otro cardiólogo, que detectó algunas posibles irregularidades en el modo en que se le había aplicado la primera prueba con la rueda de andar.

—¿Por qué no se somete a otra prueba de esfuerzo? —aconsejó—. Sólo para estar seguros.

Malcolm se presentó temprano en el laboratorio de pruebas, donde le dijeron que debería esperar a que terminaran con el paciente anterior. Se sentó y, al mirar por la ventana del laboratorio, vio a un hombre de aspecto bien conservado, con pantalones cortos de corredor, que caminaba enérgicamente en la rueda de andar. Como en una película muda, el hombre abrió la boca sin emitir ningún sonido, se llevó al pecho las manos espasmódicamente y cayó al suelo. La enfermera se llevó apresuradamente a Malcolm. Pocos minutos después supo que el hombre había muerto de un infarto. A él le postergaron la prueba por una semana.

Malcolm temía estar perseguido por una maldición. Muy afligido, volvió a su casa y, por primera vez, comenzó a sentir claras punzadas de dolor en la zona del esternón.

—Vea —dijo el médico—, las pruebas con la rueda de andar no son muy de fiar. Si usted quiere estar seguro de su corazón, hagamos un angiograma.

El angiograma permite que se observe el corazón en un monitor, iluminando las arterias coronarias con una inyección de sustancia de contraste; se considera que es la mejor prueba para evaluar las enfermedades de coronaria.

Se llevó a cabo la prueba. Si Malcolm temía lo peor, resultó cierto: dos de sus arterias coronarias estaban bloqueadas en un ochenta y cinco por ciento, restringiendo peligrosamente el paso de la sangre al corazón. Sus dolores de pecho aumentaron súbitamente en intensidad y frecuencia. Comenzó a mostrar el típico perfil de la angina de pecho, que se le presentaba cada vez que hacía algún esfuerzo físico. Su cardiólogo, alarmado, le recetó píldoras de nitroglicerina para controlar los ataques. Durante toda la semana siguiente, Malcolm faltó al trabajo, pero para combatir su depresión decidió hacer algunas reparaciones domésticas, para lo cual tuvo que subir a una escalerilla e instalar algunos pesados marcos de ventana.

En su siguiente consulta al médico mencionó que había hecho esos trabajos sin experimentar ninguna molestia en el pecho. Su cardiólogo se horrorizó.

—¡Usted no puede hacer ese tipo de cosas! ¿No sabe que, con las coronarias tan bloqueadas, puede sufrir un ataque en cualquier momento?

Al oír esas palabras, Malcolm sintió un dolor opresivo en el pecho que lo dejó sin aliento: era su primer ataque de angina inestable, síntoma muy grave de una dolencia cardiaca avanzada. Se la llama «inestable» porque los accesos de dolor se presentan imprevisiblemente, con esfuerzo físico o sin él. Su cardiólogo creyó que ya no habría otra opción que operar. Ese mismo viernes Malcolm fue sometido a una operación de *bypass* doble. Había pasado menos de un mes desde que los dos ataques cardiacos fatales lo pusieran pendiente abajo.

Las cosas tampoco se detuvieron allí. Cuando lo vi, cuatro meses después, sus arterias recién injertadas aún estaban abiertas, pero los dolores de pecho no cedían. En la actualidad aún presenta los síntomas clásicos de la angina inestable. Debe evitar hasta las más ínfimas tensiones, por lo que se ha visto obligado a jubilarse anticipadamente. Como ahora basta una caminata hasta el refrigerador para provocarle un ataque de dolor, prácticamente no puede salir de su casa. Presumiblemente, es su alto grado de ansiedad lo que provoca esos ataques, ya provocando espasmos en las coronarias, ya creando dolor psicosomático.

—¿Qué cree usted que provocó todo esto? —le pregunté.

—Me paso las noches despierto pensando en eso —dijo, luctuoso—. ¿Me lo provoqué yo mismo o fue sólo mala suerte? Nadie ha podido darme ninguna explicación aceptable. Digamos que es un misterio y dejémoslo así.

EL TIEMPO Y QUIEN LO PERCIBE

Si Malcolm hubiera tardado cuarenta años en vez de cuatro semanas para llegar a ese estado, no habría misterio. Diríamos, simplemente, que envejeció. Son tantos los ancianos que padecen de las coronarias que, por mucho tiempo, eso se consideró parte normal del proceso de envejecimiento; aun ahora, cuando sabemos que las dolencias cardiacas son prevenibles y por ende anormales, estrictamente hablando, siguen siendo la principal causa de mortalidad entre los ancianos. Históricamente, la medicina no ha podido acorralar la causa del envejecimiento, ni siquiera describirla bien, pero el envejecimiento, por definición, es algo que requiere mucho tiempo. El corazón que envejece en un mes está actuando de una manera sumamente anormal y hasta absurda.

Existen no pocas señales de que Malcolm, de algún modo, generó la serie de acontecimientos de los que fue víctima, aunque su conciencia no reconociera el hecho. Para empezar, no es convincente explicar su caso como producto del azar. La sincronización y la orquestación de los hechos que siguieron a la muerte de su hermano son demasiado perfectas. Se despliegan como un juego bien planeado, elevando la tensión dramática hasta un final veloz y atrapante. Malcolm no sabe cómo puede haber hecho todo esto. Acelerar el proceso de envejecimiento implica la capacidad de dominarlo, pero eso requiere dominar el tiempo en sí, cosa claramente imposible... o así lo suponemos.

Si nos ponemos por fuera de la visión limitada que la ciencia tiene del mundo, entonces existen explicaciones. Primero, podemos poner en tela de juicio el supuesto básico de que el tiempo es objetivo. Los relojes de los que dependemos parecen marcar horas y minutos sin depender de nuestra influencia, mientras que los sucesos diarios parecen enredarse sin pies ni cabeza; pero desde otro punto de vista, todo esto es sólo el tratamiento convencional del tiempo que todos nosotros compartimos. Hemos hecho un acuerdo colectivo por el cual el tiempo tiene ciertos rasgos inalterables: se mueve hacia adelante, se mide con relojes, es uniforme en todas partes y no espera a nadie.

Sin embargo, este acuerdo no es inviolable; a veces el tiempo se torna inexplicablemente flexible. Hace poco un suizo amigo mío, médico también, me leyó un curioso y conmovedor artículo sobre un desastre producido en una mina de carbón de Alemania. Un pequeño grupo de mineros quedó atrapado bajo tierra, después de un gran derrumbe. Comprendieron que el aire de la excavación sólo duraría una cantidad limitada de horas. Resultó que sólo uno de ellos tenía reloj de pulsera, por lo que, mientras todos esperaban ansiosamente el rescate, él iba anunciando el paso de cada hora. Sin embargo, para que los otros no perdieran la esperanza, no les decía la hora correcta: marcaba una hora cada vez que pasaban dos. Seis días después un equipo de rescate halló a los mineros atrapados; asombrosamente, todos estaban aún con vida, con una excepción: el hombre que tenía el reloj.

En esencia, el del reloj engañó a los otros, haciéndoles romper su acuerdo sobre lo que constituye el tiempo real. Lo trágico fue que no pudiera engañarse a sí mismo. ¿Es posible que el tiempo espere para una persona y arrolle a otra, según las expectativas de cada una? En la primavera de 1990, ciertos sociólogos de la Universidad de California, sede San Diego, informaron que la mortalidad entre los chinos descendía en un treinta y cinco por ciento la semana previa al Festival lunar de la Cosecha, uno de los días más auspiciosos del calendario chino, en el que se otorga especial importancia a los ancianos. Al terminar la festividad, la mortandad volvía a ascender; una semana después era un treinta y cuatro por ciento mayor que lo normal. Esto sugiere que quienes están próximos a la muerte pueden postergar su fallecimiento a fin de saborear un día especial.

Se ha detectado una variación similar en la tasa de mortalidad entre judíos antes y después de la Pascua hebrea (por contraste, los grupos de control no judíos no demostraron ese efecto, manteniendo siempre la misma proporción de fallecimientos). Finalmente, los cardiólogos han estudiado el hecho de que la proporción de ataques cardiacos sea mayor los lunes a las nueve de la mañana que en cualquier otra hora de la semana. No se trata de una hora escogida al azar: para muchas personas, volver al trabajo pasado el fin de semana es un regreso a realidades más duras. Quizás algunos busquen la drástica ruta de escape de un ataque cardiaco, para no marcar tarjeta una vez más.

Estos ejemplos se limitan al tiempo biológico, el reloj oculto de nuestras células. Para ver un dominio realmente amplio del tiempo, es preciso recurrir a los sueños. El tiempo de los sueños carece totalmente de lógica o secuencia fija. Puede ir hacia atrás o hacia adelante, acelerar o aminorar, detenerse o desaparecer, simplemente: muchos sucesos soñados quedan congelados en una especie de atemporalidad, sin principio ni fin. Volar entre las nubes, ser atrapados por un torbellino o correr calle abajo, perseguidos por un villano fantasmal, son sucesos de sueño que pueden durar un instante o una eternidad, como si el tiempo hubiera desaparecido de la escena.

Cuando despertamos al mundo de los relojes fiables, el tiempo reanuda su paso reptante, pero eso no revela mucho de su verdadera naturaleza. Supongamos que un hombre está sentado en una habitación, mirando ociosamente por la ventana. Pasan la mañana, el mediodía y la tarde; él contempla pasivamente a la gente que desfila ante él y observa lo que se desarrolla en la calle. Ese mismo hombre podría acostarse a dormir y ver exactamente a las mismas personas y los mismos acontecimientos en un sueño, pero entonces la mañana, el mediodía y la tarde ocuparán sólo dos minutos de su sueño. El tiempo fue creado por su cerebro, como el resto de su sueño. ¿En qué es diferente el tiempo de la vigilia? Las mismas células cerebrales procesan el paso del tiempo en ambos casos; por lo tanto, el tiempo de vigilia y el de sueño podrían ser creaciones propias.

En ese caso, el tiempo en sí es sólo una percepción personal, susceptible a las mismas fluctuaciones que el humor, la ensoñación, la fantasía o cualquier pensamiento pasajero. Los psicólogos comienzan a reconocer que el tiempo contiene un fuerte elemento personal. Todos poseemos alguna capacidad de manipular el tiempo de acuerdo con nuestro capricho. Si languidezco en la sala de espera del dentista, mi infelicidad hace que el tiempo pase a gatas. Para acelerarlo me basta con ir a otro sitio (a un restaurante indio, quizá) donde pueda entretenerme. Si me dedico a algo de lo que disfruto profundamente, el tiempo echará a volar. La diferencia entre el paso lento, reptante y el veloz y fugaz está en mi percepción de la situación. Mientras yo pueda pasar libremente de la antesala del dentista al restaurante, tengo control personal sobre la sensación del tiempo.

Pero si me veo obligado, por el sentido de la obligación, a permanecer en la antesala del dentista, no tengo más remedio que experimentar el tiempo lentísimo que se ofrece allí. Esta especie de compulsión nos ha atrapado a todos. Pasamos día tras día en el mismo marco temporal porque creemos que es obligatorio o necesario. Pero se trata sólo de un acuerdo que hemos hecho en algún momento... y hasta hemos olvidado cuándo. Cualquiera puede liberarse y reafirmar su capacidad de dominar el tiempo.

VIAJEROS DEL TIEMPO

Uno de los temas principales entre las tradiciones espirituales del mundo es la falsedad del tiempo; entre las metas de los maestros iluminados figura la de quebrar el hechizo del tiempo que limita la mente de sus seguidores. Un maestro de la India dijo cierta vez a sus discípulos:

—Os habéis encerrado en la prisión del tiempo y el espacio, apretando vuestra experiencia al curso de una vida y al volumen de un cuerpo. Es debido a esta ilusión autoimpuesta que surgen todos vuestros conflictos: vida y muerte, dolor y placer, esperanza y miedo. Para poner fin a esos problemas debéis primero poner fin a la ilusión.

—Pero, ¿cómo se logra eso? —preguntó un discípulo.

Y el maestro respondió:

—Estáis atrapados en este mundo como peces en una red. Pero todas las redes tienen agujeros. Hallad uno, escapad por él y veréis la realidad tal cual es.

Al parecer, la red del tiempo está llena de esos agujeros. Parece ser objetivamente real, pero en verdad puede no ser más que una noción fomentada en nuestra mente. El gran sabio Shankara, que se encumbra sobre toda la tradición de la filosofía india, escribió cierta vez: «La gente envejece y muere porque ve a otros envejecer y morir». Recuerdo que al leer esa frase por primera vez, hace diez años, experimenté una mezcla de incredulidad y maravilla. Si Shankara tiene razón, el envejecimiento no es un proceso biológico fijo; es sólo un manojo de percepciones que hemos recogido y asumido en nuestro cuerpo, dándole forma física.

Existe un experimento de biología revelador, aunque despiadado, que consiste en arrojar una rata a un tanque de agua. Como las ratas no son buenas nadadoras, el animal se debate, tratando inútilmente de trepar por las paredes del tanque, sólo para deslizarse otra vez por el vidrio. Al cabo de algunos minutos el animal está totalmente exhausto, a punto de ahogarse. Entonces el experimentador la saca y le permite descansar.

En los días siguientes se repite el procedimiento; tras un breve período, generalmente inferior a tres semanas, la rata sufre cambios dramáticos. El exceso de presión diaria hace que sus tejidos envejezcan enormemente. Si se continúa repitiendo el experimento, la rata muere de «vejez» en un mes; al disecarla, el corazón, el hígado, los pulmones y otros órganos aparecen tan oscuros, endurecidos y fibrosos como los de una rata que haya llevado una vida normal de dos años o más.

En esencia, los experimentadores aceleraron el tiempo y obligaron a la rata a absorberlo en su cuerpo. Los tejidos oscurecidos y exhaustos son como trozos de tiempo congelado al que el proceso de envejecimiento presta expresión material. Lo mismo ocurre en los seres humanos, aunque nosotros absorbemos el tiempo de un modo más complejo, de acuerdo con nuestros propios valores personales. A diferencia de las ratas de laboratorio, podemos vivir con más o menos tensiones, a elección; más importante aún: podemos interpretar el tiempo de modo diferente y, por lo tanto, hacer que cambie. El mal uso de estos privilegios crea sufrimientos indecibles. No estoy pensando sólo en quienes se ponen en situaciones desesperadamente tensas, aunque son millones los que lo hacen. La ignorancia más profunda se basa en no comprender que el tiempo no debe permanecer obligatoriamente congelado dentro de nosotros.

Bien puede ser cierta la extraña idea de Shankara: que envejecemos porque vemos envejecer a otros. Hay una comprobación parcial en un ingenioso estudio que el departamento de psicología de Harvard realizó a fines de la década de 1970. El equipo de Harvard, dirigido por la profesora Ellen Langer, no comenzó a partir del aforismo de Shankara; pretendía poner a prueba si el envejecimiento es un proceso irreversible, tal como está ampliamente aceptado. El Instituto Nacional del Envejecimiento mantiene la postura oficial de que no hay ningún método de fiar, mediante drogas, dieta, ejercicio o técnicas mentales, para restaurar la juventud perdida. Aunque una gran cantidad de investigaciones respalda esta postura, el equipo de Langer tenía sus dudas; sospechaba que el envejecimiento podía ser una creación de la mente, que la mente puede deshacer.

Para probar esa posibilidad comenzaron por publicar un anuncio en un diario de Boston, convocando a hombres de setenta y cinco años o más, que estuvieran dispuestos a pasar una semana de vacaciones con todos los gastos pagados. Se escogió a un grupo de voluntarios adecuados y se los llevó a un lujoso retiro, en cuatro hectáreas de zona boscosa y apartada, en la campiña de Nueva Inglaterra.

Cuando llegaron a ese aislado lugar, los hombres se encontraron con un duplicado de la vida cotidiana tal como era veinte años atrás. En vez de revistas de 1979, las mesas de lectura ofrecían diarios y revistas de 1959. La radio transmitía música de ese año y las discusiones grupales se centraban sobre la política y las celebridades de esa época. Se pasó un discurso grabado del presidente Eisenhower, seguido por la película *Anatomía de un asesinato*, que ganó el Oscar de 1959. Aparte de este decorado, todos los esfuerzos se concentraban en lograr que los hombres se sintieran, hablaran y actuaran como cuando eran veinte años más jóvenes.

El grupo debía hablar exclusivamente en tiempo presente, como si 1959 fuera el año actual («¿Te parece que Castro se convertirá en la marioneta de Khrushchev?»); en sus referencias a la familia, los amigos y el trabajo no podían pasar de ese año. Sus hijos, ya maduros, estaban aún en el hogar o cursando estudios universitarios; estaban en plena carrera profesional. Cada uno había presentado una fotografía de sí mismo tomada veinte años antes; se las empleó para presentar a cada persona ante el grupo.

Mientras transcurría esa semana de mentirijillas, un grupo de control, integrado por hombres de setenta y cinco años o más, conversaba también sobre los acontecimientos de 1959, pero utilizando el tiempo pasado en lugar del presente. Castro, Mickey Mantle, Eisenhower y Marilyn Monroe tenían su verdadero futuro. La radio transmitía música de 1979, las revistas informaban sobre las últimas noticias y las películas eran las que estaban en todas las carteleras.

Antes, durante y después del retiro, Langer examinó a cada uno, buscando las señales de envejecimiento. En los miembros del grupo 1959, estas medidas retrocedieron en una notable proporción en esa semana. Se notó una mejoría en la memoria y en la destreza manual. Los hombres se mostraban más activos y autosuficientes (en vez de esperar a que los sirvieran, iban en busca de la comida y retiraban ellos mismos los platos sucios).

Algunos de esos cambios pueden suceder en cualquier persona mayor que disfrute de unas vacaciones. Sin embargo, existen tendencias que se consideran señales definitivas e irreversibles del envejecimiento, y esas también comenzaron a revertirse. Los jueces independientes que observaron las fotografías de los hombres, tomadas antes y después de la prueba, dijeron que parecían tres años más jóvenes. Los exámenes demostraron que sus dedos se habían alargado, recuperando parte de la flexibilidad en las articulaciones. Todos los del grupo se sentaban más erguidos, tenían más fuerza en las manos y hasta habían mejorado el oído y la visión. El grupo de control también presentaba algunas de esas variaciones, pero en menor grado; en algunos aspectos, como en destreza manual y longitud de dedos, hasta habían declinado durante la semana.

En su intrigante libro *Mindfulness*, Langer atribuye algunas de esas reversiones al hecho de que los hombres tenían allí más control que en su casa sobre su propia vida. Se los trataba como a cualquier persona de cincuenta y cinco o sesenta años, capaz de llevarse la maleta o elegir por sí misma los platos de su comida. En las discusiones grupales se tenían en cuenta sus opiniones y se los suponía mentalmente vigorosos, lo que probablemente no ocurría en su ambiente cotidiano normal. De ese modo pasaron de una existencia fútil a una «consciente», término con el que Langer designa el estado de conciencia alerta, el estar abierto a ideas nuevas y el vigor mental. Pero ¿por qué el grupo que vivía en 1959 se desempeñó mejor que el de 1979? Es posible que hayan mejorado por lo que veían. En un claro giro del aforismo de Shankara, el no ver que otros envejecen parece impedir que envejezcamos también.

Los hombres de Langer eran como viajeros del tiempo de un tipo especial que retrocedían al pasado retrocediendo dentro de sí mismo. Tendemos a pensar que el tiempo está fuera de nosotros, pero en ese caso estaba igualmente adentro, envasado como memoria. Recordar es llevar al cuerpo en un viaje por el tiempo, aunque no nos movamos de la silla. Por ejemplo: si yo recuerdo haber recibido un susto en un callejón oscuro cuando tenía seis años, mi corazón empieza a palpitar como si tuviera seis años otra vez. La mente también puede proyectar al cuerpo hacia adelante en el tiempo. He visto a mujeres de veinte años envejecer ante mis ojos al enterarse de que sufrían de cáncer, hasta parecer tan desgastadas como quien lleva años batallando contra la enfermedad.

En cada caso, la mente logra estar en dos lugares al mismo tiempo, viajando por el tiempo mientras permanece en el presente. Los ancianos que volvieron a 1959 estaban también firmemente adheridos a 1979: leían revistas viejas, pero sobre ellos caía la misma lluvia que sobre otros ciudadanos de Boston. De ese modo se disolvió en parte la ilusión del tiempo fijo. Podríamos ir más allá. Si yo perdiera todo el condicionamiento previo de haber visto envejecer a otros, tal vez pudiera seguir siendo permanentemente una persona de veinte años, aunque continuara experimentando el paso común del tiempo, como los demás. De ese modo habría adquirido el control de «mi tiempo».

¿Por qué no hablar de «mi tiempo» y «tu tiempo»? El reloj de la repisa marca inconscientemente sus segundos y minutos, pero nuestro reloj interior posee tanta inteligencia como el reloj que lo alberga. En la última década, tras años de investigación, los fisiólogos han detectado el reloj biológico que gobierna todas las funciones rítmicas del cuerpo, tales como despertar, dormir, comer, la sed, la temperatura física, la presión sanguínea, el crecimiento y el flujo de muchas hormonas.

Un diminuto núcleo de células situadas en el hipotálamo, llamado núcleo supraquiasmático, regula todas esas ruedecillas dentro de otras ruedecillas, orquestando ritmos de tanta longitud como el ciclo menstrual de veintiocho días o tan breves como el estallido de hormonas del crecimiento cada tres horas. Hasta las reacciones químicas dentro de cada célula, que se producen miles de veces por segundo, deben obedecer a ese reloj maestro del cuerpo.

Es engañoso utilizar aquí la palabra «reloj», pues podemos ordenar el fluir del tiempo dentro de nosotros, liberándonos de cualquier tictac mecánico. Despertamos, dormimos, comemos y respiramos a voluntad, descartando los ciclos prefijados para esas funciones. Algunas mujeres parecen capaces de replanificar su ciclo ovulatorio, retardando los períodos en épocas de tensión (tal vez no se den cuenta de que han tomado esa decisión, pero el cuerpo parece responder a una señal específica del cerebro, provocado por las emociones de la mujer). En casos más extremos, las mujeres que tienen personalidades múltiples (el síndrome que hicieron famoso Eva y Sybil) presentan un período menstrual por cada personalidad, separados por varios días o semanas mes a mes. Una mujer con tres personalidades y tres ciclos menstruales no tiene adentro tres relojes independientes: lo que tiene es un mayor control sobre el tiempo de lo que reconocemos en general.

Al tener tanta libertad de elección podemos crear el caos con ritmos que no deberían ser alterados: las perturbaciones del viaje a través de husos horarios alteran momentáneamente nuestro gran ciclo de sueño y vigilia, arrastrando tras él a decenas de ciclos menores. Sin embargo, el hecho mismo de que el tiempo y la mente puedan fundirse el uno en la otra indica la posibilidad de una libertad total, una fuga de los relojes inanes hacia una realidad en la que cada segundo está vivo.

LA FLECHA DEL TIEMPO

A los ojos de un físico, el concepto de un tiempo personal sería una fantasía. Para él, el espacio-tiempo es fundamental para la existencia y el tiempo está gobernado por leyes que no ceden sólo porque la mente así lo desee. Los físicos usan la oración «la flecha del tiempo» para indicar que los sucesos se mueven hacia adelante de manera fija, sin que se puedan revertir. Stephen Hawking, entre otros, ha utilizado el ejemplo de la copa que cae de una mesa. Cuando la copa llega al suelo, se estrella en cien pedazos y, una vez estrellada, no vuelve a reagruparse jamás en una copa íntegra. Por la misma ley, los cubos de hielo se funden en un vaso de té y no vuelven a formarse; los coches abandonados se herrumbran hasta convertirse en montones de chatarra caótica, sin ninguna posibilidad de retornar a su condición de coches nuevos.

En el papel es posible reintegrar una copa rota si computadorizamos cuidadosamente los intercambios de energía que dispararon a cada fragmento de vidrio por el espacio. De ese modo se podría conjurar una copa íntegra con sólo revertir cada tangente. Como matemática pura, una copa íntegra es exactamente una copa estrellada con las ecuaciones invertidas; es posible alternar indefinidamente una versión con la otra.

Pero en el mundo real la flecha del tiempo impide esa fácil manipulación. En cuanto se produce la rotura, el tiempo se lleva la copa para no devolverla íntegra nunca más. Si en realidad la ley es ésa, sería prudente resignarnos a ella e inclinarnos ante el tiempo tal como lo hacen el calor, la luz, todos los cuerpos en movimiento y cualquier otra forma de energía. Pero el tiempo personal, «mi tiempo», no es en absoluto así. En lugar de dispararse en una sola dirección, se mueve hacia adelante cuando yo me preocupo por el futuro y hacia atrás cuando recuerdo el pasado. «El tiempo no es sólo un camino», ha escrito el novelista John Fowles. «Es también una habitación.» Llamamos memoria a esa habitación: un espacio en el cual alguien puede sentarse, rodeado por montículos de cosas pasadas.

El tiempo personal también puede estar vivo o muerto. Hace varias décadas, un equipo de arqueólogos desenterró una vasija de arcilla con granos de trigo, sepultada en una pirámide egipcia. Los granos fueron plantados y regados; pocos días después brotaron, asombrosamente, tras un letargo de dos mil años. Si imaginamos este acontecimiento como si fuéramos el grano de trigo, debe de haberse parecido mucho al despertar. Mientras las semillas dormían, el tiempo estaba muerto; no provocaba cambios ni putrefacción. Los veinte siglos transcurridos no se diferenciaban de una temporada, puesto que el tiempo interpuesto no tenía vida en sí. Era tiempo muerto o dormido, envuelto dentro de la semilla, esperando el toque de la vida.

La localización de ese tiempo envuelto es el ADN del trigo, que también ha acumulado tiempo para nosotros en forma de nuestra propia memoria genética. Nadie sobreviviría a un resfriado ni a enfermedad alguna, si la glándula timo no hubiera acumulado la memoria de los anticuerpos que aprendieron a combatir virus y bacterias hace millones de años. Nuestro sistema inmunológico es una enciclopedia de todas las enfermedades que el hombre ancestral contrajo; miles de generaciones murieron de fiebres y plagas para que usted pueda vivir.

La ciencia aún no ha reconocido que el ADN tiene un lado mágico. Imaginemos que estamos de pie en un cuarto vacío, frente a una escalera de caracol. Es una de esas escaleras de madera, antes habituales en las viejas casas de estilo colonial y en las iglesias. Mientras admiramos su artesanía perfecta ocurre algo extraño: la escalera gira lentamente y se divide en dos, justo por el medio, como si se le hubiera abierto un cierre de cremallera de arriba abajo. Las dos mitades se separan y quedan allí, frente a nosotros.

Ahora notamos algo que nos había pasado inadvertido: las escaleras están rodeadas por una nube de aserrín arremolinado. La nube de aserrín parece no tener forma, pero en ella comienzan a formarse corrientes y torbellinos. Y entonces, inexplicablemente, esa nube reconstruye gradualmente las mitades de escalera, agregando nuevos peldaños, barandillas y postes, de modo tal que tenemos a la vista dos escaleras completas, idénticas al original en todos sus aspectos.

El ADN se comporta exactamente de esta manera misteriosa. Cada vez que necesitamos crear una célula nueva (necesidad que surge millones de veces por minuto) una molécula de ADN tiene que dividirse en dos. Hace exactamente lo que la escalera imaginada: primero la doble espiral original se divide por el centro, dejando a la célula momentáneamente sin ADN intacto. Después de un informe baño de elementos bioquímicos arremolinados, el ADN reconstruye cada mitad de sí mismo, para formar dos réplicas de la molécula original.

Lo asombroso de este proceso no es su complejidad, aunque en cada célula tres mil millones de datos genéticos quedan reemplazados con perfecta exactitud. Lo verdaderamente asombroso es que esta reconstrucción esté a cargo de *cosas*. Una molécula de ADN es una cosa, tal como una escalera de caracol. Está compuesta de vulgares moléculas de hidrógeno, carbono, oxígeno y nitrógeno, que son, a su vez, sólo cosas más pequeñas. Es similar a las moléculas que componen un terrón de azúcar, una gota de aceite, un puñado de turba. Ninguna de ellas puede llevar a cabo las acciones que acabamos de presenciar. ¿Cómo es posible, pues, que unas tercas moléculas inertes aprendieran a construir una escalera millones de veces más complicada que las fabricadas por manos humanas?

La respuesta es que el ADN no es una cosa, en realidad: es una memoria viviente radicada en una cosa. La memoria no es intrínseca de los átomos componentes de carbono, hidrógeno u oxígeno. Si lo fuera, un terrón de azúcar también estaría vivo. El ADN es, básicamente, una máscara material tras la cual encontramos una conciencia rica, pero abstracta.

Analicemos el dominio que el ADN tiene sobre el tiempo. Para un ser humano, las imágenes proyectadas a razón de veinticuatro por segundo forman una película, pues nuestro cerebro registra su paso como un movimiento continuo. Eso es pura ilusión para un tábano, cuya vista es tan rápida que capta los espacios negros proyectados entre dos imágenes: el cerebro del tábano ve una proyección de imágenes inmóviles. Un caracol, en cambio, que sólo puede ver una imagen cada cuatro segundos, se pierde las tres cuartas partes de la película y ve sólo una serie de movimientos espasmódicos (si nos movemos con suficiente celeridad, tendríamos tiempo de cortar subrepticiamente una rosa en las narices de un caracol y él pensaría que la flor ha desaparecido en la nada). En cada ser vivo, el ADN ha adoptado una configuración diferente, que trajo consigo un estilo diferente de conciencia, adecuado a ese ser vivo y, a su vez, una modalidad de tiempo diferente.

El ADN es como una estación distribuidora de energía entre la eternidad y todas las formas de vida que participan en el tiempo. Corta el infinito continuo del tiempo en pulcras rebanadas, según la conciencia única de cada especie y el período de vida que le haya sido asignado. El tiempo humano, el tiempo del tábano, el del caracol: cada marco de referencias es completamente distinto de los otros. Más impresionante aún: el ADN puede controlar el tiempo hacia adelante o hacia atrás. El hecho de que a todos nos crezca el tercer molar, por ejemplo, es un dato de nuestra herencia que el ADN toma del pasado. Sin embargo, el ADN debe ir hacia el futuro para saber que esa muela no aparecerá sino como último agregado a nuestra dentadura definitiva, después de los doce años de edad.

La misma mota de ADN depositada en el vientre sabe ejecutar millones de tareas que no serán necesarias por años, quizá por décadas enteras. Nuestros genes saben unir los huesos que en el cráneo del bebé están separados y, al mismo tiempo, compensar el calcio perdido en un fémur de setenta años. La fusión de tiempo y vida va mucho más allá de lo que puede imaginar un cerebro humano. Se ha calculado que en el cuerpo se producen, segundo a segundo, seis billones de reacciones químicas. La misma mota de ADN las controla a todas, fallando rara vez en la sincronización, por muy distante que estén en el tiempo y en el espacio.

Si esas pululantes reacciones siguen siendo las mismas de cada momento al siguiente, los biólogos especializados en células podrán darnos, algún día, una explicación completa de cómo hace el ADN para planificar el flujo de la vida. Sin embargo, existe una cuarta dimensión en la que cada célula obedece a su propio destino: una célula de la piel sobrevive un mes, mientras que una neurona, motivada por la misma hebra genética, resiste una vida entera. Es inimaginable que nuestros genes puedan coordinar vidas tan diferentes. A la textura de nuestros genes se ha incorporado algún pequeño parche donde no hay tiempo ni espacio, un sitio donde podemos encaramarnos, tal como el pescador se afirma en el ribazo para arrojar su línea a la corriente. Desde ese puesto atemporal, somos viejos antes de llegar a la juventud, calvos antes de que nos brote la pelusa infantil y expiramos en el lecho de muerte antes de haber tomado nuestro primer aliento.

EL YO MÁS ALLÁ DEL TIEMPO

Puesto que el ADN tiene un dominio tan manifiesto sobre el tiempo, nosotros debemos compartirlo. En ese caso, el misterio de Malcolm está señalando su propia solución. Lo que hizo fue desencadenarse de la flecha del tiempo, abandonar su línea recta, tal como un tren que descarrilara. Se arrojó a lo desconocido con todos sus peligros. Aun así, se acercó más a la verdad que la mayoría de nosotros, pues el tiempo, en realidad, se parece mucho más a un vasto país desconocido que a una vía de ferrocarril.

Si contemplamos todo el paisaje del tiempo, los límites de líneas rectas desaparecen y lo que resta es la eternidad, lo atemporal. Cada tradición espiritual, cada una a su modo, ha tratado de convencer al hombre de que lo atemporal es más real que cualquier experiencia a vivir en el tiempo. No obstante, aún nos encontramos varados en el flujo del tiempo, tanto en lo físico como en lo mental. Es difícil descubrir a los que se escapan. Y en este siglo no son, necesariamente, hombres de fe.

Erwin Schrödinger, que figuraba entre los teóricos más influyentes en las primeras décadas de la física cuántica, dio el salto conceptual que pocos de nosotros podemos efectuar: «Por inconcebible que parezca a la razón común, vosotros (y todos los seres conscientes como vosotros) sois el todo en el todo. Por ende, esta vida que estáis viviendo no es sólo un trozo del universo entero, sino que es, en cierto sentido, el todo». Para el yo aislado ésta es una declaración insondable. ¿Cómo puede una persona ser el todo, es decir, todo lo que existe, y continuar siendo lo que parece ser: un individuo con ideas y recuerdos aparte de los demás?

Aun cuando nuestro mundo está orientado hacia el tiempo, existen muchas claves indicadoras de que estamos sintonizados a la realidad más grande del «todo en el todo». Un eminente neurocientífico japonés, el doctor Tadanobu Tsunoda, ha pasado catorce años probando las funciones de los lados derecho e izquierdo del cerebro. En todos nosotros hay un mecanismo de cambio, localizado en el tronco del cerebro, que nos permite pasar la preponderancia a nuestro hemisferio cerebral izquierdo cuando nos dedicamos al habla, los cálculos y la lógica, y al hemisferio cerebral derecho para la música, el reconocimiento de formas, las analogías o cualquier cosa que agite nuestras emociones. (Hablamos aquí de un cambio momentáneo, no del predominio permanente del cerebro derecho o del izquierdo que ha sido publicitado en los últimos años.)

Tsunoda ideó un nuevo modo de graficar este mecanismo de cambio, basándose en la retroalimentación demorada de sonidos; esto se parecería a observar el cerebro de una persona que oye el sonido de su propia voz al hablar. Se descubrieron muchos aspectos delicados del cambio cerebral de hemisferios, pero el más notable fue este: se descubrió que el predominio cambiaba de uno a otro hemisferio cuando la persona oía un sonido cuya frecuencia fuera un múltiplo del de su edad (por ejemplo, un múltiplo de cuarenta vibraciones por segundo en el caso de una persona de cuarenta años). Más extraña aún es la observación, verificada en Japón sobre treinta sujetos, de que también se produce un cambio de predominio duradero el día de nuestro cumpleaños. Por un período de duración variable, las personas con predominio del derecho pasan al izquierdo y viceversa. El fenómeno se produjo en más de la mitad de los sujetos sometidos a prueba; en algunos se repitió en tres cumpleaños seguidos.

Enfrentado a estos enigmas, Tsunoda especula que nuestros cerebros deben de estar, de algún modo, sincronizados a la rotación de la tierra alrededor del sol, a las fases de la luna o algún otro reloj cósmico. «El vínculo con la actividad cósmica sugiere que existe un cosmos en miniatura en el cerebro humano», escribe. «Sin embargo, en el ajetreo y el bullicio de la civilización hemos perdido la capacidad de percibir este microcosmos dentro de nosotros.» En Occidente podríamos considerar que esta conclusión es un gran salto, teniendo en cuenta lo exiguo de los datos, pero los antiguos sabios de la India declaraban:

Tal como es el macrocosmos, así es el microcosmos.
Tal como es el átomo, así es el universo.
Tal como es la mente humana, así es la mente cósmica.

En otras palabras, no podemos erguirnos en ningún punto del universo que esté fuera de nosotros mismos. Tal como dijo Schrödinger: «Sois parte de un ser infinito y eterno... Así, podéis arrojaros boca abajo en el suelo, extendidos sobre la Madre Tierra, con la segura convicción de que sois uno con ella y ella, con vosotros. Estáis tan firmemente establecidos como ella y sois igualmente invulnerables; en realidad, mil veces más firmes y más invulnerables». Esta afirmación no fue producto de una reverencia mística. Schrödinger tomaba muy en serio la propuesta de que la sensación del yo, del «Yo soy», debe ser primordial en el universo. Es más invulnerable que la tierra, pues la tierra resiste sólo por ser un trozo de materia, que se desgasta continuamente. Yo, por el contrario, despierto cada día con una sensación renovada de la vida, basada en la certidumbre de que existo.

¿Como llegó a ser esta sensación del «Yo soy»? Al parecer, existe en la naturaleza misma de la vida. En la actualidad, la gente, en su mayoría, no puede aceptar que en realidad hay vida en todo «allá afuera». Esta ceguera aparta a nuestra cultura de la tradición principal de la humanidad. El mismo torrente de vida fluyó en un tiempo por todo el mundo, emanando de los dioses o de Dios. Esa fuerza inconcebible creaba galaxias y, al mismo tiempo, protegía a la más frágil flor de la montaña. En derredor de nosotros, la vida brotaba a bocanadas y se reunía consigo misma, plegándose de gozo sobre sí misma y saltando de júbilo ante su propia fuerza infinita. Nosotros también éramos parte de ese torrente. Brotábamos de él y nuestro destino era cabalgar en su cima.

Ahora todo eso se ha vuelto muy vago y desconcertante. Equiparamos la vida con las moléculas de ADN, olvidando que el ADN de cada persona permanece tan intacto un segundo después de su muerte como lo estaba un segundo antes. A veces, al caminar por la hierba alta, después de una fuerte escarcha de otoño, suelo encontrar algún saltamontes sin vida, aferrado a una brizna marchita. Recojo la cáscara fría y, al examinarla, me digo: «Antes vivía algo aquí. Ahora se ha ido, no sé adónde. Lo que sostengo es una vaina, cuyas moléculas también desaparecerán muy pronto, retornando a la tierra. ¿Qué les dio vida una vez, para luego quitársela?».

En mi desconcierto, no puedo sino considerarme el mejor juez de lo que significa la vida. Tengo preguntas y un don no buscado, un verano en la hierba, para formulármelas. Por lo tanto, por lo que a mí concierne, el tiempo existe para que yo corra contra el tiempo. Ya preveo que mis moléculas retornarán también a la tierra. Pero a diferencia del saltamontes, tal vez yo pueda derrotar conscientemente esta amenaza si sé cómo llegar más allá de ella. En su sentido más amplio y profundo, en eso consiste «el significado de la vida»: en la suma total de lo que cada persona ha aprendido sobre su propia vida y la oportunidad de conservarla. Otras épocas pueden haber conocido las respuestas a este misterio, o es posible que luego la gente se haya conformado con una respuesta prefabricada, dictada por la fe.

No estoy esperando ninguna prueba final y «firme» de que existe mente en la naturaleza. Tal vez nunca llegue esa prueba, puesto que esa investigación está a cargo de nuestra mente y ésta es famosa por cambiar las reglas. El sentido está en dónde y cómo lo mires. Podemos mirar con un microscopio los puntos luminosos de una pantalla de televisor en color; veremos chispas sin orden en una base química fosforescente; también podemos retroceder y ver que esas mismas chispas forman una imagen. Una perspectiva detecta orden y significado, producto de la mente; la otra, no. La diferencia entre ambas reside sólo en la perspectiva, no en la cosa en sí.

Si uno mira por la ventana y reconoce los árboles, el cielo y las nubes como parte de uno mismo, eso no significa que su percepción sea automáticamente verdadera o falsa. Tal vez está sufriendo una alucinación esquizofrénica; quizás experimente el más profundo esclarecimiento de los antiguos sabios indios: *Aham Brahmasmi*, yo soy

Brahman, el todo en el todo. La variedad de significados que contiene semejante experiencia recorre toda la gama, desde lo absurdo a lo sagrado. El hecho es que el mismo material de la mente contiene todos los significados. Cuando tocamos un nuevo nivel de conciencia, se crea un mundo nuevo.

Encontrarnos viviendo en una época de duda no es una maldición tan grande. Existe una especie de reverencia en iniciar la búsqueda de la verdad, aún antes de hallar la brizna más leve. «¡Desea la sabiduría!», escribió Albert Schweitzer, cierta vez. «Explóralo todo a tu alrededor, penetra hasta los límites más alejados del conocimiento humano, y siempre encontrarás al final algo inexplicable. Se llama vida.»

Esa cosa inexplicable que escapó de la cáscara del saltamontes se repite en mi propia vida. Y si repaso los datos reunidos desde el borde del universo, aún leo allí el mismo misterio. Ello significa que mi búsqueda de verdad es sólo la vida que se busca a sí misma. La naturaleza es un espejo; el que mira es lo mirado. Esa puede ser la clave misma que pone fin al misterio. Cierta vez me hablaron de un ejercicio espiritual que un maestro indio indicó a sus discípulos:

—Juntad el pulgar y el índice. ¿Sentís que el pulgar está tocando el índice o que el índice está tocando el pulgar? Puede ser de un modo o del otro, ¿verdad? En un caso, el pulgar es el experimentador; en el otro es el objeto de la experiencia.

»Ahora preguntaos: "¿Quién es el que pasa de experimentador a experimentado?" Al estar al mando de la operación, debéis estar más allá de ella. Sois más grandes que el experimentador, más grande que cualquier serie de experiencias. Seáis lo que fuereis, sólo os hallaréis a vosotros mismos más allá de las cosas que sabéis ahora.»

Tal vez esta experiencia no sea para todos tan deslumbrante como lo es para mí. Me enseña que la cuestión no puede limitarse a mi mente y a mi cuerpo individuales, que hoy me imponen limitaciones tan obvias. ¿Qué es la mente sino el experimentador, el que sabe? ¿Qué es el cuerpo sino el objeto de la experiencia, lo sabido? Si puedo pasar mi atención de la una al otro, debe de existir un «yo» que no esté atrapado en el dualismo de mente o cuerpo. Este «yo» no puede ser descubierto por medios sencillos. No puedo mirarlo porque está en mi ojo; no puedo oírlo porque está en mi oído; no puedo tocarlo, porque está en mi dedo. ¿Qué queda, pues? Sólo la voz interior que susurra: «Ve más allá». Al seguir ese susurro puedo perderme en territorio desconocido. Pero también puedo salir de los límites del tiempo mismo. Entonces descubriré, de una vez por todas, si mi verdadero hogar es el tiempo o la eternidad.

SEGUNDA PARTE

MÁS ALLÁ DE LOS LÍMITES

5

Un espejismo de moléculas

Durante mi infancia en Nueva Delhi me extrañaba el marcado contraste que existía entre mis dos abuelos. Uno era hombre de acción, militar, hijo de un rajá menor, nacido en las áridas colinas del Territorio Noroeste. Lo de «rajá» o príncipe es un título demasiado grandioso para definir a esos jefes de tribu, independientes hasta la ferocidad, cuyos pueblos eran los más guerreros de la India. Cuando se envió al ejército británico para que les impusiera la lealtad a la Corona, mi bisabuelo decidió audazmente hacer fuego. Sus ínfimas fuerzas fueron prontamente derrotadas.

Las leyendas de nuestra familia sostienen que la aldea rebelde sólo tenía un cañón anticuado con que luchar. La vieja arma tronó inútilmente. Cuando el enemigo entró por fin, marchando, los muertos yacían junto al cañón; entre ellos, mi bisabuelo. Los pecados del padre no recayeron sobre el hijo. Los británicos otorgaron graciosamente a mi abuelo la pensión que habría sido ofrecida al rajá, junto con un nombramiento vitalicio como sargento del ejército británico.

Por entonces ése era un señalado honor. Mi abuelo disfrutaba con la vida del regimiento, que modeló cada detalle de su carácter. Para saludar mi nacimiento, trepó al techo de su casa, en Lahore, y disparó una salva de rifle al aire; luego hizo sonar triunfalmente su clarín. Tras haber avisado (y aterrorizado) satisfactoriamente a los vecinos, descendió para reanudar serenamente su desayuno.

Mi otro abuelo, el materno, era hombre de paz. Su vida también había sido modelada por la influencia extranjera, pero de un modo muy diferente. A principios de siglo, cuando se introdujo en India la máquina de coser Singer, él se convirtió en el representante de ventas de la empresa; viajó por todo el país para exhibir esa máquina milagrosa, capaz de hacer el trabajo de tres mujeres. Amasó rápidamente una considerable suma de dinero y se retiró antes de los cincuenta años, para dedicar el resto de su vida a la meditación y a la búsqueda espiritual. Ante el anuncio de mi nacimiento, salió discretamente de su casa, situada en la calle Babar de Nueva Delhi, y se dirigió a un callejón de la ciudad vieja, donde distribuyó limosnas entre los pobres.

Este abuelo pasaba horas enteras en la compañía de yoguis, swamis y otros santones, o simplemente con viejos amigos que hablaban constantemente de «el Misterioso». Si un amigo encontraba una rupia de oro en la calle, ellos meneaban la cabeza, sonrientes y murmurando, como si compartieran una broma íntima: «Oh, es el Misterioso otra vez». Si una joven madre perdía a su primogénito, eso también era capricho del Misterioso; en realidad, no se producía incidente desacostumbrado, grande o pequeño, sin que ellos invocaran a esa persona invisible. Yo no sabía a quién se referían, aunque en su carácter había una mezcla de inescrutable, imprevisible y divinamente juguetón.

De pocos niños se puede decir a los diez años, aun en la India, que tengan inclinaciones contemplativas; yo no era la excepción. No se me ocurría pensar que esos ancianos de chaquetas blancas y gorros de visera, que pasaban medio día sentados en nuestra galería sin cambiar seis palabras, pudieran estar investigando algo muy valedero. Este abuelo murió sin dejarme entrar en su mundo. En cambio, casi toda mi vida ha estado dominada por mi abuelo militar. La medicina es apta para la acción y resulta casi militar por su adiestramiento disciplinado, su atención a la defensa, sus salidas y resistencias extremadas contra el enemigo y, por cierto, por la violencia que muchas veces se impone al cuerpo humano por hacerle bien.

Para la mayoría de los médicos, la perspectiva más temible no es un caso que no se pueda curar, sino aquel en que el médico no puede actuar. Hasta la enfermedad incurable tiene tratamientos, encaminados hacia el día en que alguno de ellos resulte efectivo. Sin esa actitud, «algo es mejor que nada», no contaríamos con la mayoría de las curas que existen en la actualidad. Pero ¿qué decir de esos momentos misteriosos en que la cura consiste en no hacer nada? En esos momentos el Misterioso empieza a hacer sentir su presencia.

Richard Selzer, en sus brillantes ensayos sobre la cirugía, *Mortal Lessons*, recuerda a un paciente suyo, un cocinero de minutas llamado Joe Riker, que siempre se presentaba a su consulta semanal llevando una galera. Debajo del sombrero ocultaba un terrible secreto: en medio de la cabeza, un tumor había invadido progresivamente la piel, los huesos del cráneo y las tres capas exteriores del cerebro, dejando un agujero abierto. Por él se veía ya el tejido húmedo del cerebro. La reacción de Selzer ante ese espectáculo inquietante no fue el horror, sino una compasión urgente:

Contemplaba a Joe Riker y me maravillaba. ¡Qué digno era!, como si el tumor... le hubiera dado una gracia que toda una vida de buena salud no le habían otorgado.

—Joe —le digo—, liberémonos de esto. Cortamos la parte mala, ponemos una placa de metal y estás curado. —Y espero.

—Nada de operaciones —dice Joe.

Lo intento otra vez.

—¿Cómo que «nada de operaciones»? Te va a atacar una meningitis. En cualquier momento, te mueres. Eso se te va a meter en el cerebro.

Pienso que está devorando los sueños y los recuerdos

del hombre. Me pregunto dónde están. El cirujano conoce todas las partes del cerebro, pero no conoce los sueños y los recuerdos de su paciente...

—Nada de operaciones —dice Joe.

—Me das dolor de cabeza —digo.

Y sonreímos; no porque el chiste tenga todavía gracia, sino porque tenemos algo entre los dos, como un secreto.

Semana tras semana, durante seis meses, Selzer no tuvo más posibilidad que la de aplicar vendajes nuevos y fijar otra consulta para la semana siguiente, siempre el jueves a las cuatro de la tarde. Un día Joe faltó a la cita y no regresó. Al cabo de un mes, Selzer fue hasta el restaurante de New Haven donde Joe trabajaba y lo encontró detrás del mostrador, siempre con su galera puesta. Cuando exigió que le permitiera examinarlo, Joe se negó nerviosamente, pero aceptó visitar a Selzer en el consultorio ese mismo jueves. Se presentó tarde a la cita.

—Quítate el sombrero —le digo. Por mi voz él comprende que no estoy contento. Sin embargo, lo levanta con ambas manos, como ha hecho siempre, y veo... que la herida está cicatrizada. Donde antes había una excavación, como hecha a mordiscos... hay ahora un frágil puente de piel nueva y brillante.

—¿Qué pasó? —logro preguntar.

—¿Aquí, dice usted? —Se señala la coronilla—. Oh, bueno, es que la hermana de mi mujer fue a Francia. Me trajo una botella de agua de Lourdes. Hace un mes que me estoy lavando con eso.

—¿Con agua bendita? —digo.

—Sí —dice Joe—. Con agua bendita.

A partir de entonces Selzer veía ocasionalmente a Joe en el restaurante, siempre con su aspecto vulgar, en nada parecido a «un jardín carnal de milagros», como lo apodaba él. No parecía haber cambiado en absoluto su modo de caminar, arrastrando los pies, ni su actitud práctica. «Quizás el único cambio esté en el guiño astuto con que me saluda, como para indicar que hemos compartido algo furtivo. Mientras tomo mi café me pregunto si un hombre aquí puede haber sentido un roce de alas.»

LA MÁSCARA DE MAYA

Con palabras propias y muy diferentes, Selzer plantea la misma pregunta que mi espiritual abuelo: ¿existe una fuerza misteriosa que a veces pasa rozándonos, elevando la vida ordinaria sobre las leyes que parecen limitarla? «Lo que para un hombre es coincidencia, para otro es milagro», escribe Selzer. «Lo que vi la primavera pasada fue una cosa o la otra.» Pero, ¿no hay una tercera alternativa? El cuerpo podría ser una máscara, una apariencia de la realidad adecuada a los cinco sentidos que *generalmente* obedecen al bien sabido conjunto de leyes físicas, pero también está en libertad de cambiar. Si es así, los acontecimientos extraños que a veces suceden no serían milagros, sino vistazos detrás de la máscara o pequeñas ventanas hacia un corredor de la realidad que permanece habitualmente bien cerrado.

Si utilizo la frase «el cuerpo es una ilusión», estoy degradando esta estructura de piel y huesos, bajándola del puesto fijo, sólido y previsible que parece tener en el tiempo y en el espacio; pero no doy a entender que debamos renunciar a él, tratándolo con tanta indiferencia como los ilusorios esquemas trazados en el aire por el humo de un cigarrillo. El cuerpo nos es precioso, tanto más cuanto que no es fijo y previsible.

Tenemos mucho para elegir en cuanto a cómo reaccionamos ante la ilusión. Se la puede convertir en algo engañoso, irreal e indigno de confianza. Pero también podría considerarla como algo maravilloso, encantador y sorprendente, como las ilusiones de Houdini. Por cierto, estoy en libertad de elegir esta segunda interpretación. Es lo que hacía mi abuelo, el espiritual, cuando se enfrentaba a la ilusión aún mayor de la vida como un todo: para él el Misterioso no engañaba. Era una todopoderosa fuerza animadora que hacía ocurrir las cosas, a veces de acuerdo con las reglas, pero no siempre. Después de todo, son sus reglas.

En la tradición india, el vocablo formal para esa fuerza omnipotente es *Maya*. Maya es una palabra del sánscrito que significa «ilusión» o «autoengaño», pero también mucho más. El eminente mitólogo Joseph Campbell ha rastreado los matices de significado que contiene esa palabra. Maya proviene de la raíz verbal *ma*, «medir, formar, construir», y denota la capacidad de los dioses para cambiar de forma, crear mundos, asumir máscaras y disfraces.

Maya significa también «magia», una exhibición de ilusiones. En la guerra puede referirse también a las tácticas de camuflaje o desorientación. Por fin, utilizada por los filósofos, Maya denota el autoengaño de creer que se está viendo la realidad cuando, en realidad, sólo se ve una capa de trucos sobreimpuesta a la realidad «real».

Fiel a su naturaleza engañosa, Maya está llena de paradojas. En primer lugar, está en todas partes, aunque no existe. Con frecuencia se la compara a los espejismos del desierto; sin embargo, a diferencia de los espejismos, Maya no se limita a flotar «allá afuera». El Misterioso está dentro de cada persona o no está en ninguna parte. Por fin, Maya no es tan omnipotente que no podamos controlarla... y ése es el punto clave. Maya es terrorífica o distrayente, todopoderosa o impotente por completo, según la perspectiva. Si el cáncer es sólo Maya, su apariencia espe-

118

luznante es una falsedad, que despejará quien sepa ver a través de ella. La ilusión atemorizante se convierte en un espectáculo maravilloso si somos capaces de manipularla.

Maya puede ser una triquiñuela indigna o degradante si no podemos perforar su máscara. ¿Quién quiere que se le diga que es demasiado ignorante para ver la realidad real? En el caso de los médicos, casi nos vemos obligados a perforar la máscara de Maya, pues son muchos los pacientes que, como Joe Riker, nos arrojan a la cara nuestra propia ignorancia. Mi propio paciente, el señor Elliott, tenía por lo menos una endeble razón objetiva, la mala noticia sobre su corazón, que pudo exagerar fuera de toda proporción. Pero no logro convencerme de que este motivo sea suficiente. En algún lugar, muy dentro de nosotros, cada uno sabe que las reglas por las cuales la vida mantiene su cohesión son provisorias; con una brizna de motivo, podemos decidir que dejaremos de respetarlas. Un secreto encargado de tomar las decisiones puede despertar lleno de enfado y pánico, rugiendo: «¡Yo hice este cuerpo, yo lo domino y haré con él lo que se me antoje!».

Maya no suele cambiar tan violentamente. El cuerpo ha sido preparado para funcionar como una máquina bien educada. Sin embargo, asegurar que el cuerpo es literalmente una máquina equivale a expresar una decisión subjetiva, no un hecho objetivo. Cierta vez se me pidió que disertara ante un pequeño grupo de médicos de Boston; el colega que me presentó, un patólogo, comenzó afablemente:

—No dudo de que los puntos de vista de la medicina mente-cuerpo nos intrigarán a todos, pero debo declarar que soy científico y no puedo creer en la existencia de algo mientras no lo vea bajo mi microscopio.

—Me abochorna comenzar —respondí—, pues iba a tratar de demostrarles que cuanto se ve bajo el microscopio no tiene realidad alguna. No quiero que usted se quede sin trabajo.

—Adelante —dijo, amistoso—; no creo que usted pueda demostrar eso. Además, en el fondo yo quería ser psiquiatra.

Todo el mundo se echó a reír, pero no sé si él captó que yo hablaba en serio. Si excluimos toda parte del cuerpo humano que se pueda ver bajo un microscopio no queda nada a lo que el científico pueda aferrarse. Cada átomo de nuestro interior es, en más de un 99,999 por ciento, espacio vacío; las partículas «sólidas» que zumban en derredor son, en sí, apenas compactos manojos de vibraciones energéticas. Al tamizar este cuerpo de aspecto tan sólido y convincente, basta con avanzar un poco para que nos encontremos con un puñado de nada. Sin embargo, esta nada no es en verdad un vacío, sino un vientre. Con increíble fertilidad, nuestro espacio interior da vida a «el amor y el odio, el júbilo y la pena, la angustia y la felicidad, el placer y el dolor, el bien y el mal, propósito, sentido, esperanza, coraje, desesperación, Dios, cielo e infierno, gracia, pecado, salvación, condenación, iluminación, sabiduría, compasión, malignidad, envidia, malicia, generosidad, camaradería y, de hecho, todo lo que hace que la vida valga la pena». Se trata de una lista impresionante de cosas para que los científicos la excluyan de la realidad. (La lista fue hecha por R. D. Laing; claro que él es psiquiatra.)

Los científicos defienden los hechos objetivos diciendo: «Puedo ver y tocar esto; tiene dimensiones mensurables; obedece a leyes objetivas que las matemáticas pueden describir hasta la enésima potencia». Este tipo de razonamiento no prueba gran cosa. Si voy al cine, puedo caminar hasta la pantalla y contar las puntadas en la ropa de los actores. Si echo una mirada de diagnóstico, puedo hallar señales de enfermedad en su aspecto; con el microscopio adecuado podría, probablemente, examinar las células epidérmicas en la imagen del celuloide. Nada de todo eso convierte a la imagen en realidad. Nuestro cuerpo ocupa tres dimensiones en vez de las dos que ocupa una película; eso significa que puedo profundizar más en la imagen que veo y toco, pero eso no le otorga tampoco más realidad.

Lo que hace del cuerpo algo más real que una película es Maya. Sobre todo lo demás, Maya es convincente. Si no lo fuera, todos veríamos a través de ella; empero, la siguiente capa de realidad sería también Maya. El proceso no necesariamente tiene fin. En tanto busquemos «pruebas» de que el mundo sensorial es real, Maya es lo suficientemente profunda como para ofrecer todas las capas que deseemos: los órganos dejan paso a los tejidos, los tejidos a las células, las células a las moléculas y así hasta los átomos, los protones, electrones, quarks y, finalmente..., la nada.

Intelectualmente, todos sabemos que en el fondo de las cosas sólo hay un espacio vacío, pero para mantener en marcha la vida de todos los días aceptamos ciertas convenciones. La ciencia «objetiva» es lo que mantiene estas reglas *ad hoc* y realiza tareas extremadamente valiosas, mientras recuerde que las reglas están ahí para ser desobedecidas. Por ejemplo: en medio de esta máquina que llamamos cuerpo no hay nada más ordenado y digno de confianza que el corazón. Su complejo funcionamiento desafía a las mentes médicas más brillantes desde hace cuatrocientos años, desde que William Harvey descubrió la circulación de la sangre. Pero como cualquier otra parte del cuerpo, el corazón es, a fin de cuentas, sólo espacio vacío. El «verdadero» corazón no es este recio manojo de músculos contraídos, que late tres mil millones de veces antes de expirar, sino la potencia organizadora que lo reúne todo y crea algo de la nada.

La metáfora del doctor Harvey

Históricamente, el corazón desempeñó un papel importante en cuanto a convertir el cuerpo en una máquina. Ya en 1616 Harvey escribió en su libreta una frase simple:

«El movimiento de la sangre describe constantemente un círculo y es provocado por el latir del corazón». Hasta entonces nadie había expresado una idea tan atrevida (al menos, en Occidente; los antiguos textos de la India prestan fe a la afirmación de que los médicos ayurvédicos ya habían descubierto la circulación de la sangre siglos antes). La audaz aseveración de Harvey desafiaba a la mayor autoridad médica del mundo antiguo: el médico griego Galeno, cuyas palabras habían sido ley por catorce siglos.

En opinión de Galeno (que era, por tanto, la opinión de todos los médicos instruidos de Europa), el corazón ayudaba a los pulmones a traer *pneuma* al cuerpo; esa palabra griega denominaba la fuerza vital invisible que mantenía vivos a los seres animados. Galeno sostenía que la sangre no circulaba. Antes bien, había dos tipos de sangre: uno en las arterias, el otro en las venas, que avanzaban y retrocedían como las mareas. Ambos tipos de sangre se producían en el hígado y luego rezumaban hacia todas las otras partes del cuerpo, donde se consumían de algún modo no explicado, sin volver jamás a su fuente.

Puesto que a la cultura griega le repugnaba la idea de disecar cadáveres, los padres de la medicina prestaron poca atención a la anatomía del corazón. Observar el corazón vivo era imposible; de cualquier modo, su palpitar era demasiado rápido para describirlo adecuadamente, pues ocupaba apenas un segundo en el ser humano y mucho menos en los animales más pequeños. Eso llevó a los eclesiásticos medievales a afirmar, definitivamente, que sólo Dios podía conocer el funcionamiento real del corazón.

Los médicos habían visto brotar la sangre de las arterias cortadas, por supuesto, y conocían la diferencia entre el rojo intenso de la sangre arterial y el rojo oscuro y azulado de la sangre venosa. También habían detectado el pulso, pero se creía que era el palpitar independiente de las mismas arterias. De un modo u otro, todos esos detalles fueron introducidos en el esquema de Galeno.

Harvey era un hombre bajo, nervioso, de pelo negro, experimentalista ferviente. Pagaba a los pescadores para que le trajeran camarones vivos de los estuarios del Támesis, a fin de espiar en sus cuerpos transparentes y ver cómo se movía la sangre. Visitaba a los carniceros y observaba las reses de los animales cuando morían, porque sólo entonces el corazón aminoraba su latir lo suficiente para ser observable. Hundía la mano en las cavidades humeantes de perros y cerdos agonizantes para exprimir las arterias y las venas; de ese modo pudo comprobar personalmente que la sangre arterial fluía del corazón y la sangre venosa volvía a ella.

Sin embargo, lo que Harvey proporcionó no fue sólo una serie de observaciones nuevas, sino una nueva metáfora para el corazón. Tomó la inefable fuente de nuestras tiernas emociones, la sede del amor, el misterio sólo cognoscible por la mente divina, y lo redujo a una bomba. No era la primera vez que se aplicaba al cuerpo humano la metáfora de la máquina, pero estableció un marco mental tan profundo que la medicina aún no se ha recobrado.

Parecen ser muy pocos quienes comprenden que Harvey no estaba transmitiendo una verdad pura. Una metáfora es un símbolo, un juego verbal que sustituye una palabra literal por otra imaginativa. Metafóricamente hablando, la mujer que amamos puede ser una rosa, el sol, la luna y las estrellas; todas esas imágenes expresan mejor nuestros sentimientos que la desnuda afirmación: «Mi amada es una mujer». Llamar máquina al cuerpo es una metáfora especialmente poderosa, porque «máquina» no es una palabra poética: es dura, sólida y literal. Una máquina pertenece a la materia, no a la fantasía.

Los médicos creen mucho en la materia. La preparación profesional refuerza esa tendencia una y otra vez, desde ese momento en que se aplica por primera vez el bisturí de disección a la piel gris de un cadáver. Como rito de iniciación, el primer corte de una piel humana es, a un tiempo, aventurado, furtivo, impresionante y muy convincente, demasiado convincente como para que nos lo sacudamos con facilidad en los años venideros. Los médicos son los únicos a los que nuestra sociedad permite violar el sagrado interior del cuerpo humano, introducir los dedos y manejar rudamente tejidos y órganos. Esta experiencia es más potente de lo que podría sugerir, siquiera remotamente, cualquier gráfico de la *Anatomía* de Gray. La apertura del cerebro, por ejemplo, es un hecho sobrecogedor hasta para el más experimentado de los neurocirujanos. En gran parte, ese gran respeto proviene de que se puede ver la materia gris, húmeda y vulnerable, que se esconde bajo el blindado del cráneo, para tocarla y manipularla con el máximo cuidado.

Sin embargo, a diferencia de los griegos, ya no tenemos la desventaja de sentir demasiado respeto ante la presencia del cuerpo. La máquina está allí para que se la manosee. El doctor Michael De Bakey, renombrado cardiólogo de Houston, comienza con estas palabras su convincente texto *The Living Heart*: «Los órganos del cuerpo se pueden comparar con una serie de máquinas en funcionamiento. Por ejemplo: el corazón, que está vinculado con todos ellos, es una bomba aspirante-impelente. El hígado y los intestinos refinan los combustibles utilizados por las máquinas del cuerpo. Los riñones, los pulmones, los intestinos y el hígado son unidades sanitarias, que eliminan los posibles contaminantes, desperdicios o cenizas dejados después de que se consume el combustible».

Continuando con los pulmones (fuelles para la caldera), el sistema nervioso (red de líneas telefónicas) y venas y arterias (tuberías de combustible), De Bakey elabora su imagen de una maquinaria cuidadosamente interconectada, todo al servicio de una gran máquina, el cuerpo en sí. Todo el esquema es eminentemente útil en un mundo que quiere válvulas artificiales, injertos de *bypass* y arterias sintéticas más modernas y mejoradas. El problema de suponer que el corazón es una máquina, empero, reside en que puede predestinarnos a vivir también como máquina. Las metáforas pueden ser muy convincentes para la mente y, una vez que la mente está convencida, la realidad se atasca, como un río que se congela en el invierno y no puede fluir.

Si consideramos que el corazón es una bomba, cabe esperar que se comporte como la bomba de un pozo o de una gasolinera. Se gasta; sus partes se dañan o tienden a fallar; con el tiempo desaparece su utilidad. Pero si no nos dejamos hechizar por la metáfora resulta autoevidente que el corazón no es una bomba. Para empezar, crece; el corazón pesa poco más de cincuenta gramos al nacer y tarda más de una década en alcanzar su peso final de medio kilo. El corazón puede alterar su ritmo y el volumen de sus pulsaciones según cambie nuestra actividad o nuestro humor, autorregular su tiempo y reparar los daños causados por leves ataques cardiacos. ¿Qué bomba es capaz de todo eso?

Además están los sentimientos asociados con el corazón. Algo en mi pecho se oprime con el dolor, vuela raudo con el goce, se vuelve duro como el pedernal cuando desconfía y se ablanda con la ternura como un copo de nieve al sol.

«De acuerdo, el corazón es más que una máquina», podrá decir alguien, «pero seamos prácticos. Sin duda llegará el día en que el corazón, como cualquier otra bomba, se desgaste.» No podemos estar seguros de eso. Hace veinticinco años se creía que el corazón perdía su capacidad con los años, de modo parejo, tornándose más rígido y fibroso, erosionando su habilidad de bombear determinada cantidad de sangre con cada latido. Después llegaron fotos tomadas en regiones alejadas, como el Cáucaso de la Unión Soviética, donde se veía a personas de noventa años capaces de realizar una prodigiosa actividad física. Los médicos occidentales vieron a estas personas trepar cuestas empinadas, zambullirse en arroyos de montaña para darse un baño matutino y hacer muchas otras cosas que no serían posibles para una bomba vieja. Los exámenes médicos revelaron que estos notables corazones tenían, con frecuencia, menor edad biológica que la correspondiente, pero aun cuando había deterioro y enfermedades, éstas no habían impedido a la persona llevar una vida activa. Para compensar las incapacidades de la vejez, el corazón engrosaba sus paredes, aprendía a bombear de modo diferente y, en general, operaba a toda potencia.

Ignorar estos datos sería un irónico legado de Harvey, de acuerdo con su acentuado respeto por los hechos. Los médicos modernos se consideran tan respetuosos de la investigación veraz como su gran predecesor, pero no han dado igual peso a todos los datos. Algunos han sido bruscamente eliminados, simplemente porque no se ajustan a la metáfora de la máquina.

Según se ha observado, los yoguis indios pueden, en determinadas condiciones, aminorar a voluntad el latido del corazón, a tal punto que no llega flujo alguno de sangre al músculo cardiaco. Según los modelos occidentales, semejante hazaña no es sólo desconcertante, sino que se contradice con el mantenimiento de la vida. Un corazón detenido sólo puede sobrevivir quince minutos sin oxígeno; las células cerebrales quedan irreversiblemente dañadas en sólo cuatro minutos sin oxígeno. Esto establece el tiempo crítico contra el que luchan los equipos de unidades coronarias en sus frenéticos esfuerzos de emergencia. Sin embargo, algunos sujetos yoguis han detenido virtualmente el flujo sanguíneo por varias horas y pasaron días enteros con el corazón apenas trémulo. Si la medicina asegura ser una ciencia objetiva, semejantes demostraciones deberían derrumbar todo nuestro concepto de lo que en realidad es el cuerpo. Lamentablemente, las metáforas son duras de matar.

Nada nos obliga a tratar de desgarrar la máscara de Maya. Mientras aceptemos el mundo físico por lo que aparenta ser, nuestra docilidad mantiene la máquina en funcionamiento. Las rocas siguen siendo duras y sólidas, el viento sopla, el agua moja y el fuego quema. Maya es muy servicial. Sin embargo, llega un punto en que el espejismo de las moléculas no es lo suficientemente real como para satisfacernos. La ilusión empieza a disolverse (a esta altura ya hemos visto muchos ejemplos) y entonces se inicia la búsqueda de la verdadera realidad, oculta detrás de los trucos.

Para iniciar esta búsqueda no es necesario que me recobre «milagrosamente» de un tumor cerebral. El solo observar que no soy un puñado de espacio vacío es un buen comienzo. Algo debe mantenerme integrado, una especie de pegamento o polo magnético que impide a mis moléculas diseminarse volando. ¿Qué pegamento es ése? ¿Cómo me las compongo para organizarme alrededor de un centro estable y valedero?

Cosa extraña: tenemos una clave en la experiencia de los amputados que continúan sintiendo la presencia de sus dedos, brazos o piernas perdidos. Oliver Sacks ha escrito evocativamente sobre esos miembros «fantasmas», como los llama la neurología. Los fantasmas son observables con frecuencia en los tiempos posteriores a la amputación y pueden persistir por días, semanas o años. Su aparición es, por lo menos, inquietante.

El doctor Sacks describe a un paciente marinero, que perdió un índice en un accidente en el mar. En el momento de la herida tenía el dedo rígidamente extendido; el fantasma que apareció en su lugar mantenía la misma posición. El hombre tenía la clara sensación de estar siempre apuntando al aire con su índice. La impresión era tan vívida que, en cuanto se tocaba la cara para afeitarse, temía arrancarse un ojo. Otros pacientes tienen fantasmas que causan dolor, escozor y varias otras sensaciones incómodas, lindantes con lo absurdo: un hombre informó de que su pierna fantasma sufría regularmente fuertes calambres por la noche, con la correspondiente contracción de dedos y nudos en los músculos de la pantorrilla.

Los fantasmas suelen poseer la misteriosa capacidad de cambiar de tamaño. Una pierna puede aparentar dos metros y medio de longitud y, al minuto siguiente, sólo cinco centímetros. Sin embargo, los fantasmas no son simplemente engañosos. Quien haya trabajado con pacientes incapacitados descubre pronto que, sin un fantasma, se torna mucho más difícil aprender a usar una prótesis. Para caminar a paso firme con una pierna artificial es preciso integrarla a la imagen que tenemos de nuestro cuerpo. Mientras la prótesis sea un peso muerto, esa integración jamás será del todo natural. Pero la pierna fantasma puede moldearse a la pierna falsa, dando la sensación de que está viva.

Aun cuando esto resulta útil, no siempre un fantasma está dispuesto a cooperar. Sacks menciona el caso de un paciente que, algunas mañanas, despertaba con la sensación de que el fantasma de su pierna no estaba allí. En su lugar había sólo un vacío, la nada desprovista de cualquier sensación de existencia. (Claro que, en realidad, siempre había sólo aire por debajo de su rodilla, pero esas mañanas era aire «muerto».) Para devolver a sus fantasmas a la vida, el paciente se daba cinco o seis vigorosas palmadas en el muslo, como si castigara el trasero de un bebé, hasta que el fantasma despertaba y se extendía. Entonces podía ponerse la prótesis y salir caminando.

Lo que me intriga de los fantasmas es que todos tenemos uno, pero lo llamamos cuerpo. El cuerpo, básicamente un bulto inerte, está tan muerto como un miembro falso. Sus azúcares no tienen más sensación que un trozo de goma de mascar; sus proteínas no son más sensibles que una habichuela. A través del sistema nervioso, que se infiltra en cada fibra del cuerpo, hemos aprendido a proyectarnos dentro de ese montón inerte, ajustándolo tal como un amputado se ajusta la prótesis. Cuando se nos «duermen» el pie o la mano llegamos a sentir hasta qué punto son un peso muerto. Ese «adormecimiento» es una parálisis momentánea, que se produce cuando los nervios han sido aplastados, generalmente bajo el peso del propio torso, cuando giramos inadvertidamente en la cama o cuando nos sentamos demasiado tiempo con una pierna recogida.

Son muchos, aparte de los amputados, los que confían en desorientados fantasmas. Una joven afectada de anorexia se mira en el espejo y tiene frente a sí una imagen flaca, casi esquelética. El cuerpo que ella ha desnutrido con sus trastornos alimenticios está allí, ante sus ojos. Pero adentro ella posee una imagen contraria de sí misma, en la que se ve demasiado gorda (mejor dicho, no lo suficientemente delgada) y es ese fantasma visual el que gobierna su mente. Ella «ve» en el espejo a una gorda, tal como el amputado «siente» que tiene una pierna de cinco centímetros o de dos metros y medio.

Lo que el fantasma dice que es real se convierte en realidad. Yo sé que mi pierna tiene noventa centímetros de longitud, que mi cuerpo pesa sesenta y ocho kilos, que estoy sentado con la espalda erguida y que estoy despierto, pero creer esas cosas es cuestión de fe, pues mi fantasma podría estar jugándome sucio. La mente, por naturaleza, ansia la continuidad, enlazar un pensamiento con otro, para dar a nuestros actos motivos coherentes y buscar coherencia en otros.

Para darnos una idea de lo mucho que se requiere para organizar una realidad continua, podemos analizar el aprieto de los esquizofrénicos, cuyo cerebro procesa el mundo de modo tan pobre que el habla resultante es un torrente caótico, confuso, llamado «ensalada de palabras». En *Neuro*, el penetrante libro de David Noonan, hay un vívido relato del tipo de «asociación libre» que no puede conservar la lógica cuando ataca la esquizofrenia. Un paciente dice: «Mi último maestro en esa materia fue el profesor A. Era un hombre de ojos negros. También hay ojos azules y grises y de otros tipos también. He oído decir que las serpientes tienen ojos verdes. Todo el mundo tiene ojos».

Como si estuviera abrumada por los pensamientos y las sensaciones, la mente del esquizofrénico ya no puede formar frases ordenadas ni lógicas con el torbellino de impresiones generadas adentro y afuera. A otro paciente se le pidió un comentario sobre la crisis energética. «Están destruyendo demasiado ganado y petróleo sólo para hacer jabón», replicó. «Si necesitamos jabón cuando uno puede zambullirse en un estanque de agua y después cuando vas a comprar gasolina, mis viejos siempre pensaban que debían hacerlo, comprar gaseosa, pero lo mejor para tener es aceite para motores y dinero. Ya que estamos, bien se puede comprar un poco, latas de gaseosa y... eh... cubiertas, y tractores, garajes para automóviles, para poder sacar los coches de los accidentes, eso es lo que yo creía.»

Es obvio que este paciente comprendió la pregunta, pero no pudo ordenar las imágenes, los recuerdos y conceptos que le trajo a la mente. Todo se mezcló en una ensalada bastante descabellada, pero que sugiere patéticamente los días perdidos en que el mundo tenía sentido. El resultante galimatías verbal me recuerda que mis propias palabras están pegadas de una manera muy misteriosa por una conciencia que yo doy por asegurada. No necesito ningún forcejeo mental para hablar con sentido: sucede o no sucede, simplemente.

Sin esta continuidad engañosamente automática, la vida se convertiría en «ensalada de vida». Sin embargo, hay aquí una aparente paradoja. ¿Cómo mantener la continuidad sin dejar de estar abierto a cosas inesperadas, al siempre cambiante flujo de acontecimientos y al deslumbrante destello de la revelación? Mi elección desempeña el papel principal en el hecho de que yo acepte el mundo tal cual es o lo altere para ajustarlo a mis deseos. Maya y yo hemos sido muy hábiles al cumplir con nuestro acuerdo de mantener la previsibilidad del mundo. Sin embargo, ¿quién sabe? Tal vez yo decida quebrar mañana el acuerdo. O dentro de un minuto. La realidad siempre está abierta a revisiones.

DESPERTAR DEL HECHIZO

Cierta vez, Milton Erickson, gran pionero en el uso terapéutico de la hipnosis, estaba dando una conferencia-demostración ante un público formado por estudiantes de medicina. Cuando pidió que un voluntario se reuniera con él en el estrado, un joven se adelantó, tomó asiento de frente al público y puso las manos en las rodillas, tal como Erickson pedía. Luego Erickson le preguntó:

—¿Estaría usted dispuesto a continuar viendo sus manos en las rodillas?

El estudiante dijo que sí. Mientras él hablaba, Erickson hizo un gesto silencioso a un colega, que se acercó por el lado opuesto al joven y le levantó el brazo derecho en el aire. El brazo del estudiante permaneció así.

—¿Cuántas manos tiene usted? —preguntó Erickson.

—Dos, por supuesto —respondió el joven.

—Me gustaría que usted las contara a medida que yo se las señalo.

—Está bien —respondió el estudiante, con cierta superioridad protectora en la voz.

Erickson señaló la mano posada en la rodilla izquierda y el joven contó:

—Una.

Se le indicó la rodilla derecha, donde no había mano alguna, y él dijo:

—Dos.

Entonces Erickson señaló la mano que pendía en el aire. El estudiante quedó totalmente confundido.

—¿Cómo explica usted esa otra mano? —preguntó el conferenciante.

—No sé —respondió el joven—. Creo que yo debería estar en un circo.

Como el lector habrá adivinado, el voluntario estaba ya bajo hipnosis. La parte asombrosa del relato es que no había sido hipnotizado de antemano. Erickson dominaba tanto ese arte que indujo el trance meramente formulando esa pregunta: «¿Estaría usted dispuesto a continuar viendo sus manos en las rodillas?». Ésa fue exactamente la sugerencia que el estudiante obedeció al «ver» su mano en la rodilla derecha.

¿Y qué ocurre conmigo? Todo lo que veo a mi alrededor en estos momentos es tan precario como esa tercera mano. Tengo un «sentido de la realidad» en el que confío, no porque sea real, sino porque mi confianza lo hace real. Un hipnotizador puede, con el más leve giro de mi atención, hacerme creer que hay en el cuarto seis personas en vez de veinticinco, o que un horrible brebaje, preparado por el farmacéutico del vecindario, es una copa de delicioso jerez seco. Ambas cosas fueron hechas al doctor R. D. Laing, en Glasgow, por un amigo hipnotizador.

Al comentar el episodio del jerez seco, Laing se lamenta: «¿Cómo es posible que el sentido del gusto, un sentido tan íntimo, se deje engañar de tan buena gana? ¡Yo no podía creer en mi propio gusto! Eso no fue sólo interesante: fue profundamente perturbador. Me desconcertó. Me asustó». Cuando sentimos que nos balanceamos sobre un abismo sin fondo se nos despiertan grandes emociones. Tal como Laing pregunta, lógicamente: «¿Cuál es el sabor "verdadero" de algo? ¿En qué sentido es un fenómeno cualquiera verdaderamente real?». Ésta es la misma disyuntiva que importunaba a los ancianos reunidos en nuestra galería de la calle Babar. Laing se horroriza más aún: «¿Hasta qué punto puede decirse que toda la sensación, la trama de nuestro mundo cotidiano y vulgar, socialmente programado, es una ficción inducida en la que todos estamos enredados?», se pregunta. Los únicos que escapan de la red son «unos pocos cuyo condicionamiento no ha "prendido" o se ha derrumbado, o que han despertado del hechizo: una abigarrada multitud de genios, psicópatas y sabios».

Exactamente: la única manera de escapar de Maya es despertar de su hechizo, reunirnos con los pocos que no se han dejado hechizar por completo. En nuestra cultura, el hechizo se ha vuelto respetable con el nombre de «ciencia firme», pero eso no le otorga mayor realidad. La ventaja de ver a través de Maya es que el hechizo científico, aunque nos ha brindado esta conveniente vida moderna, con sus aviones de retropropulsión y sus ordenadores, sus tomografías computadorizadas y sus multiprocesadoras, no ha eliminado el miedo, la violencia, el odio ni el sufrimiento. Ellos también han sido programados en Maya. Vienen con este sueño cuando accedemos a soñarlo.

De vez en cuando conozco a alguien que ya pertenece a la abigarrada muchedumbre cuyo condicionamiento «no prendió». No son necesariamente psicópatas, genios o sabios; son sólo personas que no se dejan convencer tan fácilmente como el resto de nosotros. Invariablemente, nuestros enfrentamientos estremecen un poco mi sueño. Me voy ardiendo por ver lo que ellos ven y ser lo que ellos son. Pero también hay felicidad y hasta hilaridad cuando comprendemos lo que está ocurriendo. Por un momento hemos mirado a través de la ilusión, para descubrir que somos iguales. «¿Quién sabe?», parecen decir con los ojos. «Tal vez tú seas el próximo en despertar.»

Estoy pensando especialmente en Harold, un anciano que, cuando nos conocimos, parecía completamente común, aunque tenía setenta y cinco años y era evidente que su cuerpo declinaba. Me lo trajo su hija, preocupada por la perspectiva de que Harold sufriera muy pronto un paro renal, perspectiva grave y hasta mortal a la que se enfrentan muchas personas mayores.

Los tres nos sentamos en mi consultorio y ella habló ansiosamente sobre las medidas que podíamos tomar, incluyendo la diálisis. Harold se acomodó en su asiento, con aspecto despreocupado. Al ver sus análisis de sangre comprendí que su hija estuviera tan afligida. El nivel de nitrógeno urea se aproximaba a noventa, cuando el normal es de alrededor de diez. Otro indicador, llamado creatinina, era también sumamente elevado.

Todo el mundo acumula restos de nitrógeno en la sangre, como residuo de la descomposición proteica en las células. Estos residuos, en grandes cantidades, resultan tóxicos; no tardarían en ser mortales si el cuerpo no tuviera un medio de eliminarlos constantemente a través de los riñones. Cuando el médico detecta un alto nivel de nitrógeno urea o creatinina, eso señala un problema renal grave, aunque indefinido. Harold estaba muy cerca del punto en que se requeriría automáticamente un tratamiento de diálisis. El médico de su familia insistía en que se le practicara, pero él se negaba.

Harold habría debido sufrir notorias incomodidades, pero cuando enumeré los síntomas típicos de la falla renal (náuseas, mareos, debilidad y pérdida del apetito) dijo que se sentía bien, aunque algo fatigado, tal vez. Debí de expresar mi asombro, pues antes de que yo pudiera continuar interrogándolo me dijo:

—Este problema no es de ahora, ¿sabe usted?

—¿Ah, no? —dije—. ¿Cuándo lo descubrió?

—Hace unos cuarenta y cinco años —respondió, con una mirada pícara.

El hombre que ha vivido con fallas renales crónicas por cuarenta y cinco años se ve acosado por una serie de síntomas, por no mencionar el daño permanente que sufren huesos, ojos, pulmones y vasos sanguíneos, entre muchos otros lugares posibles, incluidos los propios riñones. Pero Harold insistía en que se había enterado de su dolencia durante la Segunda Guerra Mundial, cuando un médico del ejército le anunció que sus análisis de sangre justificaban que se le diera la baja inmediatamente. Se le dijo, a bocajarro, que con esos niveles de nitrógeno urea en la sangre no le quedaban más de cinco años de vida.

Por entonces Harold no presentaba síntoma alguno; como no existía ningún tratamiento efectivo para la falla renal crónica, se le dio la baja y él se fue. Cinco años después volvió para consultar con el médico del ejército, pero le informaron que había muerto.

—Me afligió el no poder contar con él, que conocía mi caso —contó Harold—; entonces volví a mi casa sin consultar con nadie.

Sólo alrededor de 1955 buscó a otro especialista en riñones. Al ver sus niveles de nitrógeno urea, el médico cayó en el pánico y le dijo que le quedaba muy poco tiempo de vida; su única esperanza era que se perfeccionara, a tiempo para salvarlo, una nueva tecnología que por entonces estaba en sus primeras etapas: la diálisis renal. Una vez más, Harold volvió a su casa a esperar.

—Como pensaba que esa máquina de los riñones iba a ser la solución, me mantuve informado —dijo. Al cabo de diez años leyó en los periódicos que la diálisis ya estaba en uso. Entonces volvió al especialista en enfermedades renales, sólo para descubrir que ese segundo médico también había muerto. Sus análisis de sangre continuaron empeorando; cinco años después, cuando solicitó un seguro de salud, un tercer especialista le dijo que, estando tan enfermo, tenía que someterse a un tratamiento regular de diálisis o pensar en un transplante de riñón.

—Eso sí que asustó a mi hija —dijo—. Y como yo seguía pensando que era preciso hacer algo, el mes pasado llamé otra vez a ese médico. La enfermera me dijo que acababa de morir de un ataque al corazón.

Los tres guardamos silencio por un segundo, pero ¿qué podíamos decir? Rompimos en una carcajada al mismo tiempo.

—Al fin y al cabo, si ya he enterrado a tres especialistas en riñón —dijo Harold, extrañado por su buena fortuna—, me parece mejor no acercarme siquiera a los médicos. Es mucho menos peligroso para ellos.

Tuve que darle la razón.

6

Una hebra hacia la libertad

—No tengo miedo. Comprendo que decidirme a esta operación significa un gran riesgo. Tal vez tenga que alimentarme a través de un tubo por el resto de mi vida. No importa, mientras hagamos algo. Nunca he tenido miedo de la muerte. En cuanto a eso, usted puede estar tranquilo.

El discurso era muy poco convincente. Mientras Lou lo pronunciaba, noté que desviaba la vista de un lado a otro y que las manos le temblaban incontrolablemente. Él trataba de no reparar en lo mucho que se traslucían sus verdaderos sentimientos. Tal vez no se daba cuenta, en realidad.

Me pregunté cómo desactivar en parte ese miedo acumulado. No era tarea fácil, teniendo en cuenta lo precipitado de la catástrofe.

Dos meses antes no había señales de problemas, a menos que una vida demasiado perfecta sea señal de dificultades. Lou, estadounidense radicado en España, tenía ingresos privados y podía dedicarse a su pasión, que era la historia del arte. Cuando comenzó a sentirse mal, los síntomas fueron casi triviales. Su esposa, nacida en España, siempre servía vino en la cena, pero Lou empezó a notar que bastaba un vaso de vino tinto de la zona para provocarle un súbito ataque de náuseas y diarrea.

Consultó a un internista de Madrid, quien lo tranquilizó asegurándole que probablemente tenía un virus intestinal transitorio. Sin embargo, como el problema persistía, el médico ordenó algunas pruebas de diagnóstico. Una tomografía computada detectó en la cabeza del páncreas una masa sospechosa, de unos cinco centímetros de longitud. Se practicó una biopsia y, pocas horas después, el laboratorio del hospital envió malas noticias. La masa era un adenocarcinoma, un mortífero cáncer de páncreas.

Aun entonces, cuando Lou sólo tenía una posibilidad de dos de sobrevivir por seis meses, no sufría dolor alguno. Su cuerpo no presentaba señales de caquexia, el desgaste de los tejidos típico de la etapa final del cáncer. De no haber sido por la responsabilidad con que investigó sus ataques de indigestión, Lou podría haber continuado creyéndose sano.

—Es extraño: todas las mañanas, al despertar, me siento muy bien —dijo—. Y cuando empiezo a pensar en jugar al tenis o en clasificar algunos dibujos, me acuerdo de que soy un caso terminal y ya no puedo reunir energías para hacer nada. —Una sombra le cruzó la cara—. Si pudiera al menos aferrarme a ese primer momento...

Sentí, más que de costumbre, la necesidad personal de ayudar. Lou había vuelto a Norteamérica para someterse a tratamiento, pero las intervenciones acostumbradas, con cirugía y radiación, eran asuntos penosos. El páncreas es la principal fuente de enzimas digestivas que tiene el cuerpo; una vez que se extirpa, el paciente pierde casi toda su capacidad de digerir los alimentos. Se le pueden proporcionar enzimas de reemplazo, pero aún son endebles sustitutos de los procesos naturales del cuerpo.

Cuando yo estaba estudiando endocrinología, cumplí un período en las salas de oncología del Hospital Bautista de Boston, trabajando para un famoso cirujano especializado en páncreas, que era un médico eminente. Sus pacientes permanecían tendidos en la cama, con un aspecto horrible: moribundos, caquécticos, amarillos de ictericia. Como nunca más podrían comer debidamente, una vez practicada la operación, pasaban semanas enteras alimentados enteramente por suero intravenoso. Y al fin, pese al enorme gasto de esfuerzos y cuidados, la gran mayoría apenas sobrevivía unos pocos meses.

Mi primera intención era salvar a Lou de ese sombrío escenario. Yo no era el médico que lo atendía; me había sido enviado porque su doctor, tras haber leído un libro mío, consideraba que un enfoque mente-cuerpo podía aliviar el gran nerviosismo de Lou. Sin embargo, yo no podía dejar de pensar que Lou no estaba nervioso tan sólo por su enfermedad, sino también por su tratamiento. Le aconsejé que estudiara la posibilidad de no operarse. La cirugía podía prolongar un poco su expectativa de vida, al menos según las estadísticas, pero era preciso sopesar eso contra su propia comodidad. ¿Valía la pena pasar por tanta angustia, con tan pocas esperanzas? Lou me escuchó con atención, pero mis argumentos no lo convencieron.

—El instinto me dice que no me opere —dijo—, pero ¿y si muero dentro de seis meses, sin haber hecho nada? Sería muy cruel para mi esposa y yo me sentiría muy culpable por hacerla sufrir así.

Después de mucho análisis íntimo, accedió a un término medio. En lugar de extirpársele todo el páncreas, se sometería a una operación limitada, que deja intacta la mayor parte del órgano. De ese modo podría comer normalmente en las semanas venideras. Sin embargo, al aproximarse la operación Lou comenzó a sufrir súbitos cambios de humor. A veces llegaba a mi consultorio en actitud de confianza, casi optimista sobre sus probabilidades; con más frecuencia se mostraba sombrío y deprimido. Su ser normal, que mantenía una relación normal con su cuerpo, se había derrumbado en la confusión. Nada estaba debidamente conectado. Su cuerpo ya no le pertenecía; era un objeto extraño y temible. Quería poner distancia con respecto a esa cosa, pero cada vez lo hipnotizaba más y más. Si se mira a un monstruo durante el tiempo suficiente, uno se convierte en el monstruo; el viejo dicho estaba cobrando realidad para Lou.

Un día le pedí que cerrara los ojos y permaneciera en silencio, sentado.

—Por el momento —le dije—, dejaremos de hablar y de pensar en su caso. Sea simplemente usted mismo. No identifique su mente con ningún problema en especial; no haga nada.

Hice una pausa y los dos guardamos silencio.

—¿Siente usted algún dolor? —le pregunté.

—No —murmuró.

—Bien. Ahora permanezca cómodamente sentado, observando lo que le venga a la mente. Si tiene un pensamiento potente, aunque sea acuciante, déjelo pasar. Descubrirá que no es difícil. —Otra pausa. Luego—: ¿Experimentó algún impulso de miedo o nerviosismo?

Él asintió.

—No le dé importancia —dije—. Es sólo una nube que pasa. Lo que quiero hacerle notar es que entre sus pensamientos hay espacios, como parches de azul entre las nubes. Cuando note un espacio de esos, hágame una señal con la cabeza.

Él volvió a cerrar los ojos y, al cabo de un momento, asintió lentamente. Prolongamos el ejercicio por algunos minutos más.

—¿Siente ahora angustia? —pregunté.

Lou meneó la cabeza. Le pedí que abriera los ojos. Tenía una expresión bastante sorprendida.

—Ya ve usted: no es tan difícil dejar de ser un enfermo de cáncer —le dije—. Quiero que usted permanezca un momento tranquilamente sentado, a fin de experimentar, aunque sólo sea vagamente, el estado de silencio interior. En ese silencio los pensamientos van y vienen. Pero cuando no hay pensamiento presente, ni tampoco un impulso de miedo, recuerdo intenso ni impulso de actuar, la mente está sola y es ella misma. En ese preciso instante se puede decidir tener el pensamiento o la emoción siguientes. Ahora pregúntese a sí mismo quién toma esa decisión.

—No lo sé —dijo Lou, algo desconcertado—. Nadie me ha planteado la cuestión en esos términos.

—Para proyectar una película se requiere una pantalla —dije—. Las imágenes se mueven y juegan en la pantalla; se desarrollan vívidas emociones y grandes dramas. Pese a todo eso, la pantalla en sí no participa. No es parte de la película, ¿verdad?

—No —reconoció, dubitativo.

—La diferencia entre la mente y una pantalla de proyección es que nosotros sí participamos en la película, porque es nuestra vida. La pantalla que tenemos adentro se empapa de compulsivas imágenes personales y al fin se pierde la sensación de que existe esa pantalla, una parte de la mente inalterable, que no participa.

Los dos sabíamos que todo eso era muy novedoso. La sensación interior que tenemos del «yo» está construida con imágenes del pasado, con todos los miedos, las esperanzas, los deseos, los sueños, los amores y las desilusiones que cada uno llama «míos». Sin embargo, si nos despojamos de todas esas imágenes aún queda algo de «mí»: lo que toma las decisiones, la pantalla, el testigo silencioso.

—Yo no puedo hallar por usted ese centro intocado —dije, con seriedad—. Es preciso enfrentarlo directamente. Pero le he dado una clave. Los pensamientos y las sensaciones que pasan flotando, como nubes contra el cielo, son distracciones. El verdadero yo es el cielo, más allá. Cada vez que usted logre presenciar ese espacio despejado y vacío encontrará un lugar seguro, porque allí nunca hubo cáncer, para empezar. Allí usted se encuentra consigo mismo cara a cara: lo presenciado es también el que presencia.

LA HEBRA DEL YOGA

La convicción de que el ser tiene un centro intocable desempeña una parte crucial en la psicología moderna, especialmente en el ambiente de la psicoterapia. En la terapia, mientras el paciente se enfrente sólo a las capas superficiales de sí mismo experimentará, a lo sumo, un cambio superficial. Para abrirse camino y lograr cambios importantes, debe descubrir el «núcleo central, esa espiral del ser que posee absoluta sabiduría y autoconocimiento». Estas palabras son de Irvin Yalom, psiquiatra y profesor de la Academia de Medicina en la Universidad de Stanford. Al principio sólo el terapeuta comprende que existe un centro de sabiduría y autoconocimiento. El paciente, con la influencia de su alteración mental, está aislado de esa parte de su psiquis. Por lo tanto, el papel del terapeuta (me refiero aquí a la clásica «terapia de diván») consiste en dar al paciente el coraje y la libertad necesarios para sacar a la luz ese ser más profundo.

En casi todos los casos, el primer paso consiste en convencerlo de que ese ser más profundo es real. Es preciso mostrarle y hacerle experimentar esa parte de su mente que trasciende la crisis, que registra la vida con claridad cristalina, aun cuando la mente consciente se tambalea en medio del pánico y el desconcierto. La exploración no es fácil. Desde los tiempos de Freud, la psicología profunda ha actuado sobre la idea de que el conocedor está sepultado sobre muchas capas de experiencias dolorosas. No se le puede enfrentar directamente; por lo tanto, es preciso engañarlo para que salga. Por eso se presentan al paciente sueños, lapsus verbales y asociaciones libres que delatan lo que en realidad está ocurriendo bajo todas esas capas de disfraz.

Cierta vez, conversando con otro médico sobre la alta proporción de divorcios, le pregunté casualmente si sus padres estaban divorciados.

—No —dijo—. Créase o no, llevan cuarenta y cinco años de casados. En estos días son casi piezas de museo. Habría que ponerlos en una letrina. —Antes de que yo pudiera reaccionar, él mismo se corrigió—: Por Dios, quise decir «en una vitrina», por supuesto.

Ochenta años antes podría haber tomado a la ligera ese desliz freudiano; ahora está obligado a analizar ese deseo disimulado que brotó entre las grietas de su psiquis.

Una de las grandes diferencias culturales entre Oriente y Occidente es que la búsqueda del conocedor, que nosotros iniciamos como cura para trastornos tales como la neurosis y la depresión, son en Oriente la meta normal de la vida. En la India se considera que hallar al conocedor es la gran aventura de la vida. Aunque se trata de una aventura muy personal, algo nos marca el camino: es una tradición de conocimiento, que en realidad puede considerarse ciencia, llamada Yoga, por la palabra del sánscrito que significa «unión».

La unión que el yogui busca no está fuera de sí mismo; tampoco es una unión con Dios, el éxtasis o lo sobrenatural, aunque todas esas cosas pueden manifestarse en un momento u otro. La unión del yogui es más íntima; arraiga en su deseo de hallar esa mota de sí mismo que experimenta la realidad directamente, sin filtros ni máscaras.

El legado del conocimiento yogui es en la India antiguo y extenso; para los forasteros, muy desconcertante. La mayoría de los occidentales, si acaso se molestan en definirlo, suponen que el Yoga consiste en practicar diversos ejercicios físicos que, llevados al extremo, retuercen el cuerpo en posturas grotescas. El nombre correcto de esta disciplina es Hatha Yoga y constituye sólo una de las ocho «ramas» o divisiones del Yoga (y dista mucho de ser la más importante).

Puesto que la búsqueda del conocedor no es un proyecto exclusivamente indio, tampoco lo es el Yoga. Su meta consiste en descubrir sistemáticamente el testigo silencioso de nuestro interior, posibilidad abierta a cualquiera en cualquier momento. Aquí aparece en la china del siglo XIII, destilada en cuatro versos por el poeta Wu-Men:

Un instante es la eternidad,
la eternidad es el ahora.
Cuando se ve a través de este instante
se ve a través del que ve.

Rumi, el gran poeta sufí, nos llama hacia la libertad con dos únicos versos tentadores:

Afuera, más allá de las ideas del bien y del mal,
[hay una pradera.
Allí os espero.

Si queremos una idea más literal sobre en qué consiste el Yoga, debemos volvernos al problema llamado de identificación, pues esto es lo que se resolverá cuando se haya alcanzado la unión. Todos nosotros avanzamos en la vida identificándonos con una cosa tras otra. Mi casa, mi carrera, mi esposa, son otras tantas formas de identificación que nos reconfortan y nos dan seguridad... pero no de manera definitiva. La mente tiene que seguir cambiando su foco de identificación, porque las condiciones cambian: mi casa se torna demasiado pequeña para vivir en ella, mi carrera se estanca, mi esposa se aburre. Si logro moverme suavemente con estos cambios es posible mantener una relativa seguridad, pero siempre existe el riesgo de perder la base, por haberme apegado a algo totalmente inseguro. Lou se identificaba con su enfermedad, no porque así lo decidiera conscientemente, sino porque es natural identificarse con el propio cuerpo. Cuando el cuerpo enferma, su dolor podría no constituir una dificultad, pero se convierte automáticamente en problema si la idea de «mi» cuerpo es lo suficientemente fuerte.

Como la identificación forma parte de la mente, no podemos abolirla. Antes bien, el yogui resuelve el problema poniendo a la identificación a la inversa. En vez de identificarse con objetos, la persona que practica el Yoga (sobre todo con la meditación) comienza a identificarse más y más con el silencioso testigo interior. El proceso es cómo seguir una hebra de telaraña hasta llegar a la araña que la hiló. Mi hebra puede ser muy diferente de la tuya, porque he tejido la telaraña de la realidad interior de acuerdo con mis experiencias únicas. Puedo creer en cierto maestro, en determinada escuela, método o libro, tal vez no haya oído siquiera hablar del Yoga como tal. Pero los temas centrales siguen siendo más o menos los mismos. ¿Tengo una hebra que seguir? ¿Me conducirá de regreso a su fuente antes de romperse?

Una vez alcanzada la meta, se dice que el Yoga libera a quien busca las limitaciones de la vida ordinaria. La separación entre cuerpo y mente queda cicatrizada, permitiendo que la persona entre en un estado de funcionamiento más elevado, tanto en lo físico como en lo mental. Ya he mencionado que algunos swamis tienen la capacidad de detener su respiración y sus latidos cardiacos a voluntad. Sin embargo, los verdaderos yoguis no se dignan considerar esas hazañas como parte primordial de su desarrollo. Están demasiado atentos a establecer, de una vez por todas, la verdad sobre la mente, la materia y el espíritu. En ese sentido son científicos en su propio dominio, agudos observadores y completamente basados en su experiencia interior.

Mi abuelo, el espiritual, no se cansaba de los yoguis, a quienes reverenciaba como a santos vivientes, a la manera tradicional. Recuerdo vívidamente un relato suyo. Volvía de un peregrinaje a los Himalayas, sofocado de entusiasmo.

—¡He visto algo asombroso! —exclamó a mi madre. Entonces notó que yo estaba aguzando el oído en el rincón (por entonces yo tendría unos ocho años) y se le nubló la expresión—. Podría asustarse —dijo, preocupado.

—No, no me asustaré —protesté, no del todo seguro.

—No, no —dijo él, meneando la cabeza.

Pasó mucho tiempo antes de que yo conociera la anécdota. Mi abuelo había visitado una lejana cueva del Ganges en la que vivía un yogui, dedicando a la meditación la mayor parte del día. El yogui saludó con alegría a mi abuelo y a sus compañeros. Mientras conversaban, mi abuelo no pudo sino reparar en la cantidad de cicatrices dobles que cubrían los brazos y las piernas del hombre.

—¿Qué son? —preguntó a uno de sus compañeros, en voz baja.

El otro se encogió de hombros. Y entonces los dos comprendieron a un tiempo que eran mordeduras de serpiente. Esa zona, en la parte baja de las montañas, estaba infestada de cobras. Los dos visitantes miraron a su alrededor, inquietos, y en un instante divisaron a una gran cobra que se movía perezosamente en la hierba.

—Baba —exclamó mi abuelo al santo—, vive usted rodeado de serpientes.

—¿Serpientes? —dijo el yogui—. Nunca he visto ninguna por aquí.

—¡Pero si está cubierto de mordeduras! —protestó mi abuelo.

El yogui lo contempló con penetrante dulzura.

—Quizás usted vea serpientes por aquí, pero yo sólo veo a Dios. Y créame, señor, que Él no muerde.

A los ocho años, esta historia me maravilló y la creí, pero sin que me afectara. Para mí, el concepto del Yoga sólo cobró sentido en la edad adulta, cuando se le agregó el concepto de Maya. Yoga es el proceso que hace a Maya menos convincente, de modo que, con el correr del tiempo, uno queda en libertad de escoger una realidad más amplia que la automáticamente presentada por los sentidos. Los sentidos presentan a una cobra, pero el santo sólo ve a Dios... y la realidad cambia. Lo que habría matado a otro hombre no puede afectarlo, pues ya ha muerto; ha muerto para la vieja realidad dominada por los sentidos.

Aquí se supera un sutil aspecto de la identificación.

En general, no podemos evitar el identificarnos con el mundo. Cuando la imagen de una rosa cae en la retina, automáticamente causa una impresión en el centro visual del cerebro. No hay elección consciente, pues el sistema nervioso ha tomado posesión inmediata de la imagen. Hasta que la atención se desvíe hacia otro objeto, en nuestra conciencia hay impresa una rosa. Por lo tanto, esto es una especie de unión o Yoga, pero falsa, pues se inclina mucho en favor del objeto. Al ver la rosa me olvido de mí mismo.

En su mayoría, la gente no imagina que el solo mirar una cosa pueda ser una especie de vínculo. Un rosa es una rosa, el fuego es el fuego, el agua es el agua: todos esos hechos naturales se ordenan en una unidad que parece preestablecida, gracias al proceso automático de identificación. Para el yogui, empero, el vínculo de los sentidos es una grave desventaja, pues nos compromete con cosas de «allá afuera» y con nuestros recuerdos, totalmente llenos de cosas del pasado. Si me fracturo una pierna y siento intenso dolor, mi reacción parece indiscutible, aunque en realidad es sólo la repetición de una vieja manera de reaccionar, que aprendí hace años. ¿Se puede desaprender esa vieja lección?

Cualquiera puede olvidar un leve dolor de cabeza conversando con un amigo o absorto en la lectura de un libro. El motivo por el que estas distracciones dan resultado es que tenemos más posibilidades de elección de las que pensamos, tratándose de identificaciones. Aunque los sentidos se adhieren al mundo como pegamento, podemos trasladarlos a nuevos objetos de fascinación. No existe motivo alguno para que ese elemento de elección deba ser frustrado por el dolor.

En los siglos I y II de nuestra era, los mártires cristianos que los romanos arrojaban a los leones solían recibir de buen grado ese destino, pues lo consideraban como una oportunidad de demostrar su fe. En *The Gnostic Gospels*, Elaine Pagels cita ciertas cartas en las que los cristianos condenados suplicaban a sus amigos que no intercedieran para salvarlos de la muerte. Motivados por su celo de imitar literalmente los hechos de la vida de Cristo, los mártires competían entre sí, exhibiendo toda la paciencia posible; cantaban himnos y miraban hacia arriba, con expresiones de angélica alegría, en tanto las bestias los atacaban. Sobre esto hay fiables relatos de asombrados espectadores romanos. El cristianismo conquistó al mundo pagano, tanto cuanto por otras causas, comenzando por provocar en la mente pagana un respeto deslumbrado, al demostrar sin lugar a dudas que la voluntad humana se impone a la materia, no a la inversa.

Las modernas teorías sobre el dolor se concentran en las complejas vías nerviosas que recorre la señal de dolor y en la activación de diversos elementos químicos que acompaña a la sensación dolorosa. Sin embargo, creer en Cristo no es un suceso químico, sino una elección de la mente. Por eso el vocabulario del yogui, que trata con términos tan abstractos como la identificación, se aproxima más a la vida que los términos concretos del científico. Para llegar al interruptor que conecta o desconecta el dolor, es preciso franquear la línea que separa las moléculas visibles de las creencias invisibles. En este campo abstracto la gente decide si algo le causará dolor o no. Fija el sentido del «yo» a algunos hechos y lo separa de otros.

Existe un notable caso médico, descrito por Stephen Locke y Douglas Colligan en *The Healer Within*, relacionado con un obrero de fundición cuyas piernas cayeron en una tina de aluminio fundido. Lo llevaron al hospital en estado de inconsciencia y, en cuanto despertó, fue hipnotizado por un psiquiatra que trabajaba en la unidad de quemaduras. Éste plantó en la mente del accidentado la sugerencia de que no había caído en metal fundido a trescientos setenta grados, sino en agua fresca. Esta sugestión echó raíces y dio muy buenos resultados: no sólo eliminó el dolor, sino que el paciente se recuperó muy pronto y con cicatrices mínimas. Tal es el resultado práctico del desapego puramente mental.

El hombre que ha resuelto el problema de identificación puede seguir sintiendo el dolor como señal de su cerebro, pero no lo convertirá en *mi* dolor; esa diferencia minúscula, pero importantísima, corta el cordón del sufrimiento. El hombre ya no cometerá el error de creer que la percepción llega en torrentes para crear su conciencia; antes bien, la conciencia sale para crear sus percepciones. Al devolver nuestra mente a las profundidades de la conciencia, donde estamos en libertad de crear nuestra propia experiencia, el Yoga nos abre la posibilidad de desarraigar todo sufrimiento en su fuente misma.

¿PUEDE LA MENTE LIBERARSE A SÍ MISMA?

Quebrar la ilusión de la mente parece un ideal deseable, pero, en la práctica, ¿en qué consiste? Muchas personas tratan de sustituir con «pensamientos positivos» las ideas perturbadoras que desean eliminar. En la superficie, esta táctica puede conducir a algunas señales de mejoría. Se puede obligar a la mente a identificarse sólo con cosas agradables y edificantes. Pero con el tiempo los pensamientos temidos volverán a emerger (Freud llamaba a esto «el retorno de lo reprimido»); hasta entonces es preciso un esfuerzo agotador para mantener un constante autodominio.

Hace algún tiempo atendí regularmente a una mujer que estaba obsesionada por el pensamiento positivo. Dos años antes se la había tratado de un cáncer de mama con buen resultado, pero seguía sumamente preocupada por la posibilidad de que éste se repitiera. Su nerviosismo resultaba obvio para cuantos la rodeaban, pero era lo último a lo que ella quería enfrentarse. Si a mí se me ocurría siquiera decir: «Usted está asustada, ¿verdad?», su sonrisa fija y su actitud optimista me hacían sentir gratuitamente cruel. Además, me sentía cada vez más nervioso tan sólo con su presencia. La mujer parecía un cable tenso a punto de romperse.

Por fin, después de sugerir con no demasiada sutileza que ella podía estar adoptando una actitud falsa, le pedí de improviso que dejara de mostrarse tan implacablemente positiva.

—¿O sea que puedo tener pensamientos negativos, si así lo quiero? —preguntó, con patética incredulidad.

—Sí, cuando sea natural e inevitable.

De pronto se echó a reír.

—Gracias a Dios —exclamó—. Necesitaba que alguien me diera permiso. He leído tanto sobre el mal que hacen al cuerpo los pensamientos negativos que, después de mi operación, me pasé todo el año temiendo que asomara hasta la sospecha de uno. Luego se me ocurrió que el miedo en sí es un pensamiento negativo. No sabe usted lo mucho que eso me confundió.

Consideré que en eso había demostrado una impresionante penetración psicológica. Muchas personas, en sus bien intencionados esfuerzos por acentuar lo positivo, no hacen sino aumentar sus problemas en vez de escapar de ellos. Quieren poner fin al sufrimiento, pero eligen equivocadamente la táctica de negar sus verdaderos sentimientos, sobre la base de que son «demasiado negativos» para expresarlos. Analicé en profundidad este tema con mi paciente.

—Prestar atención al miedo y al dolor propios es, para mucha gente, una gran fuente de culpa —señalé—, pues se parece a la autocompasión, rasgo que consideramos equivocado. Pero también es malo negarse uno mismo la compasión que se daría voluntariamente a otros. Todos tenemos dolores ocultos; tratar de suprimirlos no es una virtud. Es sólo una imposibilidad.

«Usted puede considerar que es muy importante mantener una buena actitud, pero las actitudes, por sí solas, no son muy dignas de confianza. Después de todo, ¿quién anima a quién? Dentro de usted todo es sólo usted, aunque crea poder dividirse en una parte valiente, que trata de suprimir o derrotar a una parte asustada. Si una parte se dirige a la otra, diciendo: "Bueno, ahora no cedas, no vayas a perder las esperanzas", ¿no se reduce todo, en realidad, a una especie de juego?»

Ella admitió que probablemente era así, pero no resultaba muy tranquilizador.

—Siempre temí que, si no seguía adelante con el juego, como usted lo llama, me tragarían los pensamientos negativos.

—Y el oponerse a sus pensamientos negativos, ¿les resta potencia? —insistí—. ¿No es sólo demorar el día en que saldrán a la superficie, de un modo u otro? Piénselo. Probablemente usted emplee mucho tiempo en no pensar negativamente. Eso ha de requerirle una vigilancia y un esfuerzo constantes. Sin embargo, tan pronto como afloja esa presión, ¿no afloran los sentimientos negados con doble intensidad? En su lugar, yo no podría apoyar la cabeza en la almohada sin que me atacara un ejército de pensamientos negativos.

Ella reconoció que acostarse a dormir se había convertido en una tortura.

—Los pensamientos negativos vienen por sí solos, pese a la oposición más fuerte —dije—. Es sólo algo que todos debemos aceptar. Si continuamos jugando a rechazar los pensamientos que no nos parecen aceptables, perderemos siempre. La pregunta seria es: «¿Puedo renunciar a todo este juego?». Son muy pocas las personas que tienen en cuenta esa alternativa.

Después de reflexionar un segundo, la mujer comentó:

—Diga usted lo que diga, no creo que sea muy fácil abandonar el juego.

Tiene razón, por supuesto. Estamos poderosamente condicionados para continuar avanzando en una misma dirección; los antiguos sabios de la India, llamados *rishis*, repararon en eso y llegaron a la conclusión de que la mente no puede liberarse por medio de ninguna actividad mental, sea por esfuerzo, vigilancia o represión. Escapar del pensamiento por medio del pensamiento equivale a tratar de salir de las arenas movedizas tirando de nuestro propio pelo. En el fondo, cualquier pensamiento, por positivo que sea, continúa estando en los dominios del pensamiento. El Yoga abre otro camino, cuyo secreto es simplemente esto: la mente no es sólo pensar. En realidad, el pensamiento es sólo otra máscara de Maya, menos sólida que cuanto vemos y tocamos, pero igualmente indigna de confianza.

En un antiguo texto indio llamado *Los sutras de Shiva* se dan ciento doce caminos para que una persona pueda escapar de Maya, por el único medio posible: trascendiendo más allá de ella para experimentar las realidades más profundas del testigo silencioso. He aquí algunas de las técnicas, transmitidas directamente por el dios Shiva, maestro tradicional de los yoguis:

Cuando estés vívidamente consciente mediante algún sentido en especial, *mantén la conciencia*.

En el lecho o en un asiento, déjate quedar sin peso, más allá de la mente.

Mira como por primera vez a una persona bella o a un objeto ordinario.

Al borde de un pozo profundo, mira con fijeza sus profundidades hasta... *la maravilla*.

Sólo por mirar el cielo azul más allá de las nubes, *la eternidad*.

Aunque acentúan el mirar el mundo de una manera diferente, todas estas técnicas se basan en un cambio de conciencia, pues tal como hemos analizado, la conciencia es la fuente del ver. Ver a una persona bella «como por primera vez» podría ocurrir por azar, por el rabillo del ojo, pero nunca como estado constante, en la conciencia cotidiana. Yo no puedo ver a cierta india menuda, tímida y devota sin ver a mi madre, así como ella no puede mirarme sin ver a su hijo. Estamos habituados el uno a la otra, acostumbrados a mirar a través de muchas capas nuestras.

Mi padre, al mirarla, ve una persona diferente; en realidad, a muchas personas diferentes superpuestas: la muchacha protegida, de ojos gachos, que fue primero una desconocida; luego, objeto de tímido cortejo; después, desposada y madre; desde entonces, consejera íntima y compañera cuyas palabras y pensamientos se han entrelazado con los de él, formando casi un segundo ser. Cuando él la mira, cada imagen superpuesta aporta algo de su propio valor. La fuerza modeladora que los ha convertido casi en uno no pierde potencia sólo por haber obrado tan lenta e invisiblemente. Una realidad compartida fluye en ellos, sobre ambos y entre ambos.

La intimidad brinda a mis padres una relación privilegiada, pero hay un precio. Hasta que las máscaras se bajen, él no verá jamás a mi madre salvo como esposa. La belleza de esa mujer permanecerá a cierta distancia. En una relación feliz vale la pena pagar ese precio muchas veces. En la ausencia de una verdadera intimidad, el precio se torna demasiado alto. Un padre puede decir a su hijo: «Te critico sólo porque te amo». A sus propios ojos puede ser así, pero el hijo debe desentrañar el amor de la crítica lo mejor que pueda. Por eso son tantos los que, una vez adultos, sienten en el fondo cierta desconfianza del amor que reciben.

Desde la niñez en adelante, todos aprendimos a lidiar con una situación complicada, donde las sensaciones y percepciones más básicas se mezclaban muchas veces unas con otras. La vida sería más sencilla si pudiéramos ver directamente los cristalinos ideales, la maravilla y la belleza que, según el yogui, están en el corazón de la vida, es decir, en nuestro propio corazón. Pero las enseñanzas de Shiva apenas atraviesan el caparazón del escepticismo moderno. El escéptico alberga con frecuencia a un idealista que ha sufrido el dolor de la desilusión una vez más de lo soportable. Si el idealista nace para desilusionarse, ¿por qué no desilusionarse desde un comienzo? Una y otra vez, Freud destacaba la importancia del «principio de la realidad» como índice de salud psicológica. El principio de la realidad consiste en reconocer que uno no es el creador del mundo. Nuestro yo se detiene ante cierto límite, más allá del cual no tenemos influencia.

De ese modo, se considera que un bebé es primitivo porque se cree el centro del mundo, permitiéndose la fantasía de que todo es él mismo. A medida que crece, se espera de él que descarte esa infantil ilusión de no tener límites. El «yo» y el «no yo» se congelan en espacios separados; con suerte, no pasará mucho tiempo antes de que «yo» aprenda a cooperar con «no yo». Generalmente, los padres se muestran muy ansiosos de fomentar esa actitud cooperativa, aun cuando el niño es obviamente demasiado pequeño para adoptarla. Pasan por alto la incomodidad de la criatura, temiendo que sea egoísmo. A ellos les cuesta ver que en eso se refleja su propia ansiedad oculta: tienen miedo de aceptarse plenamente a sí mismos. Sus propios padres señalaron que ser egocéntrico estaba mal y ahora se transmite ese criterio considerando «egoístas» casi todas las formas de satisfacción.

El crudo egoísmo del bebé recién nacido no es un modelo para la conducta futura, innecesario es decirlo, pero es preciso templarlo naturalmente en una conducta menos egoísta. Si el proceso de crecimiento sacrifica el mismo sentido del ser en el niño, se ha perdido algo demasiado precioso. El ser lleva consigo la sutil sensación de que se es único; de esa sensación surge un sentimiento de unión con el mundo, de estar bañado en belleza y amor. Eso también es realidad, pero de un tipo más elevado.

Muchos niños pequeños hablan de experiencias que se ajustan notablemente a las metas supremas de la espiritualidad. Una mujer escribe sobre un vívido recuerdo de infancia: «A la edad de cuatro años yo estaba tendida en la hierba, creando imágenes con las nubes. En determinado momento noté que habían dejado de moverse. A mi alrededor todo estaba muy quieto y yo me sentía fundida con el cielo. Yo era todo y todo era yo. No sé por cuánto tiempo duró esto y jamás he vuelto a sentirlo. Pero es posible».

Esa experiencia se parece mucho a la meditación de los *Sufras de Shiva* que indica «mirar el cielo azul más allá de las nubes», a fin de experimentar la eternidad. Muchos niños recuerdan haber tenido, un momento antes de dormirse, la sensación de que eran livianos o que flotaban; también esto refleja la meditación que aconseja sentirse sin peso en el lecho. El ejercicio espiritual que tan difícil parece al adulto, «ver a una persona bella como por primera vez», no requiere el menor esfuerzo para un bebé de cuatro meses, que día tras día recibe la aparición de su madre, la persona más bella de su universo, con adoración y deleite. Mientras ella esté en el cuarto, el bebé no deja de mirarla, pues no puede ver otra cosa. Ser, para el recién nacido, es estar en el centro de un mundo mágico.

Algunos niños recuerdan esa mágica inmersión en etapas de desarrollo muy posteriores. El poeta William Wordsworth, a los cinco y a los seis años, veía las montañas, los lagos y las praderas a su alrededor «ataviados de luz celestial» y tenía que aferrarse de un árbol para recordar que las cosas materiales no eran visiones. Sin este esfuerzo, según nos cuenta, habría sido arrebatado a un mundo ideal de pura luz y sentimientos divinos. Por ende, ver a través de Maya puede ser mucho más natural de lo que uno supone. ¿Quién sabe cuántos de nosotros hemos jugado en praderas de luz sólo para perder el recuerdo de haberlo hecho? Lo cierto es que nuestro ideal vigente de lo que constituye buena crianza psicológica no arraiga en lo ideal, sino en lo real. Por medio de muchas lecciones repetidas, el niño aprende que la áspera corteza de un árbol es más real que los sentimientos divinos; en cuanto tiene edad suficiente para ir a la plaza descubre que las aceras despellejan las rodillas y que los puños lastiman si te pegan en la cara.

En la meditación, el yogui borra ese tosco sentido de la realidad y se orienta nuevamente hacia la luz, lo ideal, lo divino. El Yoga apunta hacia la perfección, que significa vivir desde nuestro centro creativo las veinticuatro horas del día, sin disfraces ni evasiones, libres de cualquier forma de irrealidad. El yogui triunfador no se limita a establecer contacto con el núcleo omnisapiente: se convierte en él. Por bello que esto parezca, la mente del adulto se mantiene a distancia por instinto. Nuestras experiencias de dolor y desilusión son muy convincentes, mientras que las premisas del Yoga parecen muy lejanas.

—Hoy en día cualquier cosa puede ser aceptada como cierta —suele decir un amigo mío—, mientras no sea la Verdad.

Ha comprendido demasiado bien el principio de la realidad.

El destello del discernimiento interior

Afortunadamente, la realidad más alta suele emerger inesperadamente. Hay momentos en que el omnisciente núcleo del ser vence los estrechos prejuicios de la mente. Llamamos discernimiento interior a esos destellos, que nos dan una buena idea, por lo menos al pasar, de lo que debe significar la iluminación. Según dicen los Vedas, la mente iluminada es como el sol, junto a la cual las otras mentes son, por comparación, como velas. Pero una vela tiene su valor, pues cuando se la enciende la oscuridad ya no es total. En el destello de un discernimiento interior se revela un rincón del ser por lo que realmente hay allí. Uno exclama para sí: «¡Ajá!», y un trozo de la verdad sale de entre las envolturas.

El discernimiento interior no siempre es profundo ni duradero; los psiquiatras dedican mucho tiempo a asegurar esos nuevos descubrimientos y asegurarse que el paciente no pierda los anteriores, sufriendo una regresión. Por otra parte, el cuerpo no siempre sigue a la mente hacia un estado más saludable. Aun así, el momento de la comprensión intuitiva logra, con frecuencia, cambiar la posición de todo el ser: ésa es la clave de su poder.

Un asistente social, de cuarenta y dos o cuarenta y tres años, contaba lo siguiente:

«Caminaba por el pasillo, en el trabajo, intercambiando tranquilamente algunas opiniones con un amigo. Le dije que, en mi opinión, él se estaba tomando sus casos demasiado a pecho y tal vez aplicaba a ellos mucha culpa innecesaria. De pronto él se giró hacia mí y me espetó: "Me estás imponiendo tus propias emociones y eso no me gusta". Luego suavizó un poco la voz y dijo, más razonablemente: "Es algo que deberías elaborar. He notado que tienes la costumbre de imponer a otros tus propios sentimientos de hostilidad".

»Yo no supe qué decir. Supuse que él se disculparía por atacarme, pero se fue, simplemente. Cuando llegué a mi oficina, me senté ante el escritorio, pero no pude trabajar, pues estaba muy enfadado.

»Pasé algunos minutos ardiendo por dentro, como un niño a punto de tener una rabieta. Me sentía indignado y lleno de autocompasión. ¿Cómo era posible que un amigo me traicionara así? Para aliviar mi cólera, empecé a hablar en voz alta como si lo hiciera con él, imaginando que estaba en la habitación. "¡Al parecer, no te has dado cuenta de los sentimientos de hostilidad que tú me impones a mí! Me has ofendido mucho. Y debo decirte que tu acusación es total y completamente infundada." Este modo de actuar me hizo sentir mejor por algunos segundos, pero alguna parte racional de mí sabía que yo no era sólo la víctima de un comentario cruel y sin sentido.»

A esta altura se inició un asombroso proceso de liberación emocional.

«De pronto empecé a dividirme en capas. Fue algo extraordinario. Haría falta mucho tiempo para describir la cantidad de imágenes que empezaron a encenderse en mi mente. Vi mi autocompasión como defensa contra tanto enfado, totalmente desproporcionada con lo que mi amigo había dicho: ¡tenía ganas de matarlo! Luego vi a mi padre tal como era hace años. Me pedía que hiciera algunas tareas en la casa, cosa que yo detestaba cuando niño. Obviamente, lo que estaba obrando era el mismo resentimiento exagerado.

»Esa etapa duró apenas una fracción de segundo. Las imágenes aún me estaban zumbando en la mente; era como si me observara desde el punto de vista de un guijarro que cayera por un pozo».

En rápida sucesión, vio que su enfado contra su padre estaba vinculado con la sensación de que jamás podría conquistar el amor paterno. Luego comprendió que nunca había podido aceptar tampoco las críticas de sus hermanos o de otros hombres amigos. Pasaron imágenes en destellos, agitando un torbellino de emociones y recuerdos.

«Por entonces sólo había pasado medio minuto, pero el guijarro seguía cayendo, cada vez más rápidamente. En vez de sentirme mareado y desorientado, tenía la mente muy clara. Estaba evaluando todos los ángulos nuevos y viéndolos con la verdad. Lo extraño era que, cuando mis sentimientos empezaban a desbocarse, una voz objetiva, serena e inquisitiva repetía dentro de mi cabeza: "Y bien, ¿es verdad que impongo mis sentimientos a otros?". Esa voz, viniera de donde viniese, no iba a conformarse con verdades a medias.»

Durante todo ese proceso el hombre había perdido la conciencia de las cosas a su alrededor. Se estaba concentrando intensamente, como pocos pueden hacerlo, en la dinámica de sacar sentimientos reprimidos. En pocos segundos más terminó la sensación de ser una piedra que cayera por un pozo.

«El caso es que no me sentí tocar fondo. Pasé por todas esas capas, suponiendo que acabaría Dios sabe dónde. En cambio, lo que ocurrió fue, simplemente, que reaccioné y me encontré sentado ante mi escritorio. Aspiré hondo (al parecer, había estado conteniendo el aliento todo ese tiempo) y volví al trabajo, sintiéndome más sereno, aunque aún herido. Sólo una hora después se produjo el discernimiento interior. Estaba comiendo con algunos compañeros de trabajo, personas a las que conocía a fondo y que, francamente, habían dejado de interesarme años antes. De pronto me parecieron atrayentes y hasta fascinantes.

»Me miraban con afecto en los ojos, reían cuando yo decía algo divertido y yo reía con ellos. Fue algo muy peculiar, hasta que comprendí lo que había ocurrido, en un destello de entendimiento: yo había dejado de imponerles mis sentimientos. Nunca se me había ocurrido pensar que, si ellos no tenían nada nuevo que ofrecerme, era porque yo no les daba oportunidad. En cuanto retrocedí ellos se abrieron, como tímidas flores. El cambio de mi conciencia había liberado en ellos algo nuevo. Verlos abrirse de ese modo fue algo muy íntimo y, al mismo tiempo, me causó un gran alivio.»

EL CASO DE CRAIG

En el destello de la intuición, la psiquiatría y el Yoga son una sola cosa: la meta de ambas disciplinas es la revelación del conocedor. Sin embargo, la psiquiatría se conforma con un destello: el discernimiento interior es básicamente una herramienta, no un estado permanente. Los pacientes se someten a la terapia por diversos motivos: para aliviar la desdicha, para aclarar culpas o ansiedades injustificadas, para corregir una conducta contraproducente, etcétera. Pero no lo hacen para despertar del sueño de Maya. En todo caso, eso sería considerado una fantasía confusa e incapacitante, muy lejos del sensato y racional producto final de la terapia efectiva.

La psiquiatría ofrece una curación imperfecta porque ella también está herida. Su realidad no incluye un núcleo de magia; por el contrario, muchos terapeutas hacen lo posible por aplastar cualquier señal de magia en la mente del paciente. Sólo los más excepcionales logran elevarse sobre el principio de la realidad; sólo ellos pueden comenzar a apreciar lo simple que podría ser, en verdad, el estado de comprensión intuitiva total.

En este momento recuerdo a un paciente cuya experiencia de trascender sus límites físicos pareció constituir la diferencia entre la vida y la muerte. «En el último año he tenido conciencia de que se libra una batalla dentro de mi cuerpo, pero en mi corazón soy como el más feliz y despreocupado de los niños. He descubierto una parte de mí que no puede ser alcanzada por el cáncer. Soy mucho más que él, estoy muy lejos de él. A veces siento que tengo un total dominio de mi enfermedad; otras veces no le presto atención, simplemente. En un caso u otro, la enfermedad no puede empañar mi sensación de estar vivo e íntegro, aunque rodeado de caos y destrucción.»

A Craig Reed se le había diagnosticado un cáncer terminal cuando escribió estas palabras en una carta; me la mostró una vez recuperado. Craig Reed es un instructor de meditación de treinta y tantos años, que vive en el Estado de Nueva York. Hace dos años consultó al médico de su familia por un fuerte dolor de garganta, sólo para descubrir que había contraído una forma de cáncer linfático llamado linfoma, que se extiende con gran celeridad.

Probablemente estaba enfermo ya seis meses antes de notar algún síntoma; esto significa que el cáncer había hecho metástasis en todo su cuerpo. Dos días después Craig ingresó en un gran hospital universitario de Boston, donde se le puso a la atención de un gran especialista en cánceres linfáticos.

—Nuestra única posibilidad —le dijo el oncólogo— es tratar de matar esto con todo lo que tenemos. Será muy violento, se lo advierto, pero absolutamente necesario.

Cuando Craig quiso saber hasta qué punto sería violento, el oncólogo sonrió sombríamente:

—Primero lo arrollamos con un camión. Luego retrocedemos para asegurarnos de no haber fallado.

En la intimidad dudaba que Craig viviera lo suficiente para completar la primera serie de tratamientos. Pero, desde el comienzo mismo, Craig resultó un caso muy atípico. Su primer tratamiento se desarrolló desacostumbradamente bien. Pasó la fiebre con la que había ingresado en el hospital y cedió la enorme hinchazón de su cara. La disposición psicológica a enfrentarse a las pruebas venideras iba en aumento.

A esa altura Craig escribió la carta que he citado. Menciona en ella que practicaba meditación todos los días, tal como lo había hecho durante diecisiete años. Desarrolló una notable habilidad para no identificarse con su enfermedad. Aunque centrada en su mente, esa actitud de desapego también causó un efecto profundo en su cuerpo.

Tras dos meses de tratamiento, su temperatura comenzó a ascender de modo alarmante; se le llevó rápidamente al hospital, donde descubrieron que su sistema inmunológico estaba seriamente afectado. Su recuento de glóbulos blancos era mínimo: indicaba doscientos, cuando el de una persona saludable varía entre cuatro y once millares. Se sabe que la quimioterapia provoca ese tipo de crisis, que ponen a los pacientes en grave riesgo de perecer por cualquier infección, por pequeña que sea. El oncólogo de Craig, desalentado, se preguntaba cuántas semanas tendrían que esperar para que el recuento de glóbulos blancos ascendiera un poco. Tres días después se practicó un segundo análisis de sangre. Indicaba que el recuento de Craig había vuelto a cuatro mil: de casi fatal a casi normal. El médico a cargo del caso dudaba de haber observado o leído un hecho así.

Contra todas las posibilidades, Craig se estaba recuperando rápidamente y el cáncer iniciaba la retirada. Al cabo de cuatro meses se le dio de alta; había decidido no someterse a un trasplante de médula ósea, pese a la insistencia de su médico.

Craig no dudaba de que su capacidad de tomar distancia con respecto a su enfermedad había sido crucial. «Los vaivenes emotivos son interminables y esta dura prueba me ha arrastrado por todas las emociones existentes, pero hay algo en mí que no está involucrado; aún río y lloro, celebro y me lamento, pero al mismo tiempo permanezco aparte. He descubierto cómo liberar mi vida de la histeria. Y cuando pasó la histeria, me curé.»

Hace casi tres años que Craig salió del hospital. Lleva una vida completamente normal y se mantiene libre de la enfermedad.

Es muy alentador saber de pacientes que pueden recoger la hebra hacia la libertad. ¿Y qué fue de Lou? Ahora se encuentra en una etapa intermedia: ya no es prisionero de su miedo, pero aún no se convence de haber escapado.

Lou se sometió a una operación quirúrgica, en la que iban a extraerle el tumor del páncreas dejando intacta la mayor parte del órgano. Pero sus cirujanos descubrieron que el tumor era mucho más grande de lo esperado. Juzgaron que era imposible una extirpación total o parcial y la incisión fue cerrada inmediatamente.

Al salir de la anestesia, Lou impresionó a su oncólogo por el buen ánimo con que tomó la noticia.

—En realidad, yo no quería esa operación —me dijo en su lecho de hospital—; por un camino indirecto, conseguí lo que deseaba.

Ambos cavilamos sobre eso. Por entonces no me di cuenta de que había ocurrido algo crítico: se había roto su impresión de vivir bajo el influjo de un hechizo oscuro. Volvió a Europa, a un destino que no podía prever. Seis meses después tuve el placer de volver a verle en mi consultorio, con buen aspecto y sin que pareciera haber perdido peso. Tenía un apetito normal y digería sin dificultades. Sin embargo, no parecía alegrarse tanto como yo de su situación.

—¿Se me ve bien? —preguntó, nervioso.

—Se le ve estupendamente —dije con entusiasmo.

—Es lo que todos me dicen, pero yo, en el fondo, no sé qué siento.

Era evidente que la incertidumbre aún arrojaba sus sombras. Sin embargo, sin saberlo, Lou había derribado obstáculos enormes.

Recuerdo cómo nos despedimos aquel día. Después de conversar largo rato, hice una pausa para mirar hacia afuera. Era uno de esos días de primavera raros en Nueva Inglaterra; el cielo era de un azul perfecto y cristalino. Las flores de azafrán eran piedras preciosas, azules y violetas, esparcidas en el césped; los árboles estallaban con su primera gloria de verde dorado.

Noté que Lou también miraba hacia afuera, pero sin interés. De pronto comprendí la absoluta soledad que le había inducido su enfermedad.

—Vea —dije—, ¿por qué no sale durante un rato? ¿Verdad que el día es hermoso?

Él asintió con tristeza, aún solo dentro de su impenetrable espacio gris. Yo tenía que abrirme paso, aunque sólo fuera por un instante.

—Piense en los días hermosos que a usted le encantaban —dije, sorprendiéndome por mi propia emoción—.

163

¿Dónde están? Tienen que estar aún aquí, dentro de usted. Usted respiraba el aire, que se convirtió en parte de su sangre. Miraba el cielo y la imagen se grabó en las neuronas de su cerebro. Sentía el sol, cuyo calor fue absorbido por la piel.

»Todo eso está aquí, no sólo en sus recuerdos, sino convertido en usted. No sienta nostalgia por los buenos tiempos, Lou: usted es esos buenos tiempos. Más allá de esta ventana hay otro día que quiere convertirse en usted. Usted no está fuera de la vida, Lou. Como todos nosotros, está fundido con ella, la crea tanto como es creado. Este día no puede durar si usted no lo mantiene vivo. ¿Quiere darle una oportunidad?»

Cuando callé Lou casi no respondió, pero me abrazó cálidamente al despedirnos. Habíamos llegado a un entendimiento. De pie junto a la puerta, lo vi por última vez, desde atrás. Estaba saliendo. Por el modo ansioso con que miró a su alrededor, percibí su felicidad al verse bien recibido por la tibia luz de primavera.

7

La importancia de sentirse especial

Cuando comenzó a caer, Ray estaba muerto, probablemente. Doce mil voltios de electricidad lo despidieron violentamente del techo sobre el que trabajaba, ayudando a un vecino a instalar una nueva antena de televisión. Lo que debería de haber sido un inocuo cable a tierra resultó ser un cable de alta tensión. Ray, al asirlo, no tenía protección alguna contra la tremenda descarga de corriente, que casi con certeza le detuvo allí mismo el corazón.

El horrorizado vecino giró en la esquina y halló el cuerpo de Ray en el suelo. Tenía el brazo derecho destrozado por el ingreso de la corriente; la rodillera derecha de sus pantalones de trabajo, chamuscada, marcaba el sitio por donde había salido. Sin embargo, cuando el vecino le tocó tímidamente el corazón, sintió que palpitaba. Jamás sabremos por qué.

Tal vez, según el ángulo de velocidad, el choque contra el suelo haya provocado que el corazón funcionara otra vez. En los procedimientos para resucitaciones de emergencia, cuando no hay desfibriladores con que aplicar un choque al corazón y devolverlo a la vida, lo habitual es golpear el pecho. Sin embargo se trata de un método tosco y arriesgado, hasta aplicado por un médico. Tanto se puede salvar el corazón cuanto dañarlo y, por añadidura, fracturar una costilla o perforar un pulmón. La caída desde el techo aumentaría considerablemente esos riesgos. Pero, ¿de qué otro modo puede haber vuelto a latir el corazón de Ray Shepard? Los médicos del equipo traumatológico debatirían más tarde esa intrigante circunstancia. Ray, al enterarse, llamó a ese momento, entre todos los momentos notables que seguirían, «el don».

En las praderas del este de Washington, donde Ray tiene su criadero de caballos, los servicios médicos son modestos. Cuando apenas había recobrado la conciencia tuvo que soportar un viaje de una hora en ambulancia, sin calmantes para sus dolores. Un helicóptero lo trasladó al centro para quemados más próximo, que estaba en Seattle, y allí se inició una intensa operación quirúrgica. A lo largo de dieciséis horas, los cirujanos traumatólogos amputaron el brazo derecho a la altura del codo y preservaron cuidadosamente el tejido que se podía salvar en los otros dos sitios más afectados por el accidente: la rodilla derecha y la muñeca izquierda.

Su hermana recoge el relato en una carta escrita seis meses después:

«Ray estuvo notablemente sereno y despejado desde el momento en que ingresó al hospital. Durante su extenso período de tratamiento no se hundió en la depresión y, pese al intenso dolor de sus quemaduras, insistió en que la medicación se redujera al mínimo. En las seis semanas siguientes fue sometido a cinco operaciones. Las cinco eran necesarias para retirar todo el tejido muerto y dañado e iniciar la gran obra de reconstrucción. Se requirió un injerto muy delicado para cubrir un tendón expuesto en la muñeca izquierda. La rodilla derecha estaba tan devastada que acabó reducida a arterias, hueso y nervios, todo expuesto al aire.»

La curación es un proceso altamente individual; en casos complejos como el de Ray, una recuperación «normal» es casi una contradicción en sí. Cuesta imaginar lo que haríamos si tuviéramos los nervios y los huesos expuestos al aire. Sentiríamos, por cierto, una gran molestia; la sensación física de dolor iniciaría una compleja serie de reacciones psicológicas, que producirían lo que llamamos sufrimiento. En general se cree que dolor y sufrimiento son más o menos idénticos. No fue así en el caso de Ray, que experimentaba un inmenso dolor, pero jamás lo convirtió en sufrimiento. Para eso tenía una explicación:

«Yo pensaba que en esa fracción de segundo en que yo caía se había tomado una decisión, arrancándome de una muerte segura; no tenía por qué ser así, pero ocurrió. Fue un don. Mi mente volvió a ese momento muchas veces; descubrí que el recuerdo provocaba en mí una conciencia diferente. Sólo puedo compararla a la meditación: yo estaba en un lugar al cual el dolor no podía llegar. Tenía la sensación de estar flotando y una gran serenidad.

»A veces, cuando la enfermera me curaba la herida de la rodilla, la molestia física era muy grande. Yo la observaba y registraba la señal de dolor, pero en vez de acicatearme la mente, por así decirlo, me hacía sentir un intenso... ¿qué? No era exactamente placer, sino una sensación difícil de identificar, intensamente dulce, muy íntima. Era dolor convertido en titilante goce. Cada vez que ocurría eso yo me maravillaba y me alegraba.»

Una vez que se hubo deslizado a ese privilegiado estado de conciencia, Ray pudo divorciarse de su dolor por varias horas a la vez. Significativamente, practicaba la meditación desde los dieciocho años, prácticamente durante toda su vida adulta, y estaba familiarizado con los estados calmos de conciencia. Pronto demostró que no sólo evadía el dolor: hacía mucho más. Su hermana escribe: «Cuando vi la herida quirúrgica en la rodilla derecha de Ray, me horrorizó que hubieran debido retirar tanto músculo. Pese a los injertos no se veía otra cosa que tendones; cuando volvimos a Seattle varios especialistas aconsejaron que se acercara tejido muscular desde el dorso de la pierna para efectuar un nuevo injerto.

»Eso requería cirugía mayor; el médico de Ray decidió postergarla. Mantener el tendón expuesto era arriesgarse a la infección, pero quiso esperar un mes más y comprobar qué pasaba. En ese tiempo Ray se curó asombrosamente. Le vendábamos la rodilla dos veces al día y se la bañábamos de amorosos cuidados. (Él diría después que podía recostarse y sentir que su cuerpo absorbía, literalmente, todos esos cuidados.) Ray meditaba mucho y se mantenía levantado, atendiendo los nuevos potrillos y disfrutando plenamente de su vida.

»Cuatro semanas después, cuando lo vieron los médicos, no pudieron creerlo. Alrededor del tendón, en todas las aberturas, estaba creciendo músculo nuevo espontáneamente, y la piel avanzaba rápidamente para cubrirlo.»

La regeneración muscular es un proceso muy incierto; cuando el daño es tan extenso no hay ninguna garantía de que se produzca. Por cierto, nadie podía prever la rápida granulación de tejido nuevo que apareció en la rodilla destrozada de Ray. Sin disimular su maravilla, uno de los médicos exclamó:

—No sé por qué, pero eres un gran curador, Ray.

No hicieron falta nuevas operaciones quirúrgicas.

Se ha escrito mucho sobre el factor por el que ciertas personas curan mejor y más de prisa que otras. Ray encarnaba muchas de las cualidades más deseables. Tuvo el coraje de abandonar su cama de hospital y apoyar la pierna pocos días después del accidente. Cuando hubo que amputarle el brazo, inmediatamente aprendió a atarse los zapatos con una mano. Aceptó con buena disposición, sin vacilar, el amor que le ofrecían su familia y sus amigos. Éstas son cualidades raras del corazón y de la mente.

Aunque todos los médicos han visto algún paciente como él, los «grandes curadores» han demostrado ser casos demasiado raros e individuales como para poder estudiar el tipo. Por lo tanto, no acabamos de conocer su secreto. Yo creo que esas personas no son extraordinarias por algo que hacen, sino por algo que *son*.

Todos somos. Es decir, todos tenemos la certeza de que existimos. Un experto en debates puede hacernos

dudar de casi todo aquello en lo que siempre hemos creído, pero de eso no: el «yo soy» mora en el corazón de cada
persona, certidumbre inconmovible que nadie pone en
duda por ningún motivo.

A menos que nos veamos atrapados en una torturante
disyuntiva como la de Hamlet, ser o no ser no es el dilema.
La existencia es tan inevitable como el nacer. Cosa extraña: algunas personas sacan mayor provecho que otras a esta
condición. No porque hagan más, sientan más o piensen
más. De algún modo, como la luz que atraviesa una lente
cristalina, la vida brota de ellos más clara, más brillante, más
aguda que de la gente que existe con torpeza.

La psiquiatría no ha pasado por alto este hecho, aunque lo ve desde el extremo opuesto. Muy pocas personas
llegan a la terapia exhibiendo claridad. Llegan sumamente
necesitados y dependientes o atacados de tanta ansiedad
que apenas pueden enfrentarse a los desafíos cotidianos
de la existencia. A veces están tan deprimidos que regis-
tran las cosas más vívidas y móviles de la vida como si fueran sólo manchas grises. En todos estos casos algo ha salido mal, no sólo en el pensar y en el sentir, sino en el ser.
Esas personas han perdido el don de vivir.

LA SENSACIÓN DE SER ESPECIAL

¿De dónde viene ese don que en el caso de Ray parece
expresarse, antes que nada, como una inconmovible sensación de seguridad? «Yo estuve seguro desde el principio
de que me iba a recobrar. No se puede explicar por qué; era
como un secreto que compartía con Dios. Lo llamé don
porque no hay palabras para describirlo. Se me dio una
oportunidad de rehacerme. Yo ignoraba cómo se hacía, pero
sabía que iba a ocurrir y que nada podría interponerse.»

En estos tiempos casi todos hemos leído relatos de las
breves experiencias vividas, de año en año, por miles de

personas que llegaron a estar casi muertas. Los detalles cambian de un caso a otro, pero uno de los temas comunes es el súbito descenso a una completa sensación de seguridad. Los que vuelven a la vida después de habérsele detenido el corazón suelen relatar que, mientras «iban hacia la luz» o pendían sobre el cuerpo, mirándose desde arriba, se sentían completamente protegidos. Con frecuencia esta sensación perdura cuando, contra su voluntad, recogen una vez más la carga del cuerpo. En adelante les resulta difícil preocuparse por las cosas por las que supuestamente corresponde preocuparse, sobre todo por la muerte. Tal vez así es como deberíamos sentirnos, aun sin esa experiencia de muerte.

Ser no es, quizás, algo que podamos elegir, pero sí podemos elegir lo que sentimos al respecto. Algunas personas crecen alimentando la secreta sensación de que son especiales, de algún modo. Se sienten custodiados por la providencia, aunque no revelen a otros esa temeraria creencia. El doctor Irvin Yálom escribe sobre una mujer que se creyó especial por años enteros, sólo para desengañarse de manera bastante traumática: sufrió una profunda impresión el día en que, en el aparcamiento de un restaurante, fue víctima de un carterista.

Yalom escribe: «Más que nada, el robo iluminó lo ordinario de su condición; su acritud. "Nunca pensé que pudiera ocurrirme eso a mí", reflejaba la pérdida de fe en su condición de especial». No se refiere a ningún talento o don especial que esta mujer poseyera. Es muy racional que se atesoren esos rasgos especiales. Pero también nos creemos especiales de una manera irracional, según Yalom, que sirve como «uno de nuestros principales métodos para negar la muerte». Sin embargo, lejos de considerarlo valioso como rasgo, los psiquiatras tienden a juzgarlo indeseable. Cuando la mujer recurrió a Yalom para que la tratara, su meta principal fue reconciliarla con su ser común. Para eso tuvo que arrancarle su sensación de estar protegida contra la muerte.

Aquí nos enfrentamos al ambiguo papel que desempeña en la psiquis la necesidad de autoprotección. Sentirnos a salvo de la muerte no es algo de lo que podamos fácilmente prescindir; por el contrario, si se anula por la fuerza el miedo a la muerte en lo profundo de nuestro subconsciente, eso podría esparcir un terror subterráneo que sería peligroso ignorar. Tal como dice Yalom: «La parte de nuestra mente cuya función es aplacar el terror a la muerte genera la creencia irracional de que somos invulnerables, de que las cosas desagradables, como el envejecimiento y la muerte, pueden ser la fortuna de otros, pero no la nuestra, de que existimos más allá de la ley, más allá del destino humano y biológico».

Reconozco que eliminar los autoengaños es una meta valedera; aún más lo es liberar a la mente del miedo oculto. Pero más allá de la meta de la salud mental se halla la meta de la libertad. ¿Dónde puede iniciarse la libertad, si no en «esa sensación de ser especial, de estar hechizado, de ser la excepción, de contar con una protección eterna» que la psiquiatría quiere aplastar? Para Yalom, todas esas sensaciones llevan la etiqueta de autoengaños. Sin embargo, pensar que son ilusiones puede ser en sí una ilusión aún mayor; al menos, así lo declaran los yoguis.

El punto de partida del Yoga es, justamente, esa sensación de ser especial, de estar encantado o protegido. Sin ella, la única actitud sensata en la vida sería aceptar el mundo sólido que aprecian nuestros sentidos, junto con su carga de dolor, envejecimiento y muerte. A lo sumo, uno presentaría una «lucha irónica», según la famosa frase de Montaigne, combatiendo al enemigo que está destinado a ganar desde el primer momento del combate.

Muchas personas, tal vez todas, se precipitarían sobre la posibilidad de volver a sentirse especiales, pero su condicionamiento les cierra de pleno esa posibilidad. Lawrence LeShan es un psicólogo muy apreciado que, hace más de treinta años, presentó la asombrosa teoría de que el cáncer tiene un componente personal. Argumentaba que llegar a ser un canceroso es el producto final de mecanismos neuróticos que se remontan hasta la infancia. LeShan figuró también entre los primeros en utilizar la psicoterapia como medio para revivir los instintos sepultados del canceroso, sobre todo el instinto de curarse.

LeShan descubrió que debía comenzar por poner de cabeza los métodos de la terapia convencional. Si una paciente con cáncer de mama recurre a un terapeuta convencional, él se concentrará primordialmente en sus síntomas. Frente a su dolor psicológico, tratará de identificar la fuente exacta de ese dolor para reducirlo. LeShan, por el contrario, trata de convertir el cáncer en un punto decisivo, no con el objetivo de reducir los síntomas, sino de impulsar a la paciente a nuevas alturas. Se concentra en el carácter único e individual de la paciente: a toda paciente cancerosa que recurra a él le dice que ella tiene «una canción especial para cantar en la vida», una fuente de júbilo que sólo a ella pertenece.

El primer día de terapia, cuando LeShan mira a sus pacientes y anuncia ese objetivo, suele recibir como respuesta un estallido de hostilidad y rechazo. Las siguientes son algunas de las reacciones típicas, tomadas de su libro *Cancer as a Turning Point*:

> «Si yo encontrara mi propia música, sería tan discordante que no me gustaría y nadie más podría soportarla. Mi manera "natural" de ser es fea y repelente. Aprendí hace tiempo a no expresarla, si quería mantener cualquier tipo de relación con los otros o poder vivir conmigo misma.»

> «Si encontrara mi propia canción y tratara de cantarla, descubriría que en el mundo no hay lugar para alguien como yo.»

«Mi propia canción contendría contradicciones tales que sería imposible.»

En su aguda incomodidad, estos pacientes reciben el gesto de ayuda del terapeuta como una enorme amenaza. Rechazan esas metas «imposibles» y se aferran desesperadamente a los valores «generosos» que les enseñaron cuando niños. Entre estos valores figuran la modestia y la cortesía, no perder jamás los estribos, ceder ante los deseos de los otros, etcétera. En nuestra sociedad todo niño bueno las ha aprendido. Sin embargo, en boca de las pacientes de LeShan estos valores parecen horribles, como si hubiera un alma sofocada.

Sin embargo, casi todos aceptamos esos mismos valores y, hasta cierto punto, tampoco nosotros creemos que el mundo quiera escuchar nuestra música (nuestras expresiones más personales de sentimiento y deseo) sólo porque es nuestra. En esta actitud se revela una profunda falta de autoaceptación. Pero como somos relativamente sanos y no llegamos a la terapia o a la sala de cancerosos, no tenemos ocasión de defender nuestra vulnerabilidad tan al descubierto como estas mujeres.

Cuando una persona encuentra su propia canción comienza a liberar su arraigada falta de confianza en sí misma, dejando espacio para la creatividad. La canción resulta ser hermosa; uno descubre que la puede cantar sin ser castigado y hasta obtener también un ser vivo. «Por añadidura», apunta LeShan, «en todos los casos la canción fue socialmente positiva y aceptable. Nunca he visto una excepción.» Más allá del temor de ser único, cada uno de nosotros ansia poderosamente ser tan único y especial como sea posible.

En esencia, LeShan no hace sino pedir a sus pacientes que sean ellos mismos. ¿Por qué esta perspectiva resulta en un comienzo tan horripilante? En el fondo, por mucho que lo neguemos, todos hemos recibido una herida cuando se pisotearon nuestros deseos infantiles, pero lo aceptamos «por nuestro propio bien». Los niños necesitan y exigen ser respetados como personas únicas, pero al ser pequeños y estar inevitablemente sujetos a la aprobación de sus padres, sacrifican sus propios sentimientos para ganar la recompensa de su amor. A casi todos los padres nos inculcaron su propio concepto del «ser buenos» y nosotros nos conformamos con eso, aunque irritara nuestros egos infantiles, aún egoístas. Tal como señala la renombrada psicoanalista suiza Alice Miller, a todos se nos enseñó a ser buenos antes de que *deseáramos* ser buenos.

Esto puede parecer una sutileza, pero en la vida posterior constituye la gran diferencia entre libertad y esclavitud. Como adulto yo puedo estar firmemente habituado a ser bueno. Cada vez que cedo ante otros me siento superior por ser capaz de dar y compadezco al que no puede. Sin embargo, la prueba decisiva es cómo me siento cuando doy. ¿Gozo con ello o sólo me siento santurrón? ¿Espero algo a cambio, como gratitud, deferencia y respeto? ¿O permito que el otro sienta lo que siente, sea algo o nada? Dar puede ser señal de auténtica libertad, la voluntad de prescindir de algo a fin de que el prójimo pueda tener más. Pero la persona que ha aprendido a ponerse una máscara del dar permanece en total esclavitud. ¿Ante qué? Ante el recuerdo de lo que debe hacer para que sus padres sean felices.

Comenzando con nuestro deseo de complacer a nuestra madre, hemos aprendido a interpretar como perfectos eruditos las más leves señales de aceptación y rechazo por parte de otros. Nos vamos modelando según este patrón exterior, que se convierte en nuestra segunda naturaleza, una especie de falso yo. Se crea una separación entre las emociones verdaderas y falsas, entre lo que yo debería sentir y lo que siento en realidad. Este proceso es sutil, pero traicionero. Si se prolonga por bastante tiempo, uno olvida cómo es ser, simplemente, dejar que la felicidad y la tristeza vengan a voluntad, dar o guardar según lo dicte el momento. Pues el falso yo no siente, en realidad: calcula.

Una vida que se vive en la verdad es la unión de corazón y mente. A medida que surgen los sentimientos, la mente los aprueba y se deleita con ellos. No es difícil saber si alguien está llevando una vida así, pues nos dirá de buen grado que nunca ha pasado un mejor período que el presente. Es señal segura de que la mente no se adelanta al corazón, expectante, ni se demora atrás, nostálgica. El poeta chino Wu-Men aconseja:

Diez mil flores en primavera,
la luna en otoño,
Una brisa fresca en el verano,
nieve en invierno...
Si tu mente no está nublada de cosas innecesarias,
ésta es la mejor temporada de tu vida.

Si se perturba el equilibrio entre corazón y mente, sobre todo si se destruye el sutil nivel de sentimiento, comienza un proceso que llamamos racionalización. ¿Por qué no soy feliz en el momento actual?:

«Ahora estoy demasiado ocupado. Seré feliz
*   [cuando tenga éxito.»*
«Hoy no es un buen día; seré feliz mañana.»
«Contigo no puedo ser feliz; no estás a mi altura.»
«Otros me necesitan tanto que debo ser responsable.»
«La vida es menos arriesgada si eres bueno y te
*   [ajustas a las normas.»*
«Seré feliz cuando consiga lo que quiero.»

En cada frase uno oye la victoria de la cabeza sobre el corazón. Ser feliz ya no es inmediato; se ha convertido en una perspectiva distante o cercana, una idea antes que un sentimiento. En la meditación, el yogui trata de despejar un sendero para sentir, retirando «cosas innecesarias» de su mente, a fin de poder experimentar realmente la base inconmovible de satisfacción interior que según todas las escrituras antiguas, es nuestro derecho natural. Cada vez que una persona logra unir cabeza y corazón, eso es Yoga. La recompensa de esta unión es inmensa: cada momento se convertirá en el mejor en la vida de la persona. El yogui equilibra las cualidades del intelecto con las del sentimiento, pero con frecuencia pienso que protesta en nombre del corazón. Rodeado de gente que (aun en la India) busca logros sin alcanzar la satisfacción, él escoge primero la satisfacción. No dejará que la mente lo prive de las sutiles alegrías, que llegan tan libremente como las hojas barridas por el viento y se pierden con la misma facilidad.

EL MISTERIO DE ELAINE

Sentado en el borde de la camilla de emergencia, yo miraba desconcertado a Elaine. Era medianoche; acabábamos de llevarla apresuradamente desde nuestra clínica al hospital, con vómitos incontrolables y grave hemorragia abdominal. La crisis había estallado casi sin advertencia.

Yo atendía a Elaine desde hacía dos semanas; se quejaba de menorragia, exceso de flujo menstrual. Este trastorno, que le causaba dolores agudos durante el período menstrual y duraba hasta quince días al mes, persistía ya desde hacía más de una década. Existía también una molestia secundaria que, combinada con la primera, hacía el caso más misterioso a mis ojos. Aunque Elaine nunca había dado a luz, sus pechos segregaban leche espontáneamente, trastorno denominado galactorrea.

Desde el punto de vista médico, estos dos síntomas son contradictorios entre sí. Hay una hormona particular de la pituitaria, llamada prolactina, que podía estar causando la secreción de leche, pero otro de los principales efectos de la prolactina es interrumpir el período menstrual. Para complicar las cosas, los análisis no revelaban ninguna anormalidad en sus niveles de hormona. Cuando ella sufrió ese súbito ataque a medianoche, yo había estado estudiando diversas explicaciones para su estado.

El joven médico indio que atendía nuestra clínica aquella noche parecía lleno de pánico cuando me llamó por teléfono, para informar de que Elaine había vomitado veinte veces en menos de tres horas. Él detectó una caída en el párpado izquierdo y un leve tic facial, por lo cual temía que se tratara de algo cerebral. Suponía que se había iniciado una hemorragia en algún tumor diminuto, probablemente en la pituitaria y, por lo tanto, no tuvo más alternativa que ponerla en una ambulancia lo antes posible.

Elaine, ya sin dolores, yacía en la camilla, sedada. Sus síntomas habían desaparecido tan inesperadamente como se presentaron; para gran alivio por mi parte, la tomografía computada no reveló señales de tumor cerebral. Lo increíble era que todos los resultados de los análisis indicaban una perfecta salud. Nada tenía sentido.

Mientras ella dormía observé su cara ojerosa, desgastada. Se me ocurrió que nunca la había visto tan relajada como en ese momento. En su primera visita a mi consultorio se presentó como una mujer de negocios, segura y triunfadora. Tenía su propia empresa de relaciones públicas, con veinte empleados a sus órdenes (se tomó el trabajo de informarme de que todos eran hombres). Lo que se escondía debajo de esa persona segura de sí no se podría descubrir esa noche. Registré en su gráfica una cita en mi consultorio y, mientras tanto, llamé a Houston para hablar con el médico de su familia, con la esperanza de que él pudiera orientarme. No se mostró alentador.

—¿Elaine? —dijo—. No tiene nada malo que yo haya podido encontrarle. Ha sufrido como sesenta de esos ataques en los últimos diez años. —Elaine había omitido ese dato cuando viajó a Boston para consultarme—. Hace poco le dije que no podía hacer nada más por ella.

Le pregunté qué diagnóstico arriesgaba.

—Histeria —me espetó—. No tengo dudas. Usted jamás podrá liberarla de eso, pero que tenga suerte con el intento.

Con obvia satisfacción, puso abrupto fin a la conversación.

A la mañana siguiente interrogué a Elaine sobre los ataques anteriores. Con expresión azorada, admitió que se le presentaban de vez en cuando desde hacía quince años, a partir de su boda. ¿Si era feliz en su matrimonio? Se puso roja y apartó la vista.

—Tuve una educación católica estricta y me considero en el deber de seguir adelante con este matrimonio. ¿Feliz? Mi esposo me trata muy bien y lo respeto, porque es un buen hombre.

Resultó que, a causa de un trastorno orgánico preexistente, el esposo nunca había podido mantener relaciones íntimas con ella. Según Elaine, mantenían un vínculo afectuoso y estrecho, pero platónico.

—¿Sabe usted lo que piensa su médico de Houston sobre lo que le ocurre? —pregunté.

Ella respondió con enfado.

—Me cree histérica, por supuesto. Estoy segura de que él se lo ha dicho.

—¿Sabe usted qué significa el término histeria?

Admitió que tenía sólo una vaga idea.

—No soy psiquiatra —dije—, pero en lenguaje lego, el histérico es una víctima del autoengaño. Presenta todas las señales de una enfermedad física y está completamente convencido de ello, pero nadie halla una causa «real» de esos síntomas. Por otra parte, engañarse uno mismo también se puede considerar como una causa real a su modo.

Si bien la palabra «histérica» la había ofendido profundamente, noté que Elaine parecía interesada en el tipo de explicaciones que estábamos analizando.

—La gente encuentra muchos motivos para autoengañarse —proseguí—. Usted ya ha mencionado que en su vida matrimonial falta cierto tipo de satisfacción normal, como la de mantener relaciones sexuales con su esposo y ser madre. Su médico, Elaine, ha llegado a la conclusión de que sus síntomas nacen, básicamente, de la frustración. No sé hasta qué punto usted puede conversar francamente con su esposo, pero no dudo de que usted misma haya descubierto ya todas estas asociaciones.

Ella no respondió nada. Lo interpreté como asentimiento. Sin embargo, mis palabras siguientes la sobresaltaron mucho más:

—Usted no es histérica, Elaine. Creo que en el razonamiento de su médico hay un fallo. En realidad, usted tiene perfecta conciencia de lo que falta en su vida, a diferencia de las personas profundamente engañadas. Me sentiría más a gusto si dejáramos a un lado la jerga psicológica y estudiáramos su problema mucho más directamente.

—¿A qué se refiere? —preguntó ella, nerviosa.

—Comencemos con algo muy básico —propuse—. ¿Cómo se siente usted ahora?

—¿En este momento?

—Sí. ¿Qué palabra describiría a Elaine en este momento?

—Vacía —dijo, sin vacilar—. Pero hace muchísimo tiempo que vivo así.

—¿Por qué? —pregunté.

Me miró con dureza.

—¿Cree que tengo alternativa? Así me siento.

—¿Y esa sensación la hace feliz?

—Quizá no me crea —dijo—, pero creo que, básicamente, soy tan feliz como cualquiera.

—¿De veras? —observé—. Acaba de decir que se siente mayormente vacía. Hay mucha gente que tiene esa sensa-

179

ción o parece tener miedo de experimentarla, aunque hay muchos que no.

—Y usted, ¿qué siente? —me preguntó.

—¿No se da cuenta?

—Bueno, no. ¿Cómo puedo saberlo?

—Lo estoy expresando.

—¿De veras?

—Sin duda —aseguré—. En mi tono de voz, en la expresión de mis ojos y en muchas otras formas sutiles expreso sentimientos, igual que usted y muchas otras personas. Estamos manteniendo una conversación en sentimientos, aunque se produzca por debajo del nivel verbal. Lo que siento ahora es interés por usted. Me preocupa que no podamos explicar lo que le sucede y, al mismo tiempo, debo admitir que me entusiasma explorar sus emociones. Es un momento íntimo.

Elaine no hizo comentarios.

—¿No percibe esos sentimientos? —la urgí—. ¿No experimenta algo muy parecido?

Ella asintió con la cabeza, renuente.

—Como un arroyo subterráneo, la vida de los sentimientos sigue fluyendo —dije—, aunque la mente lo niegue. Usted no está vacía, pero tiene la idea de estarlo. Ésa es la escisión que tanto la confunde. Sabemos que usted tiene una gran variedad de sentimientos, tanto potentes como sutiles, porque su cuerpo los está expresando como síntomas. Sin embargo, esos sentimientos no se han registrado con claridad en su mente. Tal vez haya demasiada frustración como para que usted pueda manejarla con facilidad o, por el contrario, demasiada felicidad. ¿Nunca se le ocurrió pensarlo?

Ella puso cara de total incredulidad.

—¿Demasiada felicidad? ¿Está bromeando?

—Cuando se nos dice, siendo niños, que no debemos experimentar determinados sentimientos, cuando adultos se nos pierden. La niña que hay dentro de usted podría estar aullando de risa o loca de éxtasis, pero si se le ha enseñado que no está permitido aullar ni enloquecer, no experimentará directamente esas sensaciones; buscará un sentimiento más aceptable con el cual sustituirlas, como el orgullo por su trabajo.

—Es que realmente estoy muy orgullosa de mi trabajo.

—Eso está bien y es muy bueno —le dije—, pero al abrir ese canal tan amplio usted puede estar eliminando otros igualmente válidos, aunque más difíciles de experimentar para usted.

Su rostro asumió una expresión cauta. Estábamos en el borde de un precipicio psicológico, pero yo no tenía intenciones de empujarla hacia él. La vida íntima de Elaine debía curar a un ritmo que le resultara cómodo. Por el momento yo deseaba hacerle ver algo mucho más general. En algún momento anterior ella había hecho una elección fatal, común a muchas personas. Había decidido dominar su infelicidad en vez de soltarla y dejarla emerger. Los humanos parecen ser los únicos que se enfrentan a esa elección. Si un gato acecha a un gorrión entre la hierba, salta y falla, todo su cuerpo reacciona con frustración. El gato se pasea, sacude la cola, se lame y luego se duerme. Estos diversos reflejos logran limpiar la pizarra de su sistema nervioso; la próxima vez que el gato aceche a un ave no quedarán sombras del fracaso anterior.

El sistema nervioso humano, aunque equipado con reflejos automáticos similares, es mucho más elaborado y nos da reacciones mucho más complejas ante la frustración. Si un gato pensara como una persona, podría recurrir a la negativa («Lo hice sólo por practicar»), a echar culpas («Alguien ha estado asustando la caza de esta zona»), a la autorrecriminación («Esto me pasa por no haberme afilado las uñas esta mañana») o a la culpa («¿Por qué no dejo de meterme con esos gorriones?»). Tal como son las cosas, la vida humana no es concebible sin esas reacciones. Son parte de nuestra naturaleza, por mucho que nos hagan sufrir. En una persona psicológicamente sana, los remordimientos, la vergüenza, la autorrecriminación y el culpar a otros sirven como síntomas de inquietud. Cuando se corrige la inquietud (cuando nos enfrentamos a nuestros remordimientos, confesamos nuestra vergüenza o nos enfrentamos a la persona a quien hemos culpado) vuelve la sensación de tranquilidad.

Una enfermedad es una forma localizada de inquietud (como lo da a entender la palabra «trastorno»); no es raro descubrir que, en muchas personas, hay una inquietud subyacente mucho más amplia. Lo que trato de hacer con los pacientes es poner al descubierto esa inquietud muy general, lo suficiente para que no queden del todo atrapados entre los estrechos límites de sus síntomas. En el caso de Elaine, su enfermedad incluía detalles íntimos; no dudo que un psiquiatra experimentado podría hurgar en sus sensaciones fundamentales de culpa y vergüenza. (Para empezar, ¿por qué se mantenía fiel a un hombre que no la había informado de su incapacidad sexual antes de casarse? ¿Negaba su enfado porque se sentía demasiado culpable para exigir la satisfacción sexual que le correspondía por derecho?)

Sería tonto y cruel explorar las defensas de un paciente sólo para dejarlas al descubierto. Estos límites existen con buenos motivos: la persona está tratando de salvar jirones de felicidad aislándose de las zonas de inquietud. Eso es lo que yo quería expresar al decir que elegimos dominar nuestra infelicidad en vez de soltarla. Si pudiéramos, como el gato, limpiar la pizarra de nuestra memoria, tal vez no fuera inevitable vivir con remordimientos, vergüenza, desilusiones y autorrecriminación. Sin embargo, tal como nos hizo la naturaleza, convertimos nuestra inquietud en uno mismo, tal como se convierte el alimento en uno mismo. ¿Qué podemos hacer, sino tratar de idear las mejores defensas posibles? En todo caso, el médico compasivo tratará de reforzarlas, limitando su tratamiento al problema local e ignorando misericordiosamente el general... a menos que sepa cómo revelar una misericordia más profunda.

No me hago ilusiones de que mis palabras basten para cambiar la inquietud profunda de una persona. Cada uno de nosotros es un universo ambulante. Nuestro espacio interior cubre distancias enormes, con horizontes inalcanzables en todas direcciones. Contenemos agujeros negros de memoria perdida y agujeros blancos de júbilo en erupción. Un misterioso centro de gravedad mantiene todos nuestros procesos mentales en delicado equilibrio. Para cambiar este sistema vasto, intrincado, en evolución constante, es preciso saber cómo poner mundos de cabeza. La única persona que puede hacer eso es el dios que reina sobre este cosmos interior; cuando tengo la osadía de entrometerme en la mente de un paciente, es para implantar la idea de que él es ese dios. Al pensar, sentir y actuar, está alterando el universo que es él. Si alguien logra ese discernimiento, aun por un instante, en su vida puede cambiar cualquier cosa.

Estoy pensando en una mujer del Canadá a quien no conozco, pero que me escribió una carta fascinante. Se casó a los veinticuatro años con un hombre al que amaba desde los dieciocho. Como la pareja tenía muy poco dinero, esperaron cuatro años más para intentar tener un hijo. Sin embargo, la mujer no pudo concebir; finalmente se descubrió que el esposo era completamente estéril, debido a un trastorno testicular.

La mujer quedó amargamente desilusionada, pero siguió siendo cariñosa y considerada respecto de su esposo, que quedó en un estado psicológico muy frágil. Una noche, pocos meses después, ella despertó en la cama y encontró en su abdomen un bulto duro al tacto. Por la mañana había crecido tanto que el vientre estaba hinchado. Corrió a un médico, quien le informó de que estaba embarazada de cinco meses, por lo menos. La mujer le explicó cuidadosamente que eso era imposible y por qué. Por algún motivo inexplicable, el médico decidió entonces que el problema podía deberse a una infección de la vejiga y la envió a su casa, con un tratamiento de antibióticos por dos semanas.

Como la hinchazón no cedía, volvió a la clínica, donde un segundo médico le efectuó un minucioso examen físico. Él también le confirmó que estaba embarazada. La mujer no tuvo entonces más alternativa que creer en un milagro. Comenzó a usar vestidos holgados y dedicó su tiempo a visitar tiendas de ropa para bebés. Pero entonces la hinchazón se tornó dolorosa y aparecieron hemorragias vaginales. Ella volvió a la clínica, donde la recibieron con duro escepticismo. Su médico supuso que, tras haber mantenido relaciones extramaritales, trataba ahora de provocar un aborto. Se realizaron varios análisis y por fin el misterio quedó resuelto: la mujer padecía de un gran tumor ovárico. Se la internó de inmediato para extirparle un ovario y reparar el otro.

La carta termina diciendo: «Mi cirujano asegura que un tumor tan grande debe de haber tardado cinco años, por lo menos, para alcanzar ese tamaño. Sólo yo creo que apareció de la noche a la mañana. Aunque me deprimió mucho verme privada de tener hijos por el resto de mi vida, también he ganado algo. Comprendí que nada (o todo) es tan real como yo lo desee. Si está en mi poder enfermarme, también lo está reponerme. Hasta el día de hoy (y han pasado más de diez años) no me he permitido pescar siquiera un resfriado».

Este relato me conmueve, no sólo por su patetismo, sino porque se ha abierto un velo. Cuando quiera se muestra la realidad, aun en medio de una crisis, hay una sugerencia de júbilo, que no tendría límites si pudiéramos ver más allá. Eso era lo que tenía en la mente al hablar con Elaine.

—Mire ese árbol —le dije, señalando una enorme y vieja haya que había frente a la gran ventana—. Dígame qué ve.

—Veo un árbol grande, con hojas purpúreas y corteza retorcida —comenzó ella.

—Es muy bello, ¿no? —interrumpí.

—Sí —reconoció.

—¿Puede ahora mirar mejor, ver más? —Hicimos una pausa. Ella continuaba mirando—. ¿Llega usted a percibir su gloria? ¿Ve la luz viviente que se refleja en cada hoja? ¿Verdad que ese viejo árbol parece poseer el aire a su alrededor, como un monarca?

Elaine rió.

—Claro, veo algo de todo eso.

—Pero ya ve que fue preciso esforzarse un poco —dije—. El primer árbol que usted vio no era tan glorioso. De lo contrario usted lo habría mirado con atención desde el momento en que entró. La gloria es muy difícil de ignorar. Ahora dígame: ¿Qué ve cuando mira a Elaine?

Ella hizo un gesto de asombro con la cabeza.

—¿Es usted gloriosa? —pregunté. Como parecía azorada, suavicé la voz—: Tal vez le cueste un poco verse gloriosa; en este momento no es su primera reacción, tal como no la fue ante esa haya. De cualquier modo, allí podría haber gloria. De veras.

Por primera vez su expresión se ablandó; parecía sinceramente conmovida.

—Sentir la gloria de la vida significa sentirla en usted y a su alrededor —dije—. Usted puede mirar árboles bellos y escuchar bella música, pero estos sustitutos, por gratificantes que resulten, no son sino sustitutos. El hecho de que pueda apreciarlos significa que su propia belleza interior quiere surgir. Está buscando a sus congéneres.

»¿Qué es la gloria de ese árbol, sino la suya propia, vista en el espejo de la naturaleza? Si usted quisiera, podría dar vuelta el espejo y verse directamente. La gloria que hay en usted no es dolorosa a la vista. Es lo opuesto del dolor. ¿Tratamos de sacarla a la superficie?»

Con obvio placer, Elaine asintió tímidamente.

EL ESPEJO PULIDO

Lo de dar vuelta el espejo hacia adentro expresa metafóricamente el verdadero proceso que yo deseaba hacer descubrir a Elaine: la meditación. Desde el punto de vista médico, la meditación ha demostrado ayudar mucho en casos como los de ella, cuando los estados físico y mental del paciente han sufrido una grave desarticulación. Le aconsejé que buscara instrucción en Meditación Trascendental o MT, la técnica que yo mismo practico y que recomiendo desde hace una década.

A mi modo de ver, la principal ventaja de la MT consiste en que es natural: permite a la mente descubrir sus capas más sutiles sin esforzarse, tal como se las descubre en momentos de sereno silencio en la vida normal. Para develar el nivel de sensaciones más delicado de la mente, es preciso que la técnica de meditación no requiera esfuerzo alguno, en lo posible; de lo contrario no hacemos sino imponer a la mente un molde preconcebido. (Lo opuesto a la meditación natural sería aquella en que se emplea una intensa concentración.)

En el idioma inglés, los poemas de William Wordsworth proporcionan la descripción clásica del estado natural de meditación. Ya adulto, Wordsworth ya no veía la luz celeste que dio tanta gloria a su niñez, pero su mente estaba agudamente afinada consigo misma: él había vuelto el espejo hacia adentro. En un contemplativo fragmento de su gran poema «Tintern Abbey», describe con maravillosa precisión

... Ese humor sereno y bendito,
En el que los afectos nos conducen suavemente...
Hasta que, casi en suspenso el aliento de este corpóreo marco
Y hasta el movimiento de nuestra sangre humana,
Nos quedamos dormidos en el cuerpo,
nos volvemos un alma viviente;
Y con ojo aquietado por el poder
De la armonía, y el profundo poder del regocijo,
Vemos dentro la vida de las cosas.

Al leer estos versos me siento siempre reconfortado por un detalle especialmente revelador: el uso de «nosotros» y «nuestro». Wordsworth está indicando con claridad que todos compartimos su experiencia interior. Aunque nos falte su don para expresarlo con tanta belleza, eso no importa. Todos existimos sobre la base de un ser común, inmersos en «armonía y el profundo poder del regocijo».

Estas experiencias parecen hermosas, pero hasta hace treinta años nadie había comprendido que eran cruciales para el desarrollo humano. Tanto en Oriente como en Occidente, era opinión común que yoguis y swamis eran ermitaños y no querían contacto alguno con la vanidad del mundo. Se pasaba enteramente por alto lo más mágico de ellos: que renuncian al mundo a fin de obtenerlo de nuevo. Para revertir ese error han hecho falta cientos de investigaciones sobre la fisiología de la meditación. Estos estudios se iniciaron a principios de la década de 1960, en universidades norteamericanas y europeas, por sugerencia de Maharish Mahesh Yogi, fundador de la Meditación Trascendental.

Al salir del Himalaya, donde la meditación es algo tan vivo y tangible que ha empapado las piedras mismas y las selvas, Maharishi se enfrentó en Occidente a una muralla de escepticismo. Aquí, hasta los muy instruidos sostenían que la meditación era una vaga y sospechosísima mezcla de misticismo, ilusión psicológica y fe religiosa. Maharishi afirmaba lo opuesto: que la meditación era un fenómeno objetivo y repetible, posible de evaluar por la ciencia. En realidad era una experiencia universal, aunque fuera cultivada en Oriente y especialmente descuidada en el mundo occidental.

En las décadas de 1960 y 1970, médicos y fisiólogos examinaron a miles de meditadores en edad universitaria. Después de medir los latidos del corazón, la presión sanguínea, el ritmo respiratorio, el consumo de oxígeno, las ondas cerebrales y todos los otros signos vitales que cambian durante la meditación, los investigadores occidentales no tardaron en reconocer que estaban viendo algo real en sus propios términos, un nuevo fenómeno que no constituía sólo una variación del sueño ordinario o el trance hipnótico.

Las mediciones efectuadas a quienes practican MT, en el momento de entrar en meditación profunda, indican que están recreando el estado tan cuidadosamente descrito por Wordsworth. Se produce una suspensión gradual de la respiración y un descenso del ritmo cardiaco (se aquieta «el aliento de este corpóreo marco» y «el movimiento de nuestra sangre humana»); el cuerpo se acerca al ritmo metabólico más bajo, relacionado con el sueño; sin embargo, la mente permanece alerta, hasta con una mayor claridad (el «ojo aquietado por el poder de la armonía»). Y la mente se siente segura, en paz y protegida (unida con el «profundo poder del regocijo».)

No hay dos personas que mediten exactamente de igual manera, pues cada mente tiene meandros distintos. Pero creo que todos experimentarían la gloria interior si se les enseñara una técnica natural y correcta. El sistema nervioso humano tiene la capacidad innata de ver directamente dentro de «la vida de las cosas», como nos dice Wordsworth, siempre que el cerebro no esté empañado por una enfermedad o por sustancias tóxicas. Con el tiempo, la meditación da al sistema nervioso una gran sensibilidad, de tal modo que registra las impresiones más sutiles vívidamente y sin prejuicios; entonces el mundo entero cambia. El cambio puede resultar mucho más abarcador de lo que cualquiera supone. A los oídos modernos, los visionarios de las antiguas escrituras védicas parecen casi de otro mundo, pues dan por sentado que la vida humana es esencialmente perfecta. Un típico verso de los Vedas dice de la humanidad que existimos en la bienaventuranza o goce puro: «De la bienaventuranza nacen estos seres, en la bienaventuranza se sustentan y a la bienaventuranza van para fundirse otra vez».

Como todos los indios que tienen alguna conciencia de la tradición heredada, Maharishi creció escuchando estas expresiones sobre *ananda*, bienaventuranza. Sin embargo, él no podía conciliar la idea del goce puro con lo que veía a su alrededor. Hay un gran abismo entre la vida tal como se la declara y la vida tal como descubrimos que es. Me conmoví natural y profundamente entre dos realidades: la vida vivida en un plano tan absolutamente miserable y la vida descrita en el plano más exaltado. No había vínculo alguno entre los dos.

Sin embargo, no había motivos para que existiera ese abismo, ya que es muy simple para el individuo estar en el plano de la universalidad y la inmortalidad. Es muy sencillo. Ése era el sentimiento natural que yo tenía en lo hondo de la mente: es preciso hacer algo para que la gente no sufra, pues no hay motivo para sufrir.

El verdadero yogui se mantiene aparte de la experiencia ordinaria porque ve que el sufrimiento es un estado falso. Tal como somos en realidad, somos criaturas de bienaventuranza, pero esta realidad depende totalmente de que la experimentemos. Toda bienaventuranza se desvanece cuando la mente asume el sufrimiento; todo sufrimiento se desvanece cuando la mente asume la bienaventuranza. El motivo por el que esto debe ser así es que nuestro espejo interior, a diferencia del de cristal, se convierte realmente en la imagen que refleja.

Lo que el yogui propone es que cada uno de nosotros debería localizar el plano de puro regocijo que hay detrás del espejo. No se puede expresar en palabras, pues el lenguaje es otra imagen en el espejo de la mente. Una vez que se logra la experiencia de la bienaventuranza, se la puede volcar en palabras, como pudo Wordsworth. El punto crucial es que la bienaventuranza no es nuestra meta, sino nuestro punto de partida. Salvo que esté presente, no tenemos base alguna para escalar a alguno de los estados espirituales superiores.

En nuestra situación actual apenas imaginamos la naturaleza más profunda del mundo. Recordé esto ante el caso de una paciente mía, afectada de cáncer de mama, que practica la meditación desde hace mucho tiempo; no hace mucho me informó de sus últimos progresos. Comienza escribiendo:

> Entre enero y agosto he estado completamente libre de dolores. Continúo elevándome sobre las viejas costumbres que me recuerdan mi condición de cancerosa. Durante todo ese período he gozado de una mayor energía y actividad. Finalmente sentí que tenía tiempo para disfrutar haciendo lo que deseara hacer, comiendo lo que deseara comer y llevando una vida normal.

En la culminación de este período feliz, con la mayor libertad que había experimentado en siete años, esta mujer notó que volvía el dolor en el pecho y una presión en los pulmones. Con la fuerte sospecha de que fuera una recurrencia, su oncólogo reanudó el tratamiento de quimioterapia. Sin embargo las molestias seguían aumentando, hasta tal punto que le costaba caminar y hasta incorporarse en la cama. Entonces ocurrió algo nuevo:

Pese a las molestias, mi esposo y yo decidimos pasar una noche acampando en los bosques, pues ahora vivimos en Alaska. Era una noche estrellada, absolutamente despejada. Alrededor de medianoche la aurora boreal se desplegó en el cielo. A la mañana siguiente, al despertar, practicamos nuestra habitual meditación sentados con las piernas cruzadas en el musgoso suelo del bosque. Cuando abrí los ojos, los árboles que me rodeaban habían cambiado los pardos y verdes comunes, planos, por puntos de centelleante luz dorada; luego volvieron gradualmente a la normalidad. Sobrecogida, vi que esa transformación se repetía, como si el bosque palpitara de energía, convirtiéndose en luz y volviendo atrás, una y otra vez. Todo a mi alrededor estaba intensamente vivo y yo me sentía íntimamente conectada a ello, como nunca antes me había sentido.

Todo su cuerpo se inundó con la cualidad suave y viviente de la escena que tenía ante sí: «No fue una experiencia de júbilo, sino de paz sublime». Sin previo aviso, había caído en un estado especial, en el que la tosca realidad que todos aceptamos se convertía en un flujo de pura luz y divinas sensaciones:

He dicho que sentía paz antes que júbilo. El júbilo llegó después, intenso, cuando volvimos caminando por el bosque, acariciados por el aire suave, escuchando los pájaros y observando los retozos de las ardillas. Por doquier había señales de vida silvestre; vimos huellas de oso y muchos lagópodos. En cierto momento, un gran zorro colorado se cruzó en nuestro sendero sin señal alguna de miedo.

Una vez en su casa notó que las dos horas de caminata la habían fatigado mucho, pero al mismo tiempo sentía algo muy gratificante: ya no había dolores en el pecho ni presión en sus pulmones; su respiración era limpia por primera vez en un mes entero. A la noche siguiente, mientras conversaba en la cama con su esposo, deslizó al pasar una frase nueva: «Tuve cáncer de mama». Hasta entonces siempre decía, automáticamente: «*Tengo* cáncer de mama». Ante este cambio se sorprendió, pero también fue un gran alivio:

> Después de decirlo caí en la cuenta de lo espontáneo de esas palabras. Lo más importante era que sonaban reales. Eran palabras fuertes y claras, pronunciadas sin vacilar. Al mismo tiempo, en mí empezó a surgir un sentimiento nuevo, una profunda sensación de gratitud por todos los dones que había recibido de modo tan sencillo.

Tengo poco que agregar, salvo una advertencia: la sensación de contento que emerge cuando se pule el espejo interior debe ser espontánea para ser realidad. El espejismo opaco del mundo de «allá afuera» no pasa a la gloria de buenas a primeras; la personalidad no se eleva instantáneamente a la santidad; el cuerpo no pierde todas sus imperfecciones. (Esta mujer no se curó milagrosamente; continúa sometida a tratamientos regulares y acepta con serenidad cualquier resultado que encierre el futuro.)

Todo el proceso de renovación ocurre en la propia conciencia, en un plano más profundo que el del pensamiento. De nada sirve tratar de ser más nuevo, mejor, más intuitivo, etcétera. Antes bien, el sistema nervioso inicia la metamorfosis muy dentro de sí mismo, utilizando sus propios poderes de recuperación. Tal como declaran los Upanishads, el yogui «muere y vive otra vez» con cada meditación, lo cual es otro modo de decir que limpia el espejo y lo levanta para que refleje una luz diferente.

La luz surgirá, sin duda, aun en condiciones que parezcan abrumadas por la oscuridad. Uno de mis amigos es un instructor de Meditación Trascendental que la ha enseñado extensamente en las prisiones; como habla el español con fluidez, ha ayudado a iniciar programas de meditación para prisioneros en América Central. En uno de esos viajes se encontró en el patio de un antiguo palacio de gobierno, de la época de los conquistadores, reducido ya a una ruina mohosa; estaba construido como las fortalezas medievales, con varias murallas de piedra unas dentro de las otras.

«Lo lúgubre y la opresión de ese lugar eran terribles, aun comparadas con otros lugares parecidos —recuerda—. Crucé la tercera muralla, luego la cuarta y, cuando los guardias me permitieron atravesar el último portón, ¿sabes qué vi?

»Muy arriba, cerca del tejado, había una ventana pequeña, con barrotes. Por ella asomaba el brazo de un hombre. Tenía la mano abierta y la estiraba hacia el cielo, tanto cuanto podía. El brazo no se movió en todo el tiempo que tardé en cruzar el patio. Me expresó, mejor que con ninguna palabra, el horror de estar allí.»

Adentro encontró condiciones horrendas. Las celdas eran enormes cuartos abiertos, cada uno con cien hombres que dormían en hamacas de cuerdas, colgadas en capas hasta llegar al techo. La atestada habitación reservada para las conferencias de mi amigo tenía anchas grietas entre las tablas del suelo. Si miraba hacia abajo podía ver caminar a los prisioneros en las celdas de abajo.

«Instruimos a grandes grupos de estos hombres, que parecían muy ansiosos por aprender a meditar. Tuvieron también buenas experiencias, por el inmenso contraste entre su situación actual y la serenidad que les dábamos adentro. Reuní a los treinta primeros que habían aprendido y les pedí que contaran qué les estaba brindando aquello. Hubo una agitación general, pero nadie se ofreció. Luego Juan González levantó la mano y todos los otros rieron estruendosamente.

»Verás: Juan González era el más mísero de toda la prisión, un viejo campesino que parecía mentalmente retrasado. Caminaba arrastrando los pies, con la cabeza gacha, y rara vez hablaba. Lo único que hacía era ocuparse de la capilla de la prisión, una pequeña habitación desnuda, sin más que algunos bancos de madera y una cruz toscamente tallada en la pared. Todas las decoraciones y las piezas del altar habían sido retiradas o robadas mucho antes.

»"No te preocupes por ellos", le dije a Juan González. "Ponte de pie y dime qué sientes cuando meditas." Él se levantó lentamente y subió a su silla; jamás lo olvidaré; luego extendió los brazos todo lo posible, echó la cabeza hacia atrás y dijo en castellano: "Más amor, Señor, más amor."»

Con los ojos de la mente imaginé a Juan González y me maravilló nuestra afinidad, aunque él estaba tan lejos.

8

El verdadero ser

Cuando mi viejo amigo Liam despertó por la mañana, se levantó de la cama y sufrió un ataque cardiaco, no se molestó en decírmelo. Me enteré una semana después, cuando otro médico preguntó como al descuido:

—¿Cómo está nuestro Liam con su *bypass*?

—¿Qué? —tartamudeé, atónito.

Él abandonó su tono despreocupado.

—¿No lo sabías? La semana pasada se internó para un triple *bypass*. No te preocupes. Tengo entendido que fue un infarto leve. —Eso significaba que sólo una pequeña porción de su músculo cardiaco había sufrido daños permanentes—. Si quieres mi opinión, tuvo mucha suerte al descubrirlo de ese modo. Podría haber seguido andando con tres vasos bloqueados y caer muerto mañana mismo.

Me alivió saber que Liam estaba fuera de peligro, pero al mismo tiempo dolía saber que me había excluido. Nuestra amistad se remontaba a más de quince años atrás, a la época en que ambos acabábamos de inmigrar a Norteamérica (él, desde Irlanda; yo, desde la India) y ardíamos por hacer carrera como médicos en Boston. Ambos compartíamos la agotadora tarea por la que deben pasar los residentes jóvenes; cada uno de nosotros veía más al otro, en el hospital de veteranos, de lo que veía a su propia familia en casa.

Ya por entonces Liam era un astro. A las cuatro de la mañana, cuando nosotros nos dejábamos caer en la sala para residentes, tan cansados que no podíamos levantar la quinta taza de café, él estaba repasando los hallazgos clínicos de la jornada, sin haber decaído en absoluto su entusiasmo. Su brillante cerebro no descansaba nunca, al parecer, y su provisión de conocimientos médicos no tenía fondo. No pensaba en otra cosa que en la medicina internista; con los colegas más torpes y menos abnegados se mostraba inmisericorde. Tenía acobardados a todos los residentes de mayor antigüedad y más de un jefe de departamento evitaba tratar con él.

El lado ligero de esta mente dura como un diamante era la suavidad con que Liam trataba a los pacientes. Si un interno soñoliento tardaba treinta segundos de más en llegar al diagnóstico correcto, Liam era capaz de sacudirlo por el cuello; pero un alcohólico consumido podía pasar media hora divagando sin que él dejara de prestarle toda su atención. Con esa capacidad para escuchar de verdad, Liam se ganaba la adoración de sus pacientes. Sin embargo, en mi memoria sobresale un detalle ominoso: Liam fumaba mucho, entre dos y tres cajetillas por día.

Cuando comencé a escribir libros, Liam ya se había abierto camino en el mundo de la medicina y ejercía con éxito en Atlanta, como oncólogo. Cuando me llamaba ponía cuidado en no hacer ninguna mención a mi compromiso con la medicina alternativa. Sin embargo, una noche me anunció que sus cuatro socios, todos oncólogos de larga trayectoria, habían pasado de mano en mano uno de mis libros, con reacciones violentas.

—Están indignados, Deepak —me dijo—. No creen en esas curaciones espontáneas. Opinan que tus pacientes tendrán recaídas tarde o temprano. Y dicen que estás socavando la práctica legítima de la medicina. ¡Los has sacado de quicio!

Liam me informó de sus reacciones con todo detalle. Al cortar me sentí deprimido. No era el hostil escepticismo de cuatro desconocidos lo que me preocupaba: sospechaba que Liam expresaba indirectamente su propia opinión a través de ellos.

Habían pasado dos meses y Liam tenía ya un prematuro ataque al corazón, a los treinta y ocho años. Lo llamé a su casa.

—Lamento haber sido tan misterioso, Deepak. No fue gran cosa —comenzó; se lo oía débil y lúgubre. Se mostró reacio a darme detalles de su ataque. Sí, la zona infartada era mínima, localizada en la parte posterior del ventrículo izquierdo. El *bypass* había salido muy bien; se estaba recuperando a buen ritmo y sin complicaciones.

En medio de este diálogo, bastante impersonal, Liam barbotó de súbito:

—Mira, yo sé exactamente por qué me pasó esto. No es por el cigarrillo, no. Llevo ya dos años desilusionado de la oncología. Ya no tengo ganas de seguir trabajando en eso; la sola perspectiva de ver a otro paciente de cáncer me llena de revulsión. Pero, ¿qué alternativa tengo? Me siento atrapado.

Me había tomado por sorpresa. Siguió precipitadamente, sin tomar aliento:

—El cáncer altera mucho a la gente, Deepak. Algunos de mis pacientes no pueden con el miedo. «No quiero quimioterapia», insisten. Tú y yo sabemos que la quimioterapia es efectiva en muchos casos. Cuando no lo es, yo preferiría no presionar; pero si no presiono, no se me paga, por supuesto. Hoy en día el médico no se puede ganar la vida hablando con sus pacientes, nada más. Hay que recurrir a los procedimientos que las compañías aseguradoras reembolsan. Me duele la conciencia, pero de cualquier modo insisto para que se apliquen quimioterapia.

»Porque... mira... aplicar quimioterapia es lo único que sé. Si no lo hago, los familiares de mis pacientes empiezan a gritar y aparecen los abogados. Todo se complica mucho y muy pronto. Te ves devorado por un sistema que no inventaste. Y todo el mundo es muy escéptico, en todo momento.»

Empezaba a percibir un Liam muy diferente del que yo había conocido: más lleno de culpa, más vulnerable, pero en potencia mucho más consciente de sí mismo. Sin embargo, por el momento esa conciencia incipiente parecía muy confundida.

—Estoy atrapado en una disyuntiva terrible —dijo, como si su arrebato estuviera perdiendo potencia—. No quiero volver a trabajar. Por lo que a mí concierne, fue el trabajo lo que me provocó este ataque. Pero mi cardiólogo dice que tengo los vasos abiertos. Pasé la prueba de la rueda de andar y puedo caminar cinco kilómetros sin que me duela el pecho. Así que estoy curado. El hecho de que deteste mi trabajo y no soporte la idea de volver a él no cuenta en absoluto.

La necesidad inmediata era serenar el pánico que se percibía en la voz de Liam.

—Mira, en realidad no estás atrapado —empecé—. Si quisieras, podrías recomenzar mañana mismo.

—Todo el mundo trata el cáncer así, Deepak.

—No serías el primer oncólogo en cambiar de especialidad —repliqué. Recordé a Liam que no estaba haciendo justicia a su brillante capacidad clínica—. Sé de seis o siete internistas que darían cualquier cosa por tenerte como socio. —Mencioné a un amigo común que había abandonado la gran ciudad para ejercer en una zona rural de Maine—. A él le encantaría trabajar contigo. Harías un favor a esa pequeña ciudad y a tu corazón le vendría muy bien librarse de presiones.

—Tienes razón, tienes razón —repetía Liam, respondiendo a mis frases de aliento.

Me agradeció profusamente y prometió seguir mi sugerencia. Luego cortamos.

Este incidente no se apartó de mis pensamientos por el resto del día ni por los días siguientes. ¿Qué pensaba yo ahora de Liam? Mi reacción no era simple. Cuando alguien se siente psicológicamente atrapado, es frecuente que el cuerpo hable más alto que las palabras. Básicamente, Liam se estaba disculpando por la falta de corazón que le hacía imponer la quimioterapia a pacientes asustados que la rechazaban. Quizás hubiera tenido que sufrir un ataque cardiaco para demostrar que aún tenía corazón. Me daba mucha pena que hubiera llegado a eso. Además, me reprochaba el no haber tenido más penetración psicológica cuando él llamó para ventilar las quejas de sus socios. ¿No era un intento inconsciente de pedir ayuda? Retrospectivamente, así lo parecía.

Y ahora, ¿qué pasaría? La persona que se encuentra atrapada en la encrucijada de una enfermedad peligrosa se enfrenta también en la psiquis a muchas opciones profundas y dolorosas, entre las cuales debe elegir sin garantía de escoger correctamente. Es mucho más fácil decidirse por el *bypass*. Uno emparcha el corazón, paga las cuentas y confía en que el dolor no volverá. Es una táctica común, pero peligrosa. Liam, por ser médico, sabía que su reciente injerto no era una curación, sino básicamente un sustituto. Dentro de cinco o seis años, probablemente tendría que ir a que lo emparcharan otra vez, con posibilidades de que eso se repitiera después de otros cinco años. Y sus emociones desviadas ¿serían más piadosas?

Pasó un mes sin que Liam llamara; nuevamente me enteré por otra persona de que había vuelto a ejercer la oncología. También recibí una llamada de nuestro amigo común, el de Maine.

—A propósito, ¿has tenido noticias de Liam, últimamente? —pregunté, en medio de nuestra conversación.

—¿De Liam? No. No me digas que pensaba venir aquí.

—No sé —repliqué, más desilusionado de lo que me habría correspondido—. ¿Por qué ir allá?

Nadie sabe por qué la gente hace súbitos avances en la autoconciencia, pero cuando ocurre el efecto suele durar poco. Aunque el momento de la liberación sea tremebundo, pasa con celeridad, sin dejar transformaciones profundas ni duraderas. Esto no es ningún misterio. Las fuerzas que sostienen nuestro mundo familiar han regresado con renovada tenacidad. La inercia, el miedo, la atracción de los viejos hábitos, todo nos aconseja permanecer donde estamos. ¿Quién sabe qué podría traer lo desconocido?

Un ser completamente nuevo ¿podría sobrevivir en este duro mundo? Cuando niños todos aprendimos a no ser demasiado sensibles, demasiado abiertos, demasiado vulnerables. Apreciamos las obvias ventajas de ser tan recios como pudiéramos, de obtener lo que deseáramos de los otros. De ese modo surgió un conflicto muy preocupante: el choque entre amor y poder, que se alojó muy hondo dentro de nosotros mismos.

Liam se descubrió lanzado de cabeza contra este conflicto. En vez de tener poder sobre sus pacientes, ya que tenía la capacidad de tomar decisiones de vida o muerte sobre ellos, el dolor ajeno comenzaba a ejercer poder sobre él. Se veía en una posición muy incómoda. Una parte de él deseaba marcadamente retener el control sobre los demás; otra deseaba, con la misma intensidad, sentir compasión por ellos. La compasión es una forma del amor; toma a los otros como son, sin juzgarlos, sin sensación de superioridad. Por lo tanto, no es la sensación a la que el ser se adapta con más facilidad. Por otra parte, compasión es verdad, y ése es su gran atractivo.

Al decir «verdad» me refiero a que la compasión se encuentra en el núcleo de la naturaleza humana, bajo las capas de egoísmo. En nuestra época, la psicología ha tratado el egoísmo como impulso fundamental del carácter humano; pero a los ojos del yogui se trata de un profundo error de juicio. Para él, la compasión y su raíz, el amor, son primordiales en la humanidad. Cuando ellos aparecen, aunque sea por un instante, es nuestro verdadero ser el que aparece, como el sol entre las nubes. Para el yogui, el amor y el desamor no luchan por el predominio. El amor es eterno; el desamor es pasajero, un giro de la psiquis que hace presa en el ser pequeño, limitado y temeroso.

No estoy seguro de que se pueda demostrar esta posición, pero sí podemos dar fe de que el amor es recibido con alivio y júbilo cuando se da sinceramente. Este júbilo es la respuesta natural del ser cuando ve su reflejo veraz. No se puede decir lo mismo por el desamor: alcanzar un poder enorme rara vez es un acontecimiento jubiloso.

En *Love and Will*, Rollo May retrata a un joven paciente que fue víctima de la influencia desamorada que suele ejercer el poder. Este muchacho, cuyo padre era tesorero de una gran corporación europea, inició una psicoterapia con May durante sus primeros años de universitario. Cuando estaba por iniciarse la terapia, el padre llamó para discutir cómo se podía «maximizar la efectividad del tratamiento de mi hijo», exactamente como si estuviera dirigiendo una reunión de directorio. Él tenía un interés posesivo por su hijo, aunque sin duda lo llamaba amor paternal. Cuando el muchacho enfermó, el padre viajó inmediatamente para hacerse cargo de la situación, pero al mismo tiempo se puso furioso al ver a su hijo de la mano de su novia, frente a la casa de veraneo.

May señala que el padre era estupendo para cuidar a la gente, pero nunca había aprendido a amarla; podía dar dinero, pero no su corazón; podía dar órdenes, pero jamás escuchar: «La potente fuerza de voluntad con que, según él, resolvía todos sus problemas servía al mismo tiempo para bloquear su sensibilidad, para cortar su capacidad de oír a otras personas, aun a su propio hijo, o tal vez especialmente a él».

Este hombre ejercía el poder sobre otros como al desgaire, hasta sin pensar. Una noche, durante la cena, contó con orgullo que estaba en negociaciones para comprar un pequeño negocio, propiedad de un amigo de su hijo; pero como las negociaciones se demoraban demasiado, canceló irritado el trato, sin mostrar remordimiento alguno por haber llevado a alguien a la quiebra con sólo chasquear los dedos. No es extraño que el hijo tuviera grandes dificultades para terminar la escuela y pasara años de angustia antes de poder hacer algo valioso por su propia cuenta.

Si el yogui soporta nuestro mundo falso con tanta paciencia es, entre otras cosas, porque cree en el triunfo final de la verdad. Pese al juego interminable del egoísmo en todas las sociedades, él es capaz de ver en todos la posible aparición del amor. Tal como la gravedad para el físico, el amor es la energía primordial en el universo del yogui, que ninguna fuerza menor puede abolir o combatir con éxito en el despliegue final del tiempo.

Pero no es necesario que el milenio continúe arrastrándose para que triunfe la verdad. El yogui es prueba viviente de que el despliegue interior se puede acelerar; el puro goce del amor se puede alcanzar en el curso de una vida. Por ende, sólo queda por decidir cuánto demoraremos el momento de transformarnos. El ser limitado, impulsado por el egoísmo, tiene mucho que ofrecer: comodidades, seguridad, continuidad, poder; pero la verdad canta su propia canción y, por algún motivo misterioso, todos estamos hechos para oírla.

Recuerdo una tierna y atrayente línea de Rumi, el gran poeta sufí: «Sal del círculo del tiempo y entra en el círculo del amor». Éste es el cambio que debe producirse. Por ahora todo lo que sabemos de nosotros como individuos ha sido edificado sobre el tiempo; por lo tanto, el tiempo es también nuestro enemigo psicológico, que refuerza los límites para mantener afuera al amor. Es preciso ir más allá del tiempo para experimentar el verdadero valor de uno mismo, y eso es lo que se logra con un gran avance.

No es mala señal que uno de esos avances nos haga sentirnos vulnerables e indefensos, como tan agudamente lo sentía Liam. En realidad, éstas son emociones deseables, pues anuncian la posibilidad de una vida nueva. Sin embargo, no son emociones sin riesgo. Ser nuevo es sentirse terriblemente expuesto, como un polluelo frágil. Cierta vez, un maestro espiritual estaba disertando sobre el encierro del tiempo, cómo superarlo y cómo ver lo atemporal en todo momento; un miembro del público interrumpió, ansioso: «Pero si voy más allá del tiempo, ¿no perderé mi tren de la mañana?». Ésa suele ser la primera reacción ante lo desconocido: la preocupación de que el mundo familiar, con sus trenes que pasan con un horario, nos será arrancado de debajo de los pies.

Sin embargo, el poeta Alfred Tennyson afirmaba que, para él, la sensación de estar totalmente libre de límites «no era un estado confuso, sino lo más claro de lo claro, lo más seguro de lo seguro, completamente más allá de las palabras, donde la muerte era una imposibilidad casi risible». Esta certidumbre era un tributo a la claridad de sus experiencias. Al igual que muchos otros que han trascendido el estado de vigilia, Tennyson llegaba a la conclusión de que esos raros casos en que la individualidad «parecía disolverse y fundirse en un ser sin límites» le habían mostrado «el único ser verdadero».

Si Tennyson estaba en lo cierto, cada uno de nosotros vive fuera de su verdadero ser. No somos claros y seguros; estamos atrapados en el tiempo y en el dolor que éste causa; tenemos un miedo mortal a la muerte. Uno debería suponer que la intensidad del «único ser verdadero» debe de estar reservada a los santos y a los poetas. Pero la experiencia vulgar, del tipo que todos tenemos, es mucho más profunda de lo que reconocemos.

Para empezar, pasamos gran parte de cada día en el

acto supremamente creativo de construir nuestro propio yo. Si este yo tiene fallos no se debe a que seamos constructores incompetentes; antes bien, el problema es que nuestros pasados errores se han convertido en nosotros. Desde la edad adulta, el proceso de crear un yo quedó en nuestras manos, pero sus raíces se remontan a la infancia más temprana, tiempo en que no teníamos más alternativa que absorber la versión que nuestros padres tenían del yo. Sin saberlo, comenzamos a ser moldeados.

En una niñez ideal habríamos sido nutridos, según las palabras de Alice Miller, «por la presencia de una persona que tuviera completa conciencia de nosotros, que nos tomara en serio, que nos admirara y nos siguiera». La conciencia es aquí el principal prerrequisito, mucho más importante que las palabras y las acciones de los padres hacia los hijos. Las frases «Mamita te ama» y «Eres un niño bueno» tienen poco significado sin la expresión y el tono de voz que las acompañan. Una mirada amorosa convierte las palabras en alimento; una mirada vacilante, turbada o colérica puede convertir esas mismas palabras en veneno.

Por supuesto, la vida se ha desarrollado, generación tras generación, sobre una base que dista de ser lo ideal. Alice Miller describe a un griego de treinta y tantos años, propietario de un restaurante, quien le dijo un día, muy orgulloso, que él jamás probaba el alcohol gracias a su padre. Una noche, a los quince años, había llegado a su casa muy ebrio; su padre lo golpeó tanto que no pudo moverse por una semana. Desde entonces no podía soportar siquiera una gota de licor. Cuando Miller habló con él, este hombre estaba a punto de casarse; ella le preguntó si pensaba golpear a sus hijos.

—Por supuesto —replicó él—; las palizas son necesarias para criar debidamente a un niño; son el mejor modo de hacerse respetar. Por ejemplo: yo nunca fumaría en presencia de mi padre; es señal del respeto que le tengo.

Este hombre no tenía idea de lo que en realidad estaba diciendo: que es bueno quebrar el espíritu al niño. Sin el menor reparo, consideraba necesario que una criatura viviera temiendo un castigo severo. Después de todo, la palabra «respeto» significaba para él, básicamente, «terror». Este tipo de falsedades se prolonga porque una generación no logra resolver el problema del falso yo y luego no le queda más opción que pasar el problema a la siguiente. Los espíritus quebrados no ven nada malo en quebrar el espíritu a sus hijos.

El progenitor ideal debería servir como extensión sensible de la psiquis del hijo. Al reflejar el padre y la madre los sentimientos del niño, éste vería devuelto su reflejo y, ajustándose a él, sería formado tanto por su propia psiquis como por la de ellos. Un grito de ira, por ejemplo, recibiría una mirada comprensiva que dijera: «Yo sé por qué te enojas»; y en esa muda compasión el enojo seguiría su curso hasta disolverse. Son nuestros sentimientos dominados, los que nuestros padres rotulaban como «malos» a su modo de ver, los que provocan después tantos conflictos ocultos. Sin esta interacción sensible y amorosa, que se debe iniciar desde el nacimiento, recorremos el resto de nuestra vida heridos, incapaces de aceptarnos, pero sin saber del todo por qué.

Si nos ha faltado la crianza ideal, todavía podemos reparar la falta de progenitores totalmente conscientes cobrando nosotros mismos una conciencia total. Los antiguos textos indios suelen decir que el Yoga es como convertirte en tu propio padre. La imagen de «morir para tu padre y tu madre», que se encuentra con frecuencia en los Upanishads, no significa huir de ellos o volverles la espalda. Antes bien, se refiere a que debes asumir tú mismo el papel de ellos, desarrollando dentro de tu propio corazón el dar y tomar de la conciencia que modela a una persona completa sacándola de la materia prima de la existencia.

El sol de la mañana arroja brillantes haces de luz a la alfombra oriental de mi dormitorio, pero yo no los veo. Estoy sentado en un sillón, con los ojos cerrados, meditando. Por la cabeza me cruzan pensamientos; oigo los gorriones que riñen ante mi ventana y el chasquido del reloj digital en el cuarto; me rasco la oreja o cambio de posición en el asiento, según la necesidad. Esto no se corresponde con la imagen que de la meditación se han formado muchos occidentales. Ésta consiste en un ambiente austero y disciplinado, donde los monjes de túnicas azafranadas se sientan en hileras, en rígida atención. El cuarto está oscuro, silencioso e insoportablemente frío. Algún viejo abad mantiene la mirada vigilante fija en los monjes novicios; está listo para golpearlos con una vara de bambú si llegan a cabecear o si encorvan los hombros.

Este aura de renunciación tiende a inspirar un excesivo respeto en muchas personas. Por mucho que admiren la fortaleza interior que así se exhibe, los occidentales se muestran muy renuentes a soportar esos mismos rigores. Sin embargo, la imagen exterior es engañosa; se puede conocer la experiencia interior de la meditación sin ningún tipo de disciplina forzada. Los detalles exteriores (cómo sentarse, respirar, vestirse, etcétera) son en realidad irrelevantes.

Cuando me siento a meditar, mi experiencia interior se puede describir mejor por lo que no hago: no concentro la mente ni contemplo idea alguna. No estoy en actitud espiritual ni introspectiva. No cuento, ni cronometro, ni domino la respiración. No hago ningún esfuerzo para que vengan o desaparezcan ciertos pensamientos. No trato de inducir o evitar ninguna sensación en especial. No presto una atención particular a mi cuerpo ni trato de relajar ninguna parte de él. Si empiezo a dormirme, no resisto el impulso.

¿Qué es lo que estoy haciendo, pues? La mejor respuesta es qué, simplemente, *no* estoy haciendo. Estoy dedicado a hacer que la actividad normal de la mente se convierta en silencio, pero sin obligarla. Estoy llegando más allá del ruido interior de los pensamientos y las sensaciones, a fin de descubrir cómo es, en verdad, el testigo silencioso que hay dentro de mí. Es así como la mente se abre naturalmente a sí misma y se cura.

«No hacer» suena como estarse sin hacer nada, pero hay una diferencia sutil. La mente que piensa y siente está en movimiento constante. Si tiene el pensamiento «Cálmate, calla», eso también es un movimiento y no hará que la mente se detenga. No hay pensamiento que pueda detenerla. Sería como sentarse a esperar que la mente se detuviera por voluntad propia. En la vasta tradición de la práctica india y Zen hay meditaciones de este tipo, pero casi todos los novicios que prueban este método lo encuentran sumamente agotador e improductivo. Una mente librada a sus propios recursos tiende a correr aquí y allá como un mono ebrio, según dicen las escrituras indias. Observar a la propia mente que gira y gira durante una hora puede ser intensamente perturbador. Más aún: no hay motivos para que la mente alcance el silencio durante la vigilia.

Uno puede tratar de llevar la mente a un punto, lo cual se llama concentración. Esta forma de disciplina suele compararse con el intento de hacer que la llama de una vela se mantenga quieta en medio del viento. La concentración no es como el pensamiento activo, pero aun así cae en la categoría de movimiento, pues es preciso volverla a su foco cada vez que divaga. Esto involucra una enorme tensión y los resultados pueden ser muy pequeños, comparados con el esfuerzo requerido.

Cuanto más profundizamos en ello, más difícil parece el «no hacer». ¿Cómo es posible que una forma de actividad mental induzca a la mente a la quietud? Los antiguos rishis (sabios) dominaron este arte tan exigente después de observar que la mente tiene varias capas. En esta observación están plenamente de acuerdo con Freud. Sin embargo, a ellos no les interesó el significado de cada capa (si albergaba temores infantiles, ira reprimida o deseos sexuales sumergidos). Simplemente observaron que las capas más profundas de la mente no estaban en movimiento como las superficiales.

Esta penetración psicológica los llevó a comprender que la meditación debe ser un proceso vertical, una zambullida en las profundidades de la mente, no un forcejeo en la superficie. De algún modo, la atención del meditador debe atravesar la caótica actividad superficial de la mente, pasar por todas las capas de pensamiento sutil y, por fin, llegar al silencio. En vez de someter a un mono ebrio, la metáfora apropiada es mucho más sutil: la meditación es como pasar subrepticiamente entre un grupo de elefantes dormidos sin despertarlos.

A fin de sumergirse a través de todas las capas de la mente, se necesita un vehículo que pueda llevarlo más allá del proceso de pensamiento. En la Meditación Trascendental, el vehículo se llama *mantra*, un sonido mental específico que deriva del sánscrito, pero sin significado verbal. Cada mantra se elige sólo por su capacidad de llevar gradualmente la atención de una persona a niveles cada vez más silenciosos de la mente.

Puesto que cada mente tiene innumerables capas, la elección de un mantra y las instrucciones precisas para utilizarlo son sumamente delicadas. Si se elige, enseña y usa correctamente, el mantra requiere de tan poco esfuerzo como esto es posible para una actividad mental. Se inicia como un pensamiento normal, pero se esfuma en grados de sonido cada vez más débiles, hasta desaparecer por completo, dejando la mente en completo silencio.

Muchas formas de meditación utilizan algún tipo de sonido o imagen visual como vehículo. Eso puede llevar a pensar que cualquier técnica es tan buena como las otras. Sin embargo, hay muchos aspectos importantes a tener en cuenta cuando se evalúa una forma de meditación; sobre todo: ¿Encontró mi mente el silencio que yo buscaba? ¿Me sentí psicológicamente cómodo durante la meditación y después de ella? ¿Empezó a cambiar mi antiguo ser como resultado de haber meditado? ¿Hay más verdad en mi ser?

Cada persona debe decidir estos puntos cruciales por sí mismo. Patrick, un amigo mío, medita desde hace diez años. Se inició en MT para rescatarse de una desastrosa caída personal y financiera.

—Hacia fines de la década de los setenta yo estaba emergiendo a duras penas del período más agitado de mi vida. Durante varios años había hecho fuertes inversiones en el mercado de bienes raíces, acumulando rápidamente propiedades para alquilar, sobre una base muy especulativa. Al principio fue una empresa estimulante; me encontré en una situación financiera poderosa, por lo menos en los papeles, con un activo multimillonario.

»Nunca se sabe en qué punto exacto las cosas empiezan a desmoronarse sin arreglo posible. Los vaivenes del mercado no parecían peores que antes, pero de algún modo yo no podía sujetar las riendas. Mis inversiones en bienes raíces empezaron a derrumbarse y, por mucho que yo hiciera, la caída se aceleraba. Yo comencé a beber en exceso; a mi esposa la afligió mucho que me distanciara de ella y de los niños. Yo no lo hacía deliberadamente; me veía arrebatado por una pesadilla financiera y sólo podía pensar en cómo salvarme.»

Cada vez más hundido en sus problemas, Patrick aprendió a meditar. Aprendió casi por capricho, pero desde el principio el impacto fue dramático. «La primera vez que medité fue como una revelación, aunque sólo fuera por el consuelo que me proporcionaba liberarme de mi tremenda lucha interna. Los momentos de trascendencia (es decir, de llegar al nivel silencioso de la mente) eran en un principio muy breves. Varias veces pregunté: "¿Esto es todo?". En mis meditaciones no había trascendencias muy claras: sólo el ir y venir de períodos de silencio. Sin embargo, yo no podía negar que, cuando abría los ojos, me sentía cambiado.»

Una sola meditación puede cambiar a una persona, pues le ha permitido desprenderse para siempre de una parte del falso yo. Sin que nos demos cuenta, el aferrarse a viejos sentimientos y hábitos, al condicionamiento de toda una vida, requiere esfuerzo. El yo aislado se defiende permaneciendo constantemente en alerta. ¿Esta situación es amenazante? ¿Esa persona va a hacer lo que yo quiero? La necesidad constante de protegernos psicológicamente puede ser tan sutil que no reparemos en ella, pero ocupa una parte enorme de la vida inconsciente.

Tal como hemos visto, la meditación no tiene nada que ver con los significados. El viejo condicionamiento se desprende sin que lo sintamos ni hablemos de él, sin tener la experiencia consciente de haberlo soltado. En cambio, a la mente se le muestra cómo pasar de la actividad al silencio y este proceso logra los resultados deseados. Las tensiones se encuentran en la brecha entre la mente activa y la silenciosa; basta tocar esa brecha con la conciencia para liberarlas. Puesto que se requiere actividad mental para mantener en marcha el falso yo, poner fin a la actividad afloja la sujeción del falso yo. No se trata de que uno intente desprenderse de sus miedos: ellos se desprenden de uno.

—Meditar me hizo sentir que estaba reuniendo los pedazos, pero aún no había salido del aprieto —recuerda Patrick—. El daño hecho a mi vida personal era muy profundo. Un día, al llegar a casa, descubrí que mi esposa me había dejado afuera. Cuando llamé, nadie atendió el teléfono; me sentí enfadado y herido. Caminé miserablemente hasta el parque y me senté a meditar. No pareció servir en absoluto. Me sentí inquieto y afligido durante todo el período.

»Pero cuando abrí los ojos ocurrió algo notable. De pronto mi mente estaba muy serena. Traté de concebir un pensamiento y vino uno, pero de inmediato se instaló otra vez el silencio, como si una gota hubiera caído en un estanque. Empecé a notar que la luz, a mi alrededor, parecía más intensa que de costumbre; cuando oí a algunos niños que jugaban cerca, sus voces me parecieron el sonido más jubiloso que hubiera escuchado jamás.

»Es difícil expresar lo libre que me sentí en ese momento. Era como si todas las capas muertas se desprendieran hasta exponer alguna parte sensible y viviente de mí mismo. Caminé durante un rato; todo había asumido la misma cualidad vibrante. Mi intensa sensación de soledad y vergüenza había desaparecido por completo. Yo era absolutamente distinto de la persona sufriente que se había sentado en un banco del parque, media hora antes.»

Creo que Patrick había logrado ese avance que causa la meditación: el ser se expande más allá de los confines del yo, al principio gradualmente, luego con mayor intensidad, hasta que llega a una completa unión con todo. «Yo y el mundo somos uno», declara un antiguo Upanishad. La transformación del yo pequeño y aislado en algo universal puede sobrevenir sólo en destellos, pero ese es el verdadero yo. Llegar a vivir su verdad de manera permanente es sólo cuestión de tiempo.

En la cima de su experiencia, que duró media hora, Patrick fue abordado por un mendigo. «Hasta entonces yo estaba completamente perdido en mí mismo. Vi que ese vagabundo se acercaba a mí; me avergüenza utilizar esa palabra. En ese momento no me pareció un vagabundo; se encontraba más allá de todo criterio de evaluación. Estaba tan vivo y vibrante como todo lo demás.

»Cuando estuvo a un metro de distancia lo miré a los ojos. Por algún motivo habían cambiado; parecían suaves y brillantes. Le pregunté qué quería y él vaciló, confundido. Luego dijo: "No quiero nada. Pero te deseo que seas feliz, hombre". Sonaba extraño en sus labios y noté que él mismo reaccionaba con sorpresa ante sus propias palabras. Era como si hubiera caído en mi experiencia. Con voz asombrosamente jubilosa, expresé: "Sí, soy feliz, muy feliz". En realidad hubiera querido abrazar a ese tipo sucio y desharrapado.

»Ya se estaba alejando. Yo eché a andar en dirección opuesta, pero cuando estuvimos a cinco o seis metros miré por encima del hombro. Él me observaba con incredulidad. Cuando sus ojos se encontraron con los míos, me volvió la espalda definitivamente. ¿Qué habrá visto en mis ojos en ese momento? Probablemente incredulidad, también, pero espero que viera más. Por algunos segundos lo amé profundamente.»

AMOR INCONDICIONAL

Este extraño encuentro entre Patrick y el vagabundo nos lleva al tema del amor incondicional, que se ha convertido en estribillo de la psicología popular. La objeción que me inspira el amor incondicional es que se opone por completo al amor normal, basado en la relación. El amor que existe entre marido y mujer no es el mismo que hay entre madre e hijo. La diferencia se basa en el tipo de relaciones que mantienen dos personas. Cuando no hay relaciones cuesta imaginar cómo puede fluir el amor.

Sin embargo, en este caso Patrick no tenía ninguna relación con el vagabundo. Eran dos perfectos desconocidos, con todos los motivos para mirarse con desconfianza y hostilidad. Por idealista que pueda uno querer mostrarse, un hombre mal vestido y maloliente no es objeto de amor prácticamente para nadie; habitualmente es un objeto de revulsión que evitamos asiduamente, a fin de no exponernos a sensaciones de miedo y desprecio.

Pero es en el punto en que todas las relaciones cesan

cuando surge, en realidad, la oportunidad del amor incondicional. Cuando no se mantiene relación alguna con otra persona, uno se siente automáticamente devuelto a sí mismo. Los sentimientos que surgen no se basan en lo que se necesita o se desea de los otros: surgen, simplemente. Si me empujan en la calle y me encolerizo, esa emoción surge espontáneamente. Tal vez me arrepienta al momento siguiente, pero en esa fracción de segundo era la única opción para mi yo. Mi nivel de conciencia no me ofrecía una respuesta mejor. En el caso de Patrick, su nivel de conciencia había saltado mucho más allá de sus límites normales; esta expansión dictó la respuesta que brotó espontáneamente de él. Imagino que su meditación en el banco del parque no era la única causa de ese súbito cambio; en la India se habla del «Yoga de la desesperación», un avance hacia una conciencia más elevada, resultante de un aprieto tan terrible que la psiquis no halla otra salida.

Cualquiera que sea el mecanismo exacto, Patrick se encontró en un estado que trascendía la percepción normal. Como un piloto que se desprendía de una densa capa de nubes para encontrar el cielo azul y un sol brillante, descubrió que mirar algo era verlo a la luz del amor. No pudo evitarlo, tal como yo no podría evitar mi enfado si me empujaran en la calle.

En realidad, los rishis hablan del amor incondicional como cualidad trascendental que se infunde en la mente durante la meditación. Cuando la mente va más allá de la conciencia normal de vigilia, el proceso de trascender nos pone en contacto con el amor incondicional en su estado silencioso y no manifiesto. «No manifiesto» significa que ese amor no se dirige a nada, simplemente vibra dentro de la naturaleza del testigo silencioso, tal como una señal de radio espera en silencio que una radio la recoja. Al terminar la meditación, la persona regresa al estado de vigilia trayendo algo de esa cualidad trascendente a su conciencia de todos los días. Se ha agregado una nueva vibración que altera, por sutilmente que sea, la conciencia anterior de esa persona.

Esta explicación es un giro de lo que habitualmente entendemos por amor incondicional. Por definición, sólo se puede amar incondicionalmente a alguien si nuestro amor no se altera, ocurra lo que ocurra y haga lo que haga esa otra persona. Este aspecto del «ocurra lo que ocurra» implica un esfuerzo de voluntad sobrehumano. No podemos sino imaginar un santo de yeso que devuelva dulzura y luz a cambio de rudeza, ira, celos, desconsideración y cualquier otro tipo de conducta desamorada. Pese a toda su aparente bondad, esta situación huele a autorrepresión y hasta a masoquismo.

La versión que los rishis dan del amor incondicional no contiene esfuerzo alguno. La persona que ama «ocurra lo que ocurra» no hace sino seguir su naturaleza. En realidad, es todo lo que se puede pedir a nadie. Es ineludible actuar según nuestro propio nivel de conciencia. A fin de sonreír al extranjero que me empuja en la calle, necesito sentirme con deseos de sonreír; de lo contrario mi conducta sería calculada. Tal como hemos visto, el cálculo es la estrategia primaria del falso yo. Debe calcular cuándo sonreír porque tiene mucho miedo de exhibir las emociones que siente en realidad. El tacto y la diplomacia, que casi todos aplaudimos como «buena conducta», también pueden ser la sutil habilidad de mentir.

Todos irradiamos nuestra conciencia al mundo y traemos su reflejo de nuevo a nosotros. Si nuestra conciencia contiene violencia y temor, encontraremos esas cualidades «allá afuera». Por el contrario, si nuestra conciencia contiene amor incondicional, el mundo y hasta los ojos de un mendigo reflejarán ese amor. El valor curativo de este tipo de conciencia es enorme, como me gustaría ilustrar con un conmovedor relato de R. D. Laing.

Cierto día, un niño escocés de catorce años, llamado Phillip, volvió a su casa de la escuela y encontró a su madre en la cama, en un charco de sangre. La mujer, que padecía de tuberculosis desde hacía mucho tiempo, acababa de morir por una súbita hemorragia en los pulmones. En vez de consolarlo y ayudarle a superar el golpe y el dolor, el padre regañó a Phillip, diciéndole una y otra vez que él había matado a su madre por someterla al agotamiento del embarazo, el nacimiento y la crianza. Esto se prolongó por dos meses. Un día Phillip llegó de la escuela y descubrió que su padre se había suicidado.

Seis meses después Laing encontró al niño en una sala psiquiátrica de Glasgow, en un extraño estado de deterioro psicológico y físico. Tal como Laing recuerda vívidamente: «Estaba hediondo. Tenía incontinencia de orina y heces y tendía a caminar de un modo extraño, tambaleándose. Gesticulaba de modo extravagante, sin hablar; parecía casi totalmente absorto en sí y no podía interesarse menos por su ambiente y la gente que había en él».

Aunque estaba entre médicos y enfermeras encargados de atenderlo, Phillip había excedido los límites de la compasión. Era demasiado extraño y desagradable como para que alguien se le acercara por más de algunos minutos, mucho menos que lo ayudara. Había adquirido un tartamudeo, junto con una peculiar acumulación de tics: parpadeos, desvíos bruscos de la mirada y contracciones en mejillas, lengua, manos y dedos. Lo peor era su actitud absoluta de «me importa una higa», que lo aislaba de los otros pacientes y volvía a todo el personal contra él.

Dos meses de internación cambiaron muy poco el estado de Phillip. «Sobre el diagnóstico no cabían dudas», recuerda Laing. «Era un esquizofrénico catatónico agudo, probablemente en vías de ser crónico. Cuando tenía algo que decir era obvio que estaba alucinado, muy paranoico y muy autoengañado.» Laing se sintió atraído por esa destrozada criatura. Phillip no tenía familiares sobrevivientes ni amigos de su familia que lo albergaran. Se daba por entendido que pasaría el resto de su vida internado.

En cambio, Laing lo llevó a su casa, a vivir con su esposa y tres hijos menores de cuatro años. Tomó esa decisión heroica porque, al hablar con Phillip a solas en su despachó, fuera del ambiente de la sala psiquiátrica, notó que el muchacho se calmaba. Phillip empezó a hablar de modo inteligible y, si bien se refería a cosas disparatadas (su sensación de que la sala era una esfera gigantesca a la que él servía de eje en el centro, las visitas que le hacían seres interestelares, su alucinación de que la voz de un negro le decía cosas sin sentido por la noche), no parecía completamente perdido. En el consultorio de Laing también mermaron sus contracciones y sus tics. Por una hora, al menos, dominó sus esfínteres y (lo más revelador) cuando Laing se ofreció a ayudarlo, una sombra de gratitud pasó por sobre sus rígidas facciones.

Laing tuvo la intuición de que quizá los médicos y las enfermeras mantuvieran a Phillip en su locura simplemente por los sentimientos que él les inspiraba. «Phillip generaba en todo el que se le acercara confusas sensaciones de repugnancia, tanto por su aspecto como por su olor, y de compasión, sólo por lo repulsivo que era y por su evidente angustia. Como resultado, muy pocos se resistían al intento de mostrarse amables y cariñosos con él, pero huían de su presencia y de su olor cuanto antes... no porque no pudieran soportarlo, sino por alguna otra necesidad.»

A Phillip se le mantenía en su locura porque el intento de amarlo y de interesarse por él estaba teñido de hipocresía y él lo sabía. En cuanto Laing dio el insólito paso de llevar a su casa a un esquizofrénico catatónico, Phillip mejoró con asombrosa celeridad. Su incontinencia cesó en cuanto entró en la casa. Un par de semanas después había dejado de tambalearse, aunque todavía temblaba. Empezó a hablar de modo entrecortado, pero coherente. Tres meses después había mejorado lo suficiente como para que lo instalaran en un hogar sustituto. La amenaza de pasarse la vida encerrado en una sala psiquiátrica se había borrado.

Laing no aplicó psicoterapia a Phillip mientras lo tuvo bajo su techo. Se lo trató sinceramente, sin hipocresía emocional, es decir: reaccionando como correspondiera ante sus actitudes buenas o malas. Quince años después volvió a la casa para informar de sus adelantos. Tal como lo dice Laing, con un dejo de ingenio mordaz: «Estaba casado, tenía dos hijos, trabajaba con empleo fijo y estaba siguiendo un curso nocturno de psicología».

Es difícil negar que la cordura de Phillip dependía, en gran parte, de las proyecciones de las mentes ajenas. El «amor» y el «interés» superficiales de la sala psiquiátrica lo mantenían aprisionado en un ser falso, porque esos sentimientos eran igualmente falsos. Detrás de ellos acechaba el verdadero mensaje: el «amor» era sólo un medio para mantenerlo dominado; era un artilugio de poder.

Afortunadamente, en Laing el niño encontró a alguien que lo miró a la luz del amor. Para mí, ésa es la parte más conmovedora del relato. Laing no toca el tema del amor. Plantea sus motivos sobre una simple base de humanidad: «Me apenaba mucho su aprieto y quería ayudarlo en lo posible». Sin embargo, en presencia de Laing se estableció un entendimiento que era sincero reflejo de una conciencia con otra. La intensidad de la vida, tan límpida, sana y amorosa, irradió de Laing y tocó al muchacho. Ésa parece ser la parte más natural de lo que ocurrió entre los dos y lo que debería ocurrir entre todos nosotros. Un ser verdadero habla a otro, utilizando el idioma del corazón, y en ese vínculo una persona se ve curada.

No hay peligro en amar

Si los rishis tienen razón, el fin del falso yo equivale al fin del miedo y de la desesperada necesidad de poder que los temerosos no pueden evitar. El poder es una forma de autoprotección, pero cuando el miedo desaparece no hay necesidad de protegerse. El yo verdadero es amor; poder amar siempre es lo máximo que podemos desear. El choque entre amor y poder, por ende, no tiene sentido. Tal como escribió Tagore, tan decisivamente: «El amor no es un mero impulso; debe contener verdad, que es ley». Yo creo firmemente en esto, pues he conocido a algunas personas que súbitamente se encontraron viviendo bajo esta ley.

«Conducía por la autopista, buscando la salida hacia el distribuidor de tránsito, cuando experimenté una sensación desacostumbrada en el pecho. Se inició como un calor o un cosquilleo, que reconocí por haberlo experimentado al meditar. En general, la sensación es agradable, pero pasajera. Ahora empezaba a intensificarse y, en vez de calor físico, me iban invadiendo oleadas sucesivas de emoción.»

Los ojos de Chris brillaban al contarlo: «Era amor pero mucho más puro y concentrado de lo que yo había experimentado nunca. En varios escritos he leído que el corazón se abre como una flor; uno cree que esas cosas nunca ocurren en la vida real y en una autopista de seis vías. Pero así era: mi corazón se estaba desplegando como una flor, casi ahogándome en la exquisita sensación del amor. Cosa extraña: podía mantenerme atento al tránsito, pero decidí apartarme. Entré en un puesto de hamburguesas y me quedé allí, de pie, contemplando la mesa de ensaladas y disfrutando de la experiencia más maravillosa de mi vida».

De vez en cuando veo a mi amigo Chris, generalmente en el centro de MT de Boston. Ha trabajado como gerente de banco y organizador comunitario; pertenece a ese tipo terco al que uno cree incapaz de desplegar el corazón como una flor. Pero me equivoco: su voz suena amable sin esfuerzo y tiene una actitud muy abierta hacia los demás; resulta fácil creer que ha experimentado muy profundamente su corazón.

Hace diecisiete años, cuando Chris comenzó a meditar, su interés por las relaciones humanas era convencional, aunque profundo. «Por entonces yo estaba tanteando el terreno como organizador comunitario; trataba de reunir a personas que normalmente no se prestaban mutua atención. A mi alrededor veía tanto odio sin base auténtica... Nadie cruzaba nunca las barreras de color o de nivel social para conocerse.

»Ayudé a organizar en un vecindario pobre una gran cooperativa de alimentos; podía participar cualquiera, sin tener en cuenta su clase social o sus ingresos. Comprábamos provisiones y las vendíamos a precio de costo, pero cada miembro debía aportar parte de su tiempo, generalmente una hora por semana, para ir al mercado mayorista de Faneuil Hall, barrer el suelo en la cooperativa o algo así. La idea era que, si todos ayudaban, no dejarían de apreciar los resultados de sus actos. Si nadie compraba la mercadería, la tienda no podría abrir; si nadie barría el suelo, abriría tarde. Si se maniobraba con la caja registradora, los precios subirían.

»El día en que se inauguró la cooperativa yo tenía más esperanzas que nunca, pero un mes más tarde estaba prácticamente desesperado. La gente parecía no tomar ningún interés; abandonaban el trabajo, nadie barría el suelo, robaban dinero de la registradora y no tenían ningún problema en seguir viviendo con las consecuencias de sus actos. Esta experiencia me convenció de que las instituciones no pueden provocar un cambio fundamental en la naturaleza humana. Sin embargo, parecía insoportable no hacer algo.»

Cuando más desilusionado estaba con la cruzada social, Chris profundizó su entrega a la meditación. «Deseaba desesperadamente fomentar la cooperación y el amor entre los otros, pero nunca era posible establecer contactos lo bastante íntimos con ellos, al menos a largo plazo. Siempre había barreras y fijaciones personales; la desilusión era inevitable, pese a lo que dijeran mis ideales.

»Al no ver salida a esta dolorosa disyuntiva, dejé que continuara. Decidí trabajar sobre mí mismo, considerando que, al fin y al cabo, yo era parte crucial de todas las relaciones que deseaba mejorar. Poco a poco se produjo un cambio profundo. Experimentaba menos ansiedad sobre las situaciones y sentimientos más cálidos hacia esas personas que, a mis ojos, estaban estereotipadas como "malas" o "irresponsables". Como resultado, la gente empezó a emerger de sus estereotipos. Por mucho tiempo me costó creer que yo fuera el foco de ese cambio. Pero, ¿cómo explicar el amor que la gente dirigía hacia mí, aunque yo no la conociera?».

A esta altura Chris estaba muy avanzado en el cambio de conciencia producido por el amor incondicional. La psicología convencional dice que alterar las propias actitudes es el mejor modo de mejorar la conducta de los otros. Chris descubrió entonces que podía entrar en un banco y todos empezaban pronto a sonreír. Cuando presidía las reuniones de la comunidad, donde el choque de opiniones solía ser muy tenso, la atmósfera parecía suavizarse, como si las aguas turbulentas se aquietaran misteriosamente.

«No podía adaptarme a este inexplicable fenómeno —recuerda Chris—, hasta que cambié radicalmente la visión de mí mismo. Mi visión del mundo se había centrado siempre en el esfuerzo y el yo individuales. El efecto que uno pudiera tener sobre el mundo dependía de que hiciera o al menos pensara algo. Yo no estaba haciendo nada, aparte de existir. Por lo tanto, llegué forzosamente a la conclusión de que lo que yo soy estaba causando ese efecto.»

Le pregunté qué parte jugaba en eso su experiencia de la autopista, el momento en que se sintió invadido por oleadas de amor. «Esa experiencia, según creo, llevó al punto culminante cierta parte de todo el proceso. Tras creer por tanto tiempo que yo no podía esperar ni recibir amor sin relacionarme con otra persona, de pronto descubría que todo estaba ocurriendo dentro de mí. En un principio me sorprendió, pues eso significaba que, de algún modo, los fallos de los otros, su egoísmo y su odio, también se centraban de algún modo en mí. Sin embargo, todas estas experiencias eran innegables: a medida que yo cambiaba, cambiaba todo a mi alrededor.

»Con el tiempo dejé de batallar intelectualmente con eso. Me acostumbré. Ya no dependía de otros para mi sensación básica de amar o de ser amado. Al conectarme conmigo mismo empecé a conectarme con los otros mejor que antes.

»La experiencia del despliegue del corazón, fue sobrecogedora cuando se produjo, pero sólo por unos cuarenta y cinco minutos. Lo más afortunado es que el avance perduró. Hace de esto dos años y aún sigo siendo interiormente esa persona que ama. No quiero decir que exude siempre bondad, independientemente de lo que los demás me hagan. Puedo enfadarme y criticar a otro cuando creo que se equivoca, pero sin destructividad.»

Yo pensaba en lo mucho que nos esforzamos por protegernos de las heridas emocionales, sin darnos cuenta de que, al amurallarnos en el proceso, dejamos afuera la intensidad de la vida. Es necesario defender el corazón cuando es demasiado débil y teme amar, pero en algún punto, para Chris, todo eso cambió. Para él fue posible dejar fluir el amor cuando y donde quisiera. Pudo recibir a otros sin defensas, sin miedo, en el espacio expandido de su propio ser. Aún recuerdo especialmente algo que me dijo: «Antes me esforzaba mucho por amar; ahora es lo único que no puedo evitar, por mucho que me esfuerce». Sonrió. Y experimenté el tierno afecto de alguien que, en vez de derribar los muros del dolor, ha volado sobre ellos.

TERCERA PARTE

VIDA INCONDICIONAL

9

¿Por qué ya no soy real?

El día después de mi primera conversación con Karin, mientras regresaba en el auto a casa, tuve la súbita necesidad de oír nuevamente su voz. Busqué la grabación de nuestra entrevista y la deslicé en el aparato. Allí estaba: la suave y melodiosa voz de soprano que seguía recordándome a la de un niño. No porque hablara en tono infantil. Lo hacía como persona adulta, tocando seriamente problemas de adultos; pero yo percibía, mezclada con eso, a una precoz criatura de ocho años muy intrigada por el mundo de los grandes.

«¿Por qué me castigan cuando digo una mentira si mamita miente cuando le preguntan la edad? ¿Por qué debo comer todo lo que me ponen en el plato si papá deja las coles de Bruselas?» Todos los niños pasan por alguna etapa como ésa. Al poner en tela de juicio los valores prefabricados que les pasan los adultos, comienzan a formular sus propios valores, paso necesario para obtener una verdadera identidad. Sin embargo, Karin continuaba lanzando desafíos a diestra y siniestra:

Cierta vez me interné en una clínica donde trataban trastornos obsesivo-compulsivos. Yo no creía ser obsesivo-compulsiva, pero eso me tenía preocupada. Lo primero que hizo el médico fue entregarme un test.

—Lo siento, pero no quiero llenar esto —dije.

—¿Por qué? —me preguntó.

—Bueno, la primera pregunta es si yo leo las cosas

más de una vez. En la escuela no leía mucho; ahora suelo releer algunos libros, para asegurarme de aprovecharlos a fondo. Pero si respondo que sí, usted interpretará que es un rasgo obsesivo-compulsivo, como lavarse las manos.

Él insistió para que hiciera el test.

—Yo no soy un puntaje de test —protesté—. Soy un ser humano. Necesito que me traten por lo que está ocurriendo *conmigo*.

—Ahí mismo tiene un signo de obsesividad.

—¿No se le ha ocurrido pensar que usted —dije—, por el hecho de dirigir una clínica para trastornos obsesivo-compulsivos, puede estar obsesionado con diagnosticar la obsesividad?

—No —respondió—, no se me ha ocurrido.

Reí en voz alta al escuchar la grabación, tal como lo había hecho cuando Karin me contó este enfrentamiento. Como muchos niños, tiene un sexto sentido para detectar cuándo la manipulan.

Bueno, fui a otro médico, un psicólogo muy conocido. Me llevó un tiempo comunicarme con él. Cuando por fin lo logré, él me dijo:

—Creo que, de cualquier modo, usted no quería venir a verme.

—¿Por qué dice eso? —le pregunté.

—Porque dio tres veces con mi contestador automático.

—¿De veras? —comenté—. ¿Y cómo interpreta que también usted haya dado tres veces con mi contestador automático?

En el papel Karin parece agresiva. Personalmente lo es mucho menos. Habla con nerviosismo sobre sí misma y gusta de dramatizar su historia. Sin embargo, uno percibe que por debajo del dramatismo es una persona suave; me resulta fácil creerle cuando dice que nunca ha hecho daño deliberadamente a nadie. Sus ojos son vivaces; sus facciones, suaves y agradables. Aún soltera a los treinta y cinco años, maneja con éxito una pequeña empresa de comidas a domicilio con dos amigas, en las afueras de Boston.

Según ella misma cuenta, Karin ha consultado con diez médicos diferentes en los dos últimos años, sin que ninguno la ayudara. Para comenzar, su dolencia básica es sumamente difícil de definir. Dice que ya no se siente real. En situaciones cotidianas, tales como hablar por teléfono, caminar por la calle o comer en un restaurante, tiene dudas persistentes sobre su existencia: «Alguien me llama por mi nombre y yo paso por una de mis experiencias: ¿Respondí a eso? ¿Ésa soy realmente yo? A veces estoy hablando y pienso: ¿Cómo es que hablo? ¿Cómo puedo respirar? Es como si mi mente repitiera: No computa, no computa. Y me echo a llorar».

Físicamente, Karin ya no se siente a gusto en su propio cuerpo, sensación que los psicólogos llaman desrealización: «Es como si hubiera otra persona en mi cuerpo, que hace todo conmigo o para mí». Su sensación de ser irreal llega a veces a ser muy profunda; sin embargo, continúa funcionando normalmente. A los otros les cuesta creer que tenga algo malo. «Cuando me siento angustiada, mi hermano me dice: "Mira, yo tengo los mismos pensamientos que tú, pero no las mismas reacciones. No quiero arruinarme la vida preguntándome por qué estoy aquí o quién soy"».

Su hermano tiene razón al detectar que Karin está envuelta en una gran confusión intelectual. Se ve constantemente atacada por disyuntivas que le parecen disparatadas: ¿Puede uno ser real e irreal al mismo tiempo? ¿Pensar que uno es irreal es lo mismo que serlo? Cuando la cabeza empieza a darle vueltas con estos acertijos existenciales, queda tan desconcertada como Alicia al caer por la conejera.

Pregunté a Karin si se sentía real hablando conmigo. Ella dijo que sí y que no. «Estoy sentada aquí, conversando con usted, pero una parte de mí dice que no. Es imposible. ¿Cómo puedo estar diciéndome semejante cosa? Mi mente no lo aprehende. Sé que estoy hablando con usted, pero otra parte sabe que no. No puedo resolverlo.»

Tal como lo vería un yogui, aquí debe de haber algún elemento de atestiguamiento; es decir, Karin tiene una experiencia y, al mismo tiempo, se ve teniéndola. Eso no tiene por qué ser un modo irreal de relacionarse con las cosas. Por el contrario: se podría considerar que es el modo más real, una vez que se reconoce al testigo silencioso como núcleo del ser. En la antigua India, la atestiguación habría sido serenamente aceptada y agradecida como puerta a experiencias espirituales más elevadas.

Karin no se sorprendió del todo cuando le expresé esto, pero tampoco se alegró.

«Algunos me han dicho que mi conciencia se ha elevado demasiado, que se ha convertido en mi enemiga», dijo, «pero no sé cómo desconectarla.» A esta altura, lo único que desea es desconectar su conciencia. De vez en cuando ha intuido cosas que yo consideraría verdades profundas, sólo para rechazarlas por ser «enfermizas». He aquí un ejemplo:

«He pasado por la experiencia de estar conversando con alguien y sentir que opero con piloto automático. Es como un mecanismo de reserva que se pone en marcha. Quiero apagarlo. Quiero poder entrar en una habitación sin pensar: "Oh, mira eso, me convertí en materia". La capa superior de mi mente está ahora por encima de lo automático, pero eso no me parece un don; es neurótico, nada más. ¿Cómo me deshago de esta conciencia elevada, sensibilidad o como quiera llamarla?»

Le dije que otras personas han pasado años en el sendero espiritual, tratando de lograr ese mismo estado de desapego en el que ella ha caído. Para una persona espiritual, la sensación de funcionar «con piloto automático» indica que Dios o el Yo superior se ha hecho cargo del yo pequeño y aislado. Muchos santos, tanto cristianos como orientales, han dicho que vivían en ese estado de bendición. Lo consideraban como una especie de segundo nacimiento, que los liberaba de la servidumbre de la carne y las ataduras del pasado. Después de ese renacimiento ya no hay por qué temer a las trampas de Maya; podemos adelantarnos a explorar lo que hay más allá.

Sin embargo el mundo cotidiano no parece guardar relación alguna con el ilimitado; pisar el umbral del superior, como Karin, puede generar un miedo profundo. Nadie puede sentir con ella esas experiencias. No hay un patrón objetivo para sopesarlas y su validez científica sigue siendo marginal (cierta vez, el renombrado físico inglés Sir Arthur Eddington comentó que cualquier intento de medir científicamente una experiencia subjetiva era como tratar de calcular la raíz cuadrada de un soneto).

Bajo esta luz, las palabras que heredamos de las antiguas tradiciones espirituales son tanto más valiosas, pues nos sirven como guías hacia el presente. En la India, el *Bhagavad-Gita* es considerado como quintaesencia de la sabiduría reunida sobre la naturaleza de la realidad. Allí el Señor Krishna dice al guerrero Arjuna que toda persona alberga «un morador en el cuerpo» que es completamente distinto al yo aislado y vulnerable:

> *Las armas no lo cortan,*
> *El fuego no lo quema,*
> *El agua no lo moja,*
> *El viento no lo reseca…*
> *Es eterno, está difundido por doquiera.*
> *sutil, inamovible y siempre el mismo.*

Aunque este morador invulnerable pueda parecer un concepto religioso (lo que casi todos los devotos llaman alma), el Señor Krishna afirma que es el mismo yo que da a todos su sensación de «yo soy». En sánscrito se requieren varias palabras distintas para describir toda la variedad del yo, desde el más localizado al completamente universal. Cada uno de nosotros tiene un espíritu individual que pasa en la vida por experiencias únicas; en sánscrito se lo llama *jiva*; es lo que más se aproxima al alma.

Si retiramos todos los límites personales, el jiva se expande hasta convertirse en el *Atman*, puro espíritu sin experiencias individuales. Emerson y los otros trascendentalistas lo llamaron Superalma. (Yo observaré la simple convención de denominarlo Ser, con mayúscula.) Cuando jiva y Atman se fusionan, mezclando el yo individual y el cósmico sin perder cada uno sus cualidades, se llega a *Brahman* o totalidad. La persona que ha llegado a Brahman retiene su individualidad, pero se experimenta a sí mismo como universal, «bajo el aspecto de la eternidad», según lo expresaron los padres de la Iglesia. Brahman se usa también para describir la realidad como un todo, captando tanto lo objetivo como lo subjetivo de la existencia, lo manifiesto y lo no manifiesto. Más allá del Brahman, que todo lo abarca, no hay nada.

El jiva, por ende, es como una sola ola en el océano; Atman, el agua de la que participan por igual todas las olas; Brahman es el océano en sí. Si preguntas cuál de los tres eres tú, la respuesta es: «Todos ellos». Decir que un aspecto del ser es diferente de los otros puede resultar útil para los fines cotidianos, pero no es la verdad final. El ser que llamo «yo» parece respetar los límites de mi piel, pero al mismo tiempo siento naturalmente mi parentesco con otros seres. Cuando un niño sufre en Afganistán, yo siento el dolor. Mi sensación puede no ser tan intensa como cuando provoco dolor a mi propio cuerpo, pero eso dice, simplemente, que no comparto con el niño un grupo de nervios en especial.

Los antiguos sabios sabían que cada persona está basada en una realidad concreta que le proporciona orientación en el tiempo y el espacio. No obstante, sostenían que todos los seres están entretejidos en la misma trama de la vida. Karin bien podría estar tropezando en este estado de yo muy expandido. Sin embargo, ella no quiere nada de eso. Con frecuencia me ha dicho, en tono seco, que no tuvo una crianza religiosa y no encuentra significado espiritual alguno en lo que le está ocurriendo. Obviamente, aquí hay un vacío de conocimiento. No tiene tradición que valide su experiencia, ancianos o guías que la eduquen más. Ha sido dejada a la deriva.

MIRANDO DESDE FUERA

No es fácil vivir con una experiencia original; Karin preferiría mil veces volver a las experiencias mundanas que todos nosotros nos ponemos como ropa de confección. «Quiero ver la televisión el sábado a la noche, beber un vaso de vino y no pensar en nada.» Se lamenta. «Si me abollan el automóvil, quiero enfadarme en vez de sentirme fuera de la cosa. Quiero volver a sentirme parte de la vida. ¿Cabe todavía alguna posibilidad?»

En momentos como este, uno comprende hasta qué punto Karin está en el limbo. Puesto que no existe versión convincente de su realidad actual, permanece comprometida con lo irreal. Sin embargo no está tan desapegada como parece. Percibo que trata constantemente de conectarse con los otros, pero de maneras ocultas. Podría habérseme pasado por alto, a no ser por un incidente revelador. En cierto punto, durante nuestra primera conversación, quise hacerle saber cuánto me impresionaba su desconocimiento interno y comencé por decir:

—Tratándose de una persona brillante como usted...

Ella me interrumpió con expresión extrañada.

—¿Por qué dijo eso? —me interpeló.

—¿Qué cosa?

—Que soy brillante. ¿Cómo se le ocurrió hacer de pronto ese comentario?

—Bueno —expliqué—, es obvio que usted es más consciente de sí que el noventa y nueve por ciento de las personas con quienes trato.

—¿Cómo puede saber eso si sólo nos hemos visto una vez? —preguntó, suspicaz.

Dije que podía, simplemente, y ella abandonó el tema. Media hora después se interrumpió a sí misma para preguntar, ahora con más timidez:

—¿De veras me cree brillante?

Le repetí que sí. Una vez más, el tema quedó rápidamente abandonado. Cuando volvimos a vernos, pocos días después, las primeras palabras que salieron de su boca fueron:

—He estado pensando por qué dijo usted que yo era brillante.

Entonces no pude sino notar que mi cumplido tenía para ella un encanto especial. Era prueba, no sólo de mi respeto, sino de mi afecto. Al calificarla como brillante le había dicho: «Me siento cerca de usted». Al repasar las grabaciones descubro que Karin se las compuso varias veces para aplicarme el mismo calificativo a mí ese día, al parecer sin darse cuenta; en cada oportunidad se percibía en su voz una intimidad azorada y tímida.

¿Por qué le resultaba tan importante ese pequeño juego de escondidas emocionales? Creo que se debe a que le resulta mucho más fácil intelectualizar sobre su sensación de irrealidad que expresar abiertamente su sensación, mucho más angustiosa, de estar perdida. Muchos niños se sienten perdidos y apartados antes de cubrir sus emociones con una gruesa capa de negaciones. Karin me hace pensar en un niño de grandes ojos que uno pudiera encontrar en los rincones de una reunión social: (una boda, un cóctel o una reunión navideña), observando a los adultos como un fascinado espectador en el zoológico.

Lo que extraña a esa criatura es muy común, pero también muy perturbador el engaño despreocupado de la vida diaria. Detrás de las palabras «te amo» o «la amo» yacen sentimientos cautelosos y secretas traiciones. Las personas que hacen exhibición de su generosidad resultan ser en el fondo las más egoístas. Detrás de una sonrisa acechan los celos. Los niños no saben vivir así y Karin aún no ha adquirido esa habilidad. Desde su punto de vista, los otros viven seguros dentro de una realidad compartida, mientras que ella mira desde afuera; «Vivo en otra dimensión», se queja. Esta persistente sensación de aislamiento hace que todo la asuste. No tiene seguridad. Los demás estamos en casa; ella es la eterna forastera.

Son muchas las personas sensibles a las que les pasa lo mismo. De situaciones como esta pueden surgir con tanta facilidad la sabiduría y la poesía como la angustia. Pero como estas personas suelen vivir solitarias, comprendo que la angustia sea la reacción más común. Al fin y al cabo, es relacionándonos con otros como casi todos logramos sentirnos reales, para empezar.

Karin asegura que, hace tres años, se sentía completamente normal y conectada; sobre este punto se muestra inflexible. Tenía treinta y un años y acababa de decidirse a romper con un hombre con el que mantenía relaciones estables desde hacía varios años. «Desde el comienzo supe que Rodney no era el hombre de mi vida, pero nos queríamos y disfrutábamos de la mutua compañía», dijo. Lo que la llevó a romper finalmente con él fue su decisión de buscar a alguien con quien realmente quisiera casarse. Este motivo la satisfizo y la ruptura se produjo sin rencor.

Pero de inmediato Karin empezó a tener dudas sobre lo que había hecho. Analizó esa parte conmigo: «Cuando Rodney y yo rompimos experimenté una súbita sensación de pérdida. Me preguntaba si había hecho lo correcto, si no debía volver a él, bla, bla, bla, ya se sabe. Y luego seguí adelante con mi vida».

Un mes más tarde conoció a otro hombre, cliente de su empresa de comidas. Se enamoró profundamente de él y continúa diciendo que durante esas relaciones, breves pero intensas, estuvo más cerca del casamiento que nunca. Sin embargo, desde el comienzo mismo supo que los padres de él, judíos ortodoxos, la rechazaban enérgicamente por ser católica. «Al principio no me importó, porque estaba llena de confianza y en la gloria; no les permití que se entrometieran en mi vida. Pero después de recibir ciertos tratos que me parecieron peor que la tortura...»

En ese punto Karin dejó de hablar. Me enteré de que la ruptura fue tempestuosa y que ella sufrió un «colapso» o «derrumbe nervioso». No está claro si en realidad sufrió una psicosis. Lo cierto es que adquirió un miedo morboso al SIDA. «Cada vez que donaba sangre temblaba como loca. Ese año necesitaron mi sangre tres veces y a mí me aterrorizaba la posibilidad del contagio.» Varias veces llamó al servicio telefónico de SIDA, donde le aseguraban que no tenía motivos reales para tener miedo (cosa que confirmaban todos sus análisis de sangre).

Fue en medio de este difícil período cuando comenzó a sentirse irreal. Dice que la sensación, al presentarse, fue nueva e inesperada. Nunca en su vida se había sentido «fuera de mi cuerpo» o «con mi conciencia aquí arriba» (poniendo la mano por encima de la cabeza). Cuando le dije que muchas personas tienen sensaciones similares sin alterarse, respondió secamente:

—¿Qué importa eso si aún me siento angustiada?

Tiendo a creerle cuando dice que comenzó de súbito a sentirse irreal. Por otra parte, no puedo creer que su vida fuera tan perfecta antes de que «pasara algo». Experimenta una invariable nostalgia por el pasado; es el lado débil de su negativa a abrirse al presente. Dice que sólo desea volver a lo que era hace tres años, antes de ese infortunado amorío. Ese período se le ha fijado en la mente como un ideal sublime:

«En ese entonces me sentía centrada y tranquila, segura de mí. Tenía una meta. Me sentía integrada; tenía pareja, dinero, paz de espíritu. Estaba satisfecha con lo que hacía y podía decirlo con humildad. Me sentía en una buena senda de crecimiento. Me sentía parte del universo y quería estar aquí. La gente me miraba con respeto y yo podía alegrarla».

Karin ha dividido el tiempo en entonces y ahora, lo bueno y lo malo, sin grises intermedios. No es de extrañar que su situación la hiciera nudos, pues tal como ella la ha planteado no tiene solución. Por una parte tiene la necesidad de mantener esa división en su vida (a fin de preservar el mito del pasado perfecto que dejó atrás), mientras que, por la otra, ansia sentirse nuevamente real, lo que significaría saltar de nuevo a la corriente de las cosas. Por el momento, aferrarse a su visión del mundo en blanco y negro le parece el único camino seguro.

NO ME DIGA QUE NO ESTOY LOCA

Karin es real, sin duda; sólo ha tenido la mala suerte de encontrarse pasando de un plano de la realidad a otro, tal como el bebé descubre un día que gatear, cosa ya completamente dominada, empieza a ceder paso a la incierta perspectiva de aprender a caminar. Los bebés hacen esa transición por instinto y sus padres los guían en las partes difíciles, con alentadora atención. Pero cuando una psiquis adulta comienza a probar la posibilidad de una perspectiva completamente nueva, el período de transición está erizado de dificultades.

No hay nada que nos guíe en las experiencias «normales» del Yo superior. La imagen que tenemos de los santos, súbitamente atravesados por un rayo de luz divina, es demasiado simple; hasta los logros espirituales más grandes tienen lugar entre los límites de la vida mental diaria, con sus dudas, miedos, esperanzas y negativas. Lo que se necesita es la misma atención alentadora que los padres dan al tambaleante bebé. Lamentablemente, en este aspecto nuestra sociedad está muy escasa; cada uno tiene que remar solo hacia la costa extranjera que nos llama a través de las aguas.

Pero lo más perturbador es que los crecientes dolores de la conciencia de sí se pueden confundir con la meta. Era el error que estaba cometiendo Karin; las dudas que tenía de sí repiten los ecos de una cultura que mira con grandes sospechas las experiencias espirituales. No me refiero sólo a las acusaciones de demencia que rodean a quien rompe con los modos normales de pensar, ver y comportarse; ese problema existe en todas las culturas, lamentablemente. La mayor preocupación es que nuestra sociedad teme tanto al Yo que lo equiparamos a la muerte y la disolución. Cuando se planteó a Freud el hecho de que toda psiquis tiene una oculta ansia de libertad, él acuñó la frase «deseo de muerte» o «instinto de Nirvana»: a sus ojos, los dos eran más o menos lo mismo.

Sin embargo, el Nirvana no es la muerte. Es una palabra del sánscrito que designa el Ser, el estado primario del Yo. En general, la psiquiatría aún pasa por alto esta aclaración; persiste el temor de que la total autoconciencia sea una especie de aniquilación. Irvin Yalom describe el momento en que llevó a uno de sus pacientes neuróticos, después de mucho esfuerzo, a la etapa en donde empezó a abrirse a la autoconciencia:

Es el momento en que uno se yergue frente al abismo y decide cómo enfrentarse a los implacables hechos existenciales de la vida: muerte, aislamiento, falta de fundamento y de sentido. No hay soluciones, por supuesto. Uno sólo puede elegir entre ciertas posiciones: ser «resuelto», «comprometido», valerosamente desafiante, aceptar estoicamente o renunciar a la racionalidad y, en el sobrecogimiento y el misterio, confiarse a la providencia divina.

¡Pensar que ésta es la tan buscada meta de la terapia! Sería más bondadoso creer que el paciente aún no ha comenzado. Para ser justo, debería explicar que Yalom es un terapeuta «existencial», lo cual significa que su creencia fundamental es la incredulidad: la vida no tiene ningún significado ni propósito intrínseco, aparte del que cada persona crea (mediante una «posición» arbitrariamente escogida).

Muchos psiquiatras, quizá la mayoría, estarían de acuerdo en que las disyuntivas de la vida no tienen solución, sólo que no agregarían a esa opinión las palabras «por supuesto». Fuera del consultorio del terapeuta, el mundo lego repite la misma visión pesimista del mundo, si no en las mismas palabras, por lo menos en su incesante búsqueda de placeres y fugas de la realidad. Como Karin se crió sin una versión mejor de la realidad, se resiste a su «conciencia elevada», vuelve la espalda al discernimiento interno y ansia pasar la noche del sábado mirando televisión con una cerveza: cualquier cosa, menos ver lo que en realidad ve y sentir lo que en realidad siente.

Cuando traté de mostrar el lado bueno de sus experiencias, Karin se volvió contra mí:

—Esto de estar constantemente fuera de mí misma no es natural. La gente me dice que, si funciono bien, ¿cuál es el problema? Sé que todavía funciono bien, pero tengo miedo. A veces miro un calendario y pienso. «¿Cómo puede haber fechas? ¿Qué es el tiempo? La experiencia es excesiva. ¿Estoy demente?» Afortunadamente, alguien me dijo que, después de cierta edad, no se puede enloquecer...

Le respondí con las frases más tranquilizadoras que aún me reservaba.

—Usted no está loca. En absoluto. Tiene experiencias que no puede manejar. Llegan demasiado deprisa. Pero son buenas. Lo que le está ocurriendo no es del todo saludable porque le causa pánico, ansiedad, etcétera. Hay allí un elemento de atestiguación. ¿Comprende lo que le digo?

—Hum. ¿Recuerda usted a ese médico obsesivo-compulsivo? —replicó Karin—. Para él todos eran obsesivo-compulsivos, salvo él. Cuando estoy con usted me gusta que conversemos; me doy cuenta de que usted está habituado a conversar con mentes mucho más elevadas que la mía; pero está preparado para buscar esa atestiguación. Tal vez para usted mis síntomas abren un camino nuevo; para mí son neuróticos.

Retrocedí inmediatamente, esperando que las cosas ocurrieran con naturalidad y a su propio ritmo. Pero no dejó de entristecerme el que Karin esté tan condicionada como para considerarse «enferma» en vez de normal y hasta dotada. Para describirse utiliza una jerga psicológica poco halagadora. En cierto momento yo iba a decir: «Creo que usted va realmente hacia algo importante». En cuanto dije: «Creo que usted va...», ella saltó: «¿...hacia la esquizofrenia aguda?». Para ella era muy importante hallar un rótulo satisfactorio.

En nuestra primera conversación, que duró menos de una hora, también se refirió varias veces a sí misma tratándose de obsesiva, neurótica, deprimida, ansiosa, insegura, hiperactiva y loca. En realidad, su intensa preocupación por la posibilidad de estar demente es una de las señales más seguras de que no lo está. Describe sus síntomas con claridad y penetración psicológica. No tiene alucinaciones ni se autoengaña. Hasta pude hacerle admitir, a regañadientes, que a veces se siente agradablemente desapegada de sus síntomas y puede ver a través de ellos. Esta admisión se produjo cuando hablamos de los diez médicos que había consultado antes que a mí.

—Cada uno de esos diez especialistas le dio un diagnóstico diferente, coincidente con la especialidad a que se dedicaba —observé—. ¿Qué le hace pensar eso?

—Que así veían ellos las cosas —replicó, evasiva.

—Pero, ¿qué le dice eso sobre lo que usted tiene?... —insistí.

—Bueno, podría decirme que ellos han visto antes estos síntomas —dijo—. Tal vez mi necesidad de consultar con diez médicos diferentes es obsesiva. Podría tener esas diez cosas a la vez o ninguna de ellas.

—¿Qué es, en su opinión?

—Probablemente una combinación, si eso tiene sentido. Tengo ansiedad, eso es obvio; tengo depresión; tengo lo que llaman «desrealización». Por otra parte, ahora, sentada aquí, dudo tener cualquiera de esas cosas.

Si Karin no hubiera hecho ese último comentario, yo habría aceptado que las posibilidades de invertir su interpretación eran remotas, pero por fortuna, pues no se ha entregado atada de manos a la idea de estar enferma. Su inteligencia le permite detectar los puntos débiles hasta en los mejores médicos.

—A un terapeuta le conté que a los dos años yo tenía un fantasma como mascota —dijo—. Era mi amigo imaginario. Y este psiquiatra dijo: «Bueno, sin duda eso era su anhelo del pene». Ahora bien: a los dos años de edad, ¿qué importa si era eso o no? Hace tres años me sentía normal; ahora me siento horriblemente.

—¿De veras tenía una mascota fantasma? —pregunté.

—Sí, no soy capaz de inventar algo así. Muchos niños tienen amigos imaginarios, ¿no? Y si no, aún no veo en qué me afecta eso —dijo Karin.

—¿Qué fue de su amigo?

—No sé —respondió, melancólica—. Al crecer él se... No recuerdo. Ya no está conmigo.

Por mucho que yo aprecie su habilidad de desenmascarar a médicos presumidos (incluido yo, sin duda), a Karin no la hace feliz anotarse esos puntos contra ellos. Quiere ser aceptada, como todo el mundo. Estos dos aspectos de su personalidad han creado un gran conflicto en su vida.

—Ya ve usted cuánto me cuesta determinar si tengo razón al querer que me traten por lo que soy —dijo—. ¿Soy sólo una persona brillante que analiza excesivamente los motivos ajenos? ¿O soy tan pedante que no quiero escuchar a nadie?

LA RELACIÓN CON EL SER

Cuanto más pienso en Karin, menos peculiar me parece su situación y más la veo como una leve exageración de muchas otras personas que conozco. El tema común de todas sus experiencias es una drástica pérdida de confianza en sus relaciones, una merma de fe y seguridad, que deja un vacío de suspicacia y soledad. Dondequiera que miremos las relaciones pasan por una crisis similar. Conservar un matrimonio estable y una vida familiar amorosa se ha convertido en una empresa heroica, con frecuencia condenada al fracaso. Si Karin es en realidad como yo la veo, no «enferma», sino dotada de una aguda conciencia de sí, tal vez su sensible captación la esté llevando a una solución.

Las relaciones se basan en dos valores opuestos: nos sentimos íntimamente ligados a alguien, pero también separados de él. El sentirnos íntimos nos permite gozar de un buen entendimiento, compartir nuestros sentimientos e intercambiar palabras e ideas. El sentirnos aparte nos permite retener nuestro propio yo, de modo que «yo» no se pierda en «no yo». Mientras una persona sepa saludablemente brindarse, pero no demasiado, la maquinaria de las relaciones marcha suavemente. En el problema de Karin, lo esencial es que ha caído de cabeza en la sensación de estar aparte sin la sensación equilibrante de la intimidad:

«He empezado a andar por allí sin poder sondear mi existencia. Mi madre ya no es mi madre. Cuando miro a mi hermano ya no es cuestión de "Hola, Rich", sino de "¿Quién es esta persona?". Sé que es mi hermano pero, ¿cómo puede serlo? Viendo mi cuerpo en el espejo digo ¿cómo puede eso ser yo? Siento que el mundo está allá y que yo miro desde fuera.»

Lejos de ser ilusoria, la sensación que Karin tiene de estar intensamente absorta en sí misma podría estar tocando una verdad profunda. Todos nosotros retenemos una parte de nuestro yo que reservamos de los otros, por muy íntima que sea la relación. Tenemos personas que nos definen por nuestra relación con ellos: madre, hermanos, casas, empleos, etcétera. La escena cambia a nuestro alrededor y nosotros cambiamos con ella. Sin embargo, como testigos que observan la escena sin comprometerse, permanecemos tan fijos como las estrellas; nuestra naturaleza inmutable es totalmente quieta, calma y sabia.

En una de las más antiguas escrituras indias, llamada *La gran enseñanza del bosque (Brihadaranyaka Upanishad)*, que data de mil años antes de Cristo, por lo menos, se nos revela la base emocional más profunda para el tipo de sensaciones que tiene Karin:

En verdad, no es por el esposo que el esposo es querido, sino por el Ser.

Y no es por la esposa que la esposa es querida, sino por el Ser.

Y no es por los hijos que los hijos son queridos, sino por el Ser.

Quien habla es un rey llamado Yajnavalkya, gran sabio, tratando de transmitir a su esposa lo que es más real y duradero en la vida. Eleva el Ser por sobre todas las relaciones que uno pueda mantener con el cónyuge o los hijos, pero no para degradar esas relaciones. Antes bien,

241

el rey establece un hecho psicológico: que cada uno de nosotros tiene consigo mismo un vínculo más íntimo que con nadie más. Las relaciones comienzan «aquí adentro», con la capacidad de amarse uno mismo, de conocerse, de ser uno mismo. Tal como Yajnavalkya dice a su reina: «En realidad, mi bienamada, es el Ser lo que deberíamos ver, el Ser lo que deberíamos oír, el Ser aquello en que deberíamos reflexionar y el Ser lo que deberíamos conocer».

El motivo de que estas palabras hayan sobrevivido por más de tres mil años es que en cada generación el Ser despierta y exige ser conocido. Cuando así ocurre, las otras relaciones comienzan a palidecer por comparación, por lo menos al principio, pues la intimidad del propio ser es abrumadora. El mundo se convierte en un espejo que nos envuelve, reflejando sólo la propia persona en todas partes. Comencemos a analizar qué sensaciones puede causar esto.

Cuando estoy sentado, meditando, me siento yo mismo, persona aislada en el tiempo y el espacio. Tengo pensamientos, cada uno de los cuales lleva una pequeña cantidad de tiempo, pero a ratos mi mantra desaparece y experimento el silencio. A veces este silencio se profundiza y quedo en él por varios segundos. Cuando sucede esto ya no me siento como yo finito. He entrado en el Ser. ¿Cómo es esa experiencia, exactamente? Imaginemos un hombre que explora un largo pasillo oscuro con una linterna. Sólo puede ver el objeto próximo, que cae bajo su rayo de luz; el resto permanece en sombras. Así es la mente en estado de vigilia: conoce su contenido sólo pensamiento a pensamiento. Ahora supongamos que de pronto se ilumina todo el corredor, revelando todos los objetos que hay en él.

Así es el Ser, un total despertar a todo lo que existe en la conciencia; pero se diferencia del pasillo iluminado en que no hay restricciones físicas: ni objetos ni paredes.

La conciencia, simplemente, se ve a sí misma en forma pura. Para dar otra analogía, imaginemos a un genio descansando en el sofá. Podría estar teniendo todo tipo de ideas brillantes, pero en este momento no tiene ninguna. No obstante sigue siendo un genio, porque su capacidad está en su potencialidad de ser brillante. De modo similar, el Ser es un estado de potencialidad, de indecibles posibilidades que, en el mundo manifiesto, se desarrollan de una en una.

Entrar en el dominio del Ser puede constituir una experiencia asombrosamente modesta; muchos meditadores, al principio, no captan el significado del silencio interior. Tuve un paciente que había sufrido ataques de ansiedad desde la niñez y no podía aceptar que estaba meditando correctamente. En tono alentador, le pregunté:

—¿Tiene usted períodos de silencio en sus meditaciones?

—Nunca —me espetó—. Al menos, que yo sepa. ¿No cree que yo me daría cuenta? Lo estoy buscando constantemente.

Le dije que, en un principio, el silencio se notaba a veces y otras, no.

—Pero intelectualmente —continuó—, ¿comprende usted que la mente puede estar en silencio?

—La mía no —dijo.

—¿Por qué?

—Es demasiado rápida.

—Pero hasta las mentes rápidas tienen brechas entre los pensamientos —señalé—. Cada brecha es como una diminuta ventana hacia el silencio; por esa ventana uno se pone en contacto con la fuente de la mente. En este momento, mientras conversamos, se producen brechas entre nuestras palabras, ¿verdad? Cuando usted medita se sumerge verticalmente en esa brecha.

—Claro, lo entiendo —replicó—, pero no creo que lo experimente en la meditación. —Le pregunté qué experimentaba. Me dijo—: Lo único que diferencia la meditación de estarme sentado en una silla es que a los veinte minutos, cuando abro los ojos, suelo tener la sensación de que pasaron sólo dos o tres; eso me intriga.

—Pero vea usted —le dije—, ésa es la mejor señal de que ha ido más allá del pensamiento. Cuando no se tienen pensamientos hay silencio. El silencio no ocupa tiempo y, a fin de establecer contacto con el Ser, uno tiene que adentrarse en el campo de lo atemporal. Tal vez su mente no logre registrar esta experiencia en un principio, pues está demasiado habituada a pensar. Tal vez sienta que el tiempo ha volado, simplemente, o que se perdió en alguna parte. Pero el tiempo «perdido» se pasó, en realidad, inmerso en el Ser.

A este hombre lo ayudó a captar mejor, intelectualmente, lo que le estaba ocurriendo, pero el Ser atemporal no es un concepto en el que sea necesario creer; ni siquiera hace falta comprenderlo. Sólo hace falta ir y venir entre el pensamiento y el silencio, una y otra vez, hasta que se capta en toda su plenitud la experiencia del silencio. Cuando los yoguis escapaban al campo del tiempo no pretendían mantenerse por siempre lejos. Sabían que, mientras se posee un cuerpo, sus órganos deben funcionar de acuerdo con las leyes naturales; mientras se usa el cerebro para pensar, la mente debe aceptar las mismas sensaciones, recuerdos y deseos que la de cualquier otra persona.

Todo esto era absolutamente necesario. Empero, no era necesaria la maraña de dolor y arrepentimiento que se produce cuando uno es prisionero del acaecer. Por el tiempo en que pudiera experimentar el silencio puro, el sistema nervioso del yogui estaba en libertad de desatar los viejos nudos de la tensión, curando así las heridas del tiempo.

Cuando una persona se convence de que sus experiencias de meditación son reales, se inicia el proceso por el cual su yo madura hasta llegar al Ser. Es decir: empieza a experimentar qué significa abolir todas las divisiones que separan a la gente. La vida cotidiana no proporciona muchas posibilidades de experimentar ese estado. Se nos condiciona para que no olvidemos jamás que «yo» y «no yo» son diferentes, con una notable excepción: el enamorarse. Enamorarse perdidamente es compartir el propio ser con otro. Las barreras del yo caen por un tiempo; el amante y el objeto de su amor están de acuerdo en que se han fundido en una sola identidad. Mientras dure el encantamiento, cada uno experimenta las emociones del otro, respira el aliento del otro. Hay un sentido de unión invencible, ante el cual la soledad resulta demasiado dolorosa.

En nuestra cultura tendemos a descartar esta unión, tomándola como ilusión psicológica pasajera y probablemente insalubre, si se prolonga mucho más allá de los primeros arrebatos del cortejo. (Recientemente ha ingresado en el léxico de la psicología anormal la expresión «adicción al amor».) Sin embargo, los yoguis dirían que ése no es motivo para que una persona no pueda tener dos perspectivas de sí misma: una local (el yo) y la otra universal (el Yo). El yogui adopta ambas perspectivas al mismo tiempo. Ha estabilizado su conciencia del Ser sin perder el ser. Acompaña a este nuevo estado una intensa sensación de amor, pero a diferencia del enamoramiento, la fusión del yogui no depende de otra persona, aunque sea el bienamado. Él se funde con todo, incluyéndolo en su Ser. Una vez que puede verlo todo como parte de su identidad, no hay un «yo» aislado que defender. Sólo queda el amor.

La persona que vive en el Ser se siente íntimamente conectada con los otros, no porque sea hábil en el habitual toma y daca de las buenas relaciones, sino porque lo da todo de sí. No retiene nada y, por lo tanto, fluye sin esfuerzo más allá de los límites de su yo aislado. ¿Podría ser este nuestro estado natural?

A principios de siglo, el gran fotógrafo Alfred Stieglitz pasaba su niñez en Nueva York, en el seno de una adinerada familia alemana. Durante un invierno intensamente frío, un organillero vagabundo se presentó ante la puerta trasera. En cuanto oyó la melodía del organillero, Alfred abandonó de un salto la mesa de la cena para correr afuera y darle un centavo. A la noche siguiente reapareció el organillero y el pequeño corrió otra vez a darle su centavo.

Este rito se repitió día tras día, bajo la nieve y el granizo. La familia estaba impresionada; una noche, la madre dijo a Alfred que le parecía maravilloso verlo desafiar el frío para dar dinero a un mendigo. Alfred levantó la vista, sorprendido, y replicó: «Pero si lo hago sólo por mí, mamá». Al leer esta anécdota me estremeció el reconocimiento, pues comprendí que el motivo más intensamente egoísta puede ser también el más generoso.

En otro ejemplo, el renombrado filósofo judío Martin Buber atravesó un cambio de percepción, pasando del ser más pequeño al más grande, cuando vio por casualidad una piedra brillante a un lado del camino:

Una mañana sombría, mientras caminaba por la carretera, vi un trozo de mica y la levanté para contemplarla por largo tiempo; el día ya no era sombrío, tanta era la luz reflejada por la piedra. Y de pronto, al apartar los ojos de ella, comprendí que, mientras la miraba, no había tenido conciencia de «objeto» y «sujeto»; en mi contemplación, la mica y «yo» habíamos sido uno; en mi contemplación yo había saboreado la unidad. La miré otra vez; la unidad ya no existía.

No se trata de un momento místico: es una experiencia real, despojada de los velos que nos hacen pensar que no somos uno con las rocas, los árboles, las montañas y las estrellas. Por un breve momento, Buber había remplazado la relación por la unidad, aprehendiendo al vuelo una visión del mundo que podía ser captada de manera permanente. Esto ocurre rara vez, pues el sistema nervioso de la gente común es demasiado activo; lo condicionan demasiado los años de ausencia de silencio.

Si un momento de unidad dura lo suficiente, quien percibe tiene tiempo de apreciar cómo sería permanecer en un estado en el que «yo» y «no yo» coexistan en paz en una misma mente. El ensayista inglés Mark Rutherford describe en su diario una mañana de primavera en que, mientras caminaba por el bosque, vio por casualidad un roble viejo y enorme. El árbol empezaba a rebrotar, reventando en una nube de yemas verde-amarillentas. Atrapado por el esplendor de tanta vida nueva, Rutherford sintió súbitamente que «algo ocurrió, nada menos que una transformación de mí mismo y el mundo».

El roble «ya no era un árbol fuera de mí y aparte de mí. Las barreras limitadoras de la conciencia desaparecieron... La diferenciación de yo y no yo era una ilusión. Podía sentir la savia que trepaba; en mí también surgió el impulso hacia arriba desde sus raíces; el júbilo de su estallar, desde el extremo de cada rama hasta el cenit, era mío propio». Fundido con el ser del árbol, pensó las palabras *Tú en mí y yo en ti*. La clave de esta experiencia está en la unidad que transmitía esa frase. «No lo puedo explicar; sería fácil demostrar que soy absurdo, pero nada puede conmoverme. *Tú en mí y yo en ti*. ¡La muerte! ¿Qué es la muerte? La muerte no existe: en ti es imposible, absurda.»

Son incontables las personas que han tenido experiencias similares. Se fusionan con la naturaleza por un momento y alcanzan la realización de Ser. ¿No será posible, pues, ir más allá y pensar en un estado en el cual la persona se fusione permanentemente con la naturaleza? Ése es el desafío que el yogui lanza a nuestro concepto cotidiano de la existencia. Ser humano, dicen los yoguis, es experimentar el único silencio que yace por debajo de todo.

En realidad, la vida es silencio; en el compañerismo del silencio toda la vida es una sola.

ENTRAR EN EL SILENCIO

Al terminar nuestra primera conversación, decidí pedir a Karin que mantuviera estricto silencio, sin hablar con nadie, durante los tres días siguientes, al cabo de los cuales volveríamos a encontrarnos para conversar. Como ella estaba internada en la clínica de las afueras de Boston donde yo atiendo a los pacientes, todas sus necesidades diarias estarían cubiertas. Al mismo tiempo, ese período de silencio sería una buena oportunidad para profundizar su experiencia de la meditación, que había aprendido apenas el mes anterior.

Karin se mostró muy renuente a intentarlo.

—¿Tengo que guardar un silencio total? —preguntó, nerviosa.

—Sí —dije—. Cuando necesite algo, puede escribir una nota y entregarla a un miembro del personal.

Eso no hizo sino ponerla más nerviosa. Karin está habituada a enarbolar constantemente un escudo de palabras, en parte para aliviar su ansiedad, en parte para disimularla. Vi que la perspectiva de guardar silencio era como ver que le quitaban la carpa de oxígeno.

—Por favor, tenga un poco de fe —le imploré—. Tal vez ocurran cosas que la sorprendan.

Ella cedió.

—¿Puedo al menos llamar a mi hermano para felicitarlo por su cumpleaños? —preguntó. Asentí—. Y después ¿ni una palabra a nadie?

—Ni una palabra.

Pedir a un paciente que guarde silencio es un paso muy poco habitual (me apresuro a añadir que pasar días en silencio no es requisito para que la meditación tenga éxito), pero no se me ocurría otro modo de impedir que Karin verbalizara constantemente cada nimiedad que le ocurriera. Utilizando las palabras como vía de escape, ella huye de mí, de cualquiera que haya intentado ayudarla y, finalmente, de sí misma. Además, me parece que tiene una confusión básica con respecto a su problema. Cree estar fuera de la realidad, tratando desesperadamente de volver a ella con frecuencia. Creo, por el contrario, que aplica la misma cantidad de energía a asegurarse de permanecer afuera.

¿Por qué hace eso? Participar en el mundo cotidiano acarrea consigo una mezcla de placer y dolor, pero Karin prefiere flotar sobre el mundo, como un globo apenas amarrado a la tierra. Este lejano punto de observación no le proporciona mucho placer, pero la ayuda, por cierto, a aislarse de más dolores. Karin sabe que sus planes de fuga no han tenido éxito. Aún sigue atada a la tierra por sus recuerdos, por su aflicción y, sobre todo, por sus ansias de reunirse con el resto de nosotros. Yo no esperaba que unos pocos días de silencio determinaran un gran avance, pero al menos estaría allí si, por casualidad, bajaba a la tierra y se reunía consigo misma. Sería un momento muy cargado, sin duda.

Pasados los tres días percibí que se había producido algún cambio. Karin parecía descansada y menos ansiosa; no regresaba obsesivamente a la misma letanía de quejas. Me miró inquisitivamente y, tras admitir que se sentía más animada, preguntó:

—¿Qué debía sacar yo de esto, supuestamente?

—¿Qué cree haber sacado? —le pregunté.

—Bueno, aún me siento como un árbol de Navidad con las lucecitas encendidas —rió melancólicamente— y aún quiero tirar del enchufe para que las luces se apaguen. —Hizo una pausa.

—¿Algo más? —la urgí.

—No sé —murmuró, evasiva—. Me paseé mucho. Ocurrió algo.

—¿Sí?

—En su bosque hay un arce grande, que fue alcanzado por un rayo y tiene un agujero en el medio, más o menos a la altura del hombro. Al pasar por casualidad junto a él, vi que algo se movía dentro del agujero. Me acerqué más y vi un nido de pájaro, con un solo huevo azul adentro; un pájaro adulto montaba guardia al lado, sin moverse. Me sorprendió que no echara a volar, pero al mirar mejor comprendí lo que ocurría. El huevo se estaba partiendo, justo en ese momento. Aparecieron pequeñas quebraduras; luego, la punta parda de un pico.

»Permanecí muy quieta, conteniendo el aliento. Por un segundo pensé en ayudar, pero he oído decir que, si alguien toca a un pichón, la madre lo rechaza. Así que me limité a observar y, muy lentamente, moví la mano hasta ponerla a treinta centímetros del nido. El ave seguía sin alzar vuelo. El pichón debe de haberse agotado, pues en cuanto se desprendió un trozo grande de la cáscara no hubo más movimientos por varios minutos. Decidí volver.»

Ninguno de los dos dijo nada.

—¿Sabe por qué el pájaro madre no echó a volar? —le pregunté—. Es porque en usted había verdadero silencio. Llevaba a su alrededor su silencio interior y lo proyectaba. Tal vez no repare en eso, creyendo que la mente silenciosa no puede pensar. Se puede pensar y estar en silencio al mismo tiempo. Tenemos dos planos diferentes. La mente pensante continúa, pero el silencio se mantiene.

Lo que Karin había experimentado era una pequeña ventana de quietud. Le dije que el mundo, visto por esa ventana, es muy diferente del que estamos habituados a ver. Lejos de irradiar silencio, la mayoría de nosotros irradia histeria, reflejando el torbellino mental interior. Cuando ese torbellino se aquieta, deja un espacio para que se inicie el cambio.

—Su mente es silenciosa por naturaleza —continué—, pero hay que aquietarse para comprenderlo. Una vez que se entra en la quietud, todo se ordena correcta y espontáneamente. A la luz de la autoconciencia serena y estable, despierta en el interior una sensación de totalidad. Esta totalidad no es ningún pensamiento: es simplemente la propia mente, vacía de todo pensamiento, pero llena de uno. No hace falta hacer nada para llegar a ese estado; el proceso no requiere esfuerzo. Ni siquiera hay que dejarse ir conscientemente. Sólo hace falta una mente silenciosa.

Era la segunda vez que hablaba con Karin; fue también la última. Sólo faltaba un par de días para que completara su semana de estancia en la clínica. Habíamos estado solos, en mutua compañía, por menos de dos horas; sin embargo, me sentía muy cerca de ella. Karin había apostado mucho a ser fiel a sí misma. Un momento antes de despedirnos pareció dispuesta, por primera vez, a hablar de su futuro: me refiero a la posibilidad de tenerlo, en realidad, en vez de malgastar la vida protestando por el presente o llorando por el pasado.

—Vine aquí para descubrir si había un modo de volver a lo que he perdido, aunque mi mente ya me decía que no. Tengo que continuar —dijo.

—¿No sería demasiado triste existir en un recuerdo? —sugerí—. El pasado es eso.

Ella asintió suavemente.

Al día siguiente salí de la ciudad, pero las enfermeras me dijeron más adelante que Karin parecía mucho más animada y vivaz al partir. Por primera vez reparó en los enfermos que estaban y en algunos otros pacientes; pasó varias horas paseando y conversando con dos ancianas que padecían de cáncer avanzado. Ahora sí pienso que Karin no está perdida, sino en transición. Está por llegar a un concepto nuevo y mucho más elevado de sí misma.

—Usted insiste en preguntar quién es en realidad —le dije en nuestra última entrevista—. Si quiere saberlo intelectualmente, usted es conciencia pura, el fondo inalterable contra el cual ocurren todos los pensamientos. Esta conciencia pura es un continuo. No la quiebran el tiempo ni el espacio. Es, simplemente, desde siempre y para siempre.

»Cuando usted se observa a sí misma, lo que experimenta es su verdadera naturaleza. Ésa es la clave de la libertad. Libertad es el conocimiento por experiencia de la propia naturaleza. Usted ya tiene elementos de eso. Muchas veces parece, decididamente, estar observando su cuerpo y su medio. Me lo ha dicho una y otra vez. Hasta se aparta de sus propios pensamientos.

»Por el momento la experiencia no está creando regocijo, pero ¿por qué no ha de ser? Está explorando su propio rincón de inmortalidad, aparte de todas las cosas mortales. ¿No puede ser excitante?»

—Puedo aceptar eso como concepto, pero aún no lo siento —dijo.

Respeto la franqueza de Karin en ese punto. No vivimos en una época de fe; muchas personas tienen problemas con cualquier visión de la vida que incluya palabras tan poco seguras como inmortalidad. «¿La vida? Ya sé qué es la vida», declara el ser aislado. «Es pensar, sentir, respirar. Termina cuando eso termina. No necesito ir más allá.» Pero no es fe lo que pido a Karin: sólo la voluntad de explorar adentro y esperar que emerjan los hechos. Más de una persona se ha dejado estar en un bote de iremos, semidespierta, a la deriva bajo un cielo estival sin nubes, y ha experimentado algo inmenso, silencioso e infinito. En cierto estado de relajación ese algo parece estar en todas partes, tanto adentro como afuera. No nos sonríe ni nos frunce el entrecejo; es, nada más.

Se requieren inmersiones repetidas en el silencio, entrar y salir todos los días, para que una persona acepte que ese estado de ser inmenso, inmóvil y eterno es ella misma. Entonces se abre la puerta a una experiencia que en realidad nos transforma y transforma al mundo. Comprendemos que cuanto hemos estado haciendo en aislamiento (pensar, sentir, respirar) nos llevaba por un sendero oculto. El ser siempre ha querido conectarse; existe sólo para poder desposarse con el Ser.

10

Paraíso recordado

Stan nos dirá que la flauta le salvó la vida, pero no es sólo eso: la flauta *es* su vida. No pasa un día sin tocar la flauta o enseñar a otros a tocarla. Todos los años participa en decenas de conciertos como flauta solista. Posee en el centro una tienda donde repara, prueba, hace demostraciones y hasta fabrica flautas de la nada. Por la noche, al regresar a su casa, colgado de la agarradera del metro, recuerda todos los instrumentos plateados que ha acariciado y pulido ese día.

Por lo tanto, es posible imaginar el horror de lo que ocurrió hace poco. Una mañana, hace cinco meses, Stan despertó sin sospechar nada raro, sólo para descubrir que el sonido de la flauta ya no era agradable a sus oídos. Las sinuosas melodías, las escalas y los arpegios de su propia flauta se habían tornado desagradables; sonaban como uñas contra un pizarrón. De la noche a la mañana, sin motivo, el mayor placer de su vida estaba convertido en dolor.

—¿De dónde viene ese sonido áspero? —le pregunté—. ¿De un instrumento en particular?

—No, no importa qué instrumento escoja —replicó, lúgubre—. Sigue siendo mi energía la que se transmite por él. Siempre he tenido cierta cualidad tonal que a mis colegas les parece encantadora, pero ahora a mí me suena fastidiosamente chillona. Esto se está volviendo tan irritante que ya no soporto tocar.

La cara ojerosa y sumida de Stan se levantó hacia mí.

—¿Y todo eso sucedió de improviso? —pregunté.

—Por completo.

—¿Sin ningún aviso previo? Trate de recordar —lo urgí.

—Sólo puedo decirle que todo parecía estar bien en mi vida hasta que un psiquiatra me dijo que hacía mal en seguir tomando cierto antidepresivo. Lo tomé por un tiempo después de romper con mi novia. Cuando el psiquiatra me dijo que lo cortara de inmediato, pregunté: «¿No habrá problema?». Él me dijo: «Ninguno». A la mañana siguiente desperté con un zumbido en los oídos, como si alguien estuviera tocando la flauta dentro de mi cabeza.

El psiquiatra explicó cuidadosamente a Stan que esa alteración súbita en su oído no podía ser consecuencia de la discontinuidad de su medicación, pero Stan no está convencido. Consultó a varios especialistas, desconcertando a todos por la peculiar mezcla de síntomas físicos y psicológicos.

—Cada vez que trago —me dice Stan— tengo la sensación de que los oídos se me llenan de fluido. Es como si en el cuerpo tuviera árboles con ramas que, cuando trago, crujen y se llenan de fluido. Fui a cuatro especialistas del oído. Dos dijeron que no había ningún fluido; los otros dos, que sí. Sólo uno creía poder tratarlo, pero el medicamento que me dio no sirvió de nada. Las pruebas de audición dan resultado normal o por encima de lo normal, como antes, pero yo sé que ya no estoy bien.

—Puesto que gran parte de su vida se relaciona con el sentido del oído —señalé—, ¿cree usted que algún tipo de problema emocional puede haberse localizado allí a través de este síntoma?

—No sé —replicó—. Hace algunos meses comencé a pensar: «Tal vez no sea físico en absoluto. Puede ser algo que necesite elaborar». La gente me decía: «Tienes que hablar con alguien». Desde hace meses todo ha sido hablar y hablar, pero los psicólogos no me dicen nada que yo no sepa. Supongamos que mis problemas son consecuencia de una neurosis. Bueno, feliz Navidad, ya tenemos la respuesta, pero todavía me siento condenado.

Al parecer, el público no notaba dificultades en las ejecuciones de Stan. Su música parecía seguir siendo la misma; sus colegas continuaban alabándole, específicamente, ese tono expresivo y sensible. El hecho de que ahora odie sus propias ejecuciones se ha convertido, por lo tanto, en un secreto profundo y oscuro.

—Tal vez sea pasajero. Todavía nadie se ha quejado —señalé.

—No, pero puede ocurrir —dijo Stan, nervioso—. Temo siempre que alguien me pesque y comience a oír mi flauta como la oigo yo. Tendrá que suceder, ¿no?

—No sé —respondí, tan desconcertado como él.

Tal como están las cosas, a Stan le cuesta cada vez más retener su integridad, como persona y como músico. Entregar al prójimo su sonido discordante es una constante fuente de culpa. Más que eso: su felicidad depende de la flauta desde que, siendo niño, sus maestros descubrieron su talento musical. Imagino lo menudo e indefenso que debía de ser a los trece años, en Brooklyn.

En la actualidad, a los treinta y cinco años, Stan sigue siendo menudo. Usa frágiles gafas con armazón metálica y tiene un grueso labio inferior que se curva un tanto hacia afuera, creando un apoyo perfecto para la boquilla de una flauta. Se expresa con un nervioso torbellino de palabras, disparándose hacia algo nuevo cuando apenas ha tocado tierra. No puedo evitar la idea de que fue afortunado al descubrir la flauta cuando lo hizo. En las calles de Brooklyn, un muchacho como Stan bien podría haber sido pisoteado.

Sin el placer de su flauta, semana a semana se torna más mohíno y aislado. «El domingo ejecuto un concierto con una orquesta que se compone casi íntegramente de médicos y abogados. Hay una violoncelista maravillosa. Es bonita y creo que me ha echado el ojo. Me gustaría salir con ella. Podríamos divertirnos mucho, ya que los dos somos músicos. Soy tan buen ejecutante como ella, si no mejor. Pero tengo miedo de tomar la flauta y tocar un dúo con ella; por eso no puedo invitarla.»

Cuando salir con una mujer es básicamente, para un hombre, «tocar a dúo», no poder ejecutar ha resultado una catástrofe. Se podrían señalar livianamente las sugerencias sexuales de lo que Stan dice. Es como un tirador sin su pistola, como un policía sin su porra; pero no creo que las sugerencias sexuales sean tan importantes como la drástica pérdida de objetivos que ha sufrido.

—Nunca me ha importado si a los demás les gustaban mis ejecuciones, siempre que yo las disfrutara. A la gente se la puede impresionar durante diez minutos y eso levanta pronto el ánimo, pero las endorfinas o como se llame lo que tenemos aquí —Stan se señaló la cabeza— son como morfina. Quiero sentirlo yo mismo. Quiero sentirme satisfecho. De lo contrario, tocar no tiene sentido.

Suspiró, fatigado.

—Tal vez sea como salir con una mujer por primera vez. Uno está en la gloria, pero después descubre que ella es sólo una persona. La magia se agota poco a poco y la percepción cambia. Tal vez ahora la flauta sea sólo una flauta. Tuve un amorío con ella, ya pasó y ahora la oigo tal como es. ¿Quién sabe?

»Todos los días empiezo a tocar con la esperanza de que el sonido sea bello otra vez, y entonces oigo ese chirrido. Trato de convencerme de que no es así. Me digo: "Tu sonido no puede haber cambiado, Stan. Es que tienes las orejas tapadas". Pero mis síntomas me dicen otra cosa. Racionalizo: "Mira, por allí hay gente con esclerosis múltiple y cosas mucho peores", pero no me sirve de nada. Así no quiero vivir.»

Stan calló, con expresión más lúgubre y desconcertada que antes. Expulsado del paraíso como un ángel caído, no puede superar el horror del sitio en el que se encuentra ahora.

AHORA Y PARA SIEMPRE

La diferencia entre Stan y un ángel caído es que los ángeles reciben el paraíso, mientras que los humanos debemos creárnoslo. Y no todos lo consiguen. Stan tuvo el privilegio de crear un rincón de intensa felicidad por medio de su música. Como debe hacerlo todo artista auténtico, vivía a partir de su propio núcleo creativo, hasta el día siniestro en que se interrumpió el flujo de la creatividad. Apareció un abismo entre el hacedor y la cosa hecha; aunque la cosa hecha seguía siendo bella, lo que otros admiraban no era la belleza de él. En ése abismo, en ese vacío, se perdió toda su felicidad anterior.

Este problema no es privativo de Stan ni de los artistas como clase. Por muy gratificante que sea un aspecto de la vida, su satisfacción es limitada. Se desgasta, a menos que hallemos el modo de permanecer conectados con la fuente de renovación. La renovación es uno de los impulsos primarios de la vida, como el amor y la libertad, pero más importante aún, puesto que todo necesita renovarse para mantener la ventaja con respecto al incansable proceso de destrucción. En la naturaleza nunca hay destrucción pura, sino creación y destrucción a la vez, tan estrechamente empalmadas que no es posible separarlas. En el plano físico morimos y nacemos constantemente. En cada minuto millones de nuestras células se dividen, sacrificando su antigua existencia en una muerte que da vida a dos células nuevas. El impulso de la creación empuja la vida hacia adelante, aun cuando el pasado venga devorando vida desde atrás.

Todos tenemos un profundo impulso psicológico que nos lleva a mantener el ritmo de este proceso. Alice Miller lo expresa con bella concisión: «Hay necesidades que pueden y deberían ser satisfechas en el presente... Entre éstas figura la necesidad central que todo ser humano tiene de expresarse, de mostrarse al mundo tal como es, en palabras, en gestos, en su conducta, en cada expresión genuina, desde el llanto del bebé a la creación del artista».

La clave de esa inspiradora afirmación es que la vida necesita ser satisfactoria en el presente. Sin embargo, no es tan fácil definir «el presente». Desde una perspectiva, el presente es la más delgada entre las porciones de tiempo, el instante fugaz que permite al futuro derrumbarse en el pasado. Desde la perspectiva opuesta, el presente es eterno, porque se renueva constantemente, como un río que nunca es el mismo dos veces. «El presente es lo único que no tiene fin», declaró Schrödinger cierta vez.

Crear el paraíso podría significar, ni más ni menos, vivir en el presente, disfrutar la felicidad que existe tanto ahora como siempre, pero ¿quién puede hacerlo? Los límites dentro de los cuales vive la mente humana se fabrican invariablemente con el pasado. Es de la herida de ayer que me defiendo hoy, la gloria del año pasado la que quiero revivir, un amor perdido el que deseo reencontrar. El hacedor de límites que ejerce poder tan enorme sobre nosotros es el intelecto, esa parte de la mente que juzga y categoriza nuestras experiencias.

Ya hemos visto que la mente crea límites para su propia protección. Como puede apartar de la vista sentimientos peligrosos, empujando nuestros miedos infantiles y las agresiones primarias al submundo del inconsciente, el intelecto es crucial para que nos sintamos fuera de peligro. Cada vez que nos encontramos en una situación psicológicamente amenazadora, la mente se enfrenta a una decisión: «¿Esta persona me hará daño? ¿Es peligroso sentir esta emoción? ¿Me atrevo a decir lo que en realidad pienso?»". La respuesta de la mente, cualquiera que sea, se convierte en la realidad provisional sobre la cual actuamos; el montón confuso y cambiante que forman esas realidades provisorias es la realidad en sí.

Puesto que la vida nunca cesa de presentarnos una nueva oleada de desafíos, las decisiones intelectuales que tomamos giran por siempre. La cantidad de preguntas que brotan de la experiencia más ínfima es abrumadora. ¿Esto es deseable o indeseable? ¿A repetir o a no repetir jamás? ¿Acertado o erróneo, bueno o malo, agradable u horrendo? Una vez tomada cada decisión, se la archiva en la memoria, para que sirva como punto de referencia de experiencias futuras. Digamos que mi primer paseo a caballo me hizo sentir bien / fue bueno / grato / digno de repetirse. La próxima vez que yo piense en montar a caballo, estos juicios teñirán mi decisión. No me obligan a montar nuevamente, pero tampoco puedo descartarlos del todo.

Hace dos años di una conferencia en Alemania. Después una mujer se acercó a decirme que trabajaba en un gran acuario municipal y allí había observado con frecuencia un fenómeno interesante. Cada vez que se retiraban las gruesas divisiones de vidrio del tanque principal para limpiarlas, los peces nadaban justo hasta el sitio donde debía estar la división y, antes de cruzarlo, giraba hacia atrás, desviado por una barrera que en realidad no existía.

Esta observación cautivó mi imaginación. Nuestros propios límites infranqueables son sólo arrugas en nuestra mente, que otra arruga rotula como demasiado feas, temibles, odiosas o aterrorizantes como para enfrentarlas. Si veo a un antiguo enemigo que me insultó hace diez años, me resultará casi imposible pasar por alto mi herida anterior. Los viejos juicios surgen en mi mente de modo automático, erigiendo una muralla, y la persona que podría ser amiga se ve rechazada de antemano. A su vez, al percibir mi frialdad, levanta sus defensas; así nos encontramos los dos escondidos detrás de barricadas que no cumplen ningún propósito, que carecen de toda realidad. El momento pasa pronto; sin embargo, no ha habido ninguna relación: sólo la rancia repetición de recuerdos gastados. Y la parte más frustrante es que mi torturador de hoy soy yo mismo en las sobras de ayer.

Los rishis estudiaron este problema presentado por el intelecto, que es como un cuchillo para pan: corta constantemente el flujo de la vida en pulcras rebanadas de experiencia, cada una con su rótulo y su dictamen. Comprendieron que este rebanar la realidad, aunque necesario para el proceso de pensamiento, era básicamente falso. La vida es un río, no un grifo que gotea. Por lo tanto, los rishis afirmaron que, si una experiencia depende de rebanadas de tiempo y espacio, no es en absoluto una experiencia. Es una ficción, una sombra, una idea de vida que no tiene vida real. Al interpretar interminablemente el mundo en bocados y fragmentos, lo estamos perdiendo a cada instante, permitiendo que se nos deslice como arena entre los dedos. Para contar con una realidad íntegra y, por lo tanto, ciertamente real, debemos elevarnos sobre el intelecto, descartando sus pulcras rebanadas de experiencia. Como pan de ayer, de cualquier modo no harán sino ponerse rancios.

«YO SOY EL CAMPO»

En vez de un mundo rebanado en bocados y trocitos, los rishis nos ofrecen un continuo (un río en movimiento) que se inicia dentro de nuestra conciencia, se expande para crear todas las cosas y los hechos de «allá afuera» y luego regresa a su fuente, disolviéndose de nuevo en la conciencia. En último término, la percepción de los rishis sólo puede ser puesta a prueba elevándose a su mismo estado de conciencia. Pero supongamos que estén en lo cierto. En ese caso debería sernos posible, siquiera por un instante, ver lo que ellos veían. Un maestro que conozco de Oregon, que ahora tiene algo más de cuarenta años, parece haber tenido una de esas fugaces visiones mientras estaba meditando. La experiencia se inició en territorio familiar:

Una mañana, cuando empecé a meditar, fue como si un poderoso imán me atrajera hacia dentro de mí mismo. Durante algunos minutos continué hundiéndome más y más, sin esfuerzo de mi parte, hasta que se esfumó toda sensación de estímulos exteriores. Estaba sentado, con la respiración tranquila, pero mi mente permanecía alerta en el ininterrumpido silencio. Comprendí que había trascendido a tal punto que mi ser individual se había desprendido por completo, llevándose cualquier sensación de tiempo, espacio, dirección y cualquier tipo de pensamiento.

En estos casos lo habitual es continuar experimentando el silencio trascendente o empezar a elevarse hacia la superficie de la mente, llevado por un súbito pensamiento o una sensación. Sin embargo, esta vez ocurrió algo nuevo.

Del campo del tiempo, absolutamente uniforme, surgió un débil punto de conciencia. Era una delicadísima sensación de «yoidad», apenas una brizna de conciencia personal, y con ella vino la sensación de «giro»; no tengo otro modo de describirla. Este giro debió de actuar como una chispa, pues de pronto me rodeó una enorme expansión de luz. No existía otra cosa que la luz; comprendí intuitivamente que era inteligencia o conciencia, que tomaba forma visible.

Aunque estaba sentado con los ojos cerrados, pude ver que fuera de mí todo estaba hecho de esa misma luz blanca e intensa. Mi cuerpo, las mesas y las sillas, los muros y las ventanas, el edificio y todo lo que había más allá, todo estaba modelado de esa luz inteligente, que palpitaba de vida. Al cabo de uno o dos segundos la luz se esfumó poco a poco. Quedé solo, nuevamente sentado en silencio, pero ahora todo era diferente, como si yo hubiera tragado el mundo y por primera vez me sintiera lleno.

Por extraordinaria que sea esta experiencia, me parece aún más notable que mi amigo la encontrara normal. Dijo que el «giro» que encendió su visión también podría ser denominado «autorreflejo». En otras palabras, sintió que, detrás de la seductora superficie de su visión, en realidad estaba divisándose a sí mismo. Después de pasarse la vida distraído por cosas de «allá afuera», por fin observaba al observador. Sin embargo, no podemos comprender del todo esta experiencia mientras no nos acerquemos a lo que es ese «giro» interior de la conciencia y a cómo nos saca de nosotros mismos para llevarnos al campo donde la luz y la mente, la nada y el todo, se mezclan en una sola cosa.

Es sumamente intrigante que la palabra «campo», utilizada por los físicos modernos para describir las fuerzas más fundamentales de la naturaleza, fuera en la antigua India un vocablo sagrado. En el *Bhagavad-Gita*, cuando el Señor Krishna revela su infinita grandeza al guerrero Arjuna, le dice: «Conóceme como el campo y el conocedor del campo». La palabra sánscrita, *kshetra*, puede referirse a un campo de batalla (Arjuna y Krishna hablan en medio de un campo de batalla, justo antes de que se enfrenten dos poderosos ejércitos), pero el significado más profundo de *kshetra* se acerca mucho a lo que designa un físico al decir «campo cuántico» o «campo electromagnético». Estos campos son infinitos y omnipresentes; sin ellos la realidad no podría existir. El Señor Krishna dice otro tanto de sí mismo.

Antes de que pueda haber un fotón de luz debe existir el campo de luz; antes que un electrón individual, el campo de electricidad; antes que un imán aislado, el campo magnético de la tierra. Empero, el campo de luz que vio mi amigo, como fuente de cuanto lo rodeaba, no era un campo físico, sino de conciencia. Estaba percibiendo su propia conciencia como luz, pero eso no se diferencia tanto como parece de la percepción ordinaria. Cuando vemos luz, lo que hace en realidad nuestro cerebro es seleccionar cualidades totalmente abstractas, sacándolas del campo e interpretándolas como luz. En realidad, cuanto vemos, tocamos, oímos, gustamos u olemos ha sido seleccionado en el infinito reservorio de energía vibrante del campo.

Pensemos en una hoja y una espina de rosal. Ambos se nutren de la misma luz solar, constantemente bombardeados por todo el espectro luminoso del sol. La fotosíntesis es básicamente la misma en ambas; si estudiamos su estructura celular, veremos especialmente las mismas moléculas; el ADN es idéntico.

La diferencia entre hoja y espina es cuestión de selección. La espina toma la luz solar y la convierte en algo duro, afilado y puntiagudo. La hoja toma la luz solar y la convierte en algo suave, redondeado y traslúcido. La luz solar, en sí, no tiene ninguna de esas cualidades. ¿Podría alguien afirmar que la luz es dura o blanda, aguda o redondeada? De algún modo, las diversas cualidades son sacadas del campo, aunque no parezcan estar «dentro» de él; existen como posibilidades que el campo puede manifestar.

Como la rosa, yo practico la selección, dando forma a mi vida según se altere mi relación con el campo. En un estado de conciencia (sueño profundo) no tengo interacción alguna con la luz. En el estado de sueño produzco imágenes de luz en mi cabeza. En estado de vigilia la luz parece estar «allá afuera». En realidad, la luz fue siempre una potencialidad del campo, a la espera de que mi mente la activara.

Es preciso entender que el campo no es una cosa: es una abstracción con la que nosotros damos forma a las cosas. Para demostrarnos esto podemos recurrir a esas personas que carecen de las habilidades creativas completas que los demás damos por aseguradas. En *Pilgrim at Tinker Creek*, Annie Dillard escribe con elocuencia sobre toda una clase de personas, los ciegos de nacimiento, que no viven en un mundo donde existan el espacio, el tamaño, la distancia y muchas otras cualidades que nosotros aceptamos como cosa dada. Hace varias décadas, cuando los cirujanos oftalmólogos aprendieron a extirpar cataratas sin peligro, pudieron devolver la vista, de la noche a la mañana, a personas que eran ciegas de nacimiento. Súbitamente liberadas a la luz, los nuevos videntes no se sintieron libres, sino arrojados a un misterio que, a veces, los abrumaba. «La vasta mayoría de los pacientes, de ambos sexos y de cualquier edad, no tenían... idea alguna del espacio», escribe Dillard, basándose en las notas que dejaron los cirujanos. «Forma, distancia y tamaño eran sílabas sin sentido. Un paciente no tenía idea de la profundidad y la confundía con la redondez.»

De otra paciente postoperativa el médico escribe: «No he hallado en ella noción de tamaño, por ejemplo, ni siquiera dentro de los estrechos límites que puede haber abarcado con la ayuda del tacto. Cuando le pedí que me indicara qué tamaño tenía su madre, en vez de abrir los brazos indicó con los dos índices una amplitud de pocos centímetros».

Un paciente estaba habituado a detectar la diferencia entre un cubo y una esfera tocándolos con la lengua. Después de la operación no podía diferenciarlos a simple vista. Un segundo paciente dijo que la limonada era «cuadrada», porque le provocaba en la lengua una sensación de escozor, tal como un objeto cuadrado a sus manos.

Los nuevos videntes se enfrentaban a un mundo desconcertante, pues carecían de la creatividad visual que todos damos por asegurada. La vista les cayó informe en el regazo, tal como en realidad existe antes de que la mente la convierta en algo con forma. Algunos pacientes no llegaron a comprender que una casa es más grande que uno de los cuartos interiores. El edificio situado a un kilómetro de distancia les parecía tan próximo como otro cercano, sólo que se requerían muchos más pasos para llegar a él. Un perro que se pusiera detrás de una silla dejaba de estar en la habitación. Veían las formas como parches de color plano. Después de pasar junto a un árbol, algunos pacientes se asombraban al volverse y descubrir que ahora lo tenían atrás.

«Para los nuevos videntes», comenta Dillard, «la visión es sensación pura, sin el estorbo del significado.» Agregar el significado resultó demasiado difícil para algunos de ellos. Cuando estaban solos preferían volver a cerrar los ojos, tocar los objetos con las manos o la lengua o a subir las escaleras con los ojos cerrados, para evitar la vertiginosa perspectiva de trepar por una pared. Patéticamente, el exceso de imágenes visuales hacía que casi todos perdieran esa serenidad tan llamativa en los ciegos de nacimiento. Los perturbaba especialmente descubrir que, durante toda su vida, habían sido observados; era una intromisión personal totalmente ajena a los ciegos.

Al fin algunos se adaptaron mejor que otros. Para ellos era inquietante, pero también maravilloso, descubrir que cada persona tenía una cara diferente; era sobrecogedor captar la vastedad de los cielos y la tierra misma. Pero el espacio seguía siendo elusivo. A una niña le mostraron algunos cuadros y fotos.

—¿Por qué les ponen esas marcas oscuras por todas partes? —preguntó.

—No son marcas oscuras —explicó la madre—: son sombras. De esa manera, entre otras, la vista sabe que las cosas tienen forma. Si no fuera por las sombras, muchas cosas parecerían planas.

—Pero si eso parecen —replicó la niña—. Todo se ve plano con parches oscuros.

Nosotros estamos muy acostumbrados a la construcción habitual del mundo, pero eso no significa que deba existir. Otras personas pueden no aceptar nuestro código para la realidad, si no aceptan nuestro código para ver. El ojo se niega a ver lo que la mente no conoce.

Recuerdo anécdotas de los turcos que huyeron aterrados del teatro, al ver la primera película, pensando que la imagen de la locomotora saltaba desde la pared; de pigmeos de la selva africana que, llevados a una planicie por primera vez, pensaron que los búfalos vistos a lo lejos medían en realidad, cinco centímetros; de esquimales que no vieron cara alguna en sus propias fotografías: sólo una maraña de manchas grises y negras. No se trata de reacciones «primitivas», sino de reacciones de otro código, de otro mundo. Sin embargo, todos aceptamos algún código; la raza humana está ligada con cordones de vista; sólo los rishis nos dicen que estamos en libertad de adoptar cualquier código que deseemos.

TEJIENDO LA TRAMA DE LA CONCIENCIA

Si los rishis podían ver esto con tanta claridad es porque su propia experiencia del mundo iba más allá de la limitadora influencia de cualquier código de percepción. No elegían fragmentos del campo: lo veían como un todo. ¿Y cómo era esa totalidad? Cuando los rishis volvían su atención hacia el campo para ver su totalidad, descubrían que el campo era conciencia pura, la misma «materia mental» que llena nuestras cabezas.

«Pura» significa sin forma; se la puede equiparar al silencio inmóvil con el que establecemos contacto durante la meditación. Al existir sin forma en el campo, la conciencia pura empieza a vibrar y, al hacerlo así, se convierte en el universo visible. Podemos considerar el pensamiento como una vibración dentro de esa materia mental; lo mismo puede decirse del átomo, aunque el átomo está fuera de nuestra cabeza y tiene todas las características de la materia. Estas características son sólo efectos especiales, según declaran los rishis. Átomos, moléculas, fotones de luz, estrellas, galaxias, toda la creación está hecha de lo mismo: conciencia pura.

Esto, el núcleo del discernimiento interior de la India antigua, es demasiado radical como para tomarlo como artículo de fe, pero sólo puede ser puesto a prueba en un estado de conciencia más elevado. Sin embargo tenemos un concepto como vínculo: el campo, que al menos puede llevarnos hasta las fronteras del mundo de los rishis.

En los cincuenta últimos años, el concepto del campo adquirió importancia en la física, al descubrirse que la materia y la energía no tenían una existencia fija y concreta. Como podemos sostener en la mano una pelota de tenis, el sentido común nos dice que esa misma mano también debería poder sostener la parte más pequeña de una pelota de tenis. Pero las partículas elementales que constituyen los fragmentos más pequeños de la materia no son sólidos ni fijos.

Para ver adecuadamente una pelota de tenis hay que imaginarla como un enjambre de abejas. Cada abeja vuela a tal velocidad que forma una línea de luz, tal como una varilla chispera movida en círculos en la oscuridad. Además de dejar un rastro visible, cada abeja deja también un rastro que se puede sentir. Por ende, aunque la abeja se pierde de vista en cuanto tratamos de verla, aún podemos ver y tocar dónde ha estado, con los ojos y con las manos.

De una forma rudimentaria, hemos descubierto el principio básico de la realidad cuántica: el famoso Principio de Incertidumbre, según el cual las partículas elementales, aunque parecen ocupar un sitio definido en el tiempo y en el espacio, no pueden ser realmente localizadas allí. Cada vez que tratamos de atrapar una abeja, el insecto desaparece y sólo nos deja su rastro. A los físicos no los hizo del todo felices la idea de que todo en la existencia se está escabullendo constantemente, pero aprendieron a soportarlo, aunque incómodos. En vez de tener una partícula sólida a la que asirse, se encontraron con una serie de posibilidades; al agrumar todas las posibilidades, el resultado era un campo.

En esencia, un campo es sólo una serie de variables a medir. Podemos sondearlo gracias a los diversos tipos de rastros que las zumbantes partículas dejan detrás de sí. Hecho eso, lo que resulta es una serie de descripciones muy exactas y científicamente útiles. Se puede describir un quark diciendo que tiene esta o aquella propiedad (masa, momento, simetría, giro), todo lo cual se puede computar con bella exactitud matemática. Lo extraño es que podemos saberlo todo sobre la abeja voladora sin detenerla jamás. Por eso la pelota de tenis nos parece totalmente segura, sólida y real en un plano, allí donde operan los sentidos, y totalmente fantasmal y desprovista de realidad en un plano más profundo al que los sentidos no pueden llegar.

Como los rishis, los físicos maniobran entre cosas existentes, cosas posibles y la nada. El Señor Krishna puede usar la palabra «camp» con la misma intención que el físico: ambos tratan de expresar un sentido de la totalidad de la naturaleza. El campo es la manera más completa de describir cualquier objeto, desde un átomo a una estrella, porque todas las descripciones posibles están incluidas en él. Esto implica que cuanto vemos con los ojos podría ser otra cosa. De hecho, no hay modo de salir de esta peculiar conclusión, pues en el plano del campo el ver y el crear se mezclan. John Wheeler, renombrado físico de Princeton, escribe: «Antes pensábamos que el universo estaba "allá afuera", para que lo observáramos como desde detrás de un vidrio de treinta centímetros de espesor, a salvo, sin participación personal. Según nos dice la teoría cuántica, la verdad es muy diferente... El observador se ve crecientemente ascendido a la categoría de participante. En algún sentido extraño, éste es un universo participatorio».

Como todos los grandes avances, el descubrimiento de que el universo no tiene estructura fija puede parecer aterrador, pero el principio de la incertidumbre equivale a un principio de creatividad. Palabras tales como «vacío», «nada» y «espacio interestelar» no tienen por qué generar miedo; son la materia creativa de todos los días. «Me gusta el cuento de los tres árbitros de béisbol que descansaban cierta tarde, tomando cerveza y comparando ideas», escribe Wheeler. «Un árbitro dice: "Yo sanciono lo que veo". El siguiente afirma: "Yo sanciono lo que es". Y el tercero: "No hay nada hasta que yo sancione".»

Los rishis llevaron el acto creativo de ver aún más alto que los físicos cuánticos. En primer lugar, expandieron la influencia del observador más allá del alcance infinitesimal del campo cuántico, que es de diez millones a cien millones de veces más pequeño que el átomo. El juego de escondidas de un quark se convirtió en el juego de escondidas de la vida en su totalidad: el observador védico arrancó del campo nuevas mañanas, paquetes enteros de realidad que no podían existir sin él.

La física apenas ha ingresado en este ampliado dominio. Sin embargo, hay estudios controlados según los cuales la gente común puede proyectar sus pensamientos en el taller de la naturaleza. Dos investigadores del departamento de ingeniería de Princeton, Robert G. Jahn y Brenda J. Dunne, han demostrado que los voluntarios puestos frente a una máquina pueden influir en su funcionamiento con el poder de la atención. El experimento figura en *Margins of Reality*, libro rigurosamente documentado de Jahn y Dunne.

Como es típico, la máquina sobre la cual debían influir era una generadora de números al azar, un ordenador que emitía sartas de ceros y unos al azar. En un período largo emitiría la misma cantidad de ceros que de unos, tal como arrojando una moneda se obtienen, a su debido tiempo, tantas caras como cruces.

Se pidió a los voluntarios que desviaran la emisión de la máquina hacia más unos o más ceros, simplemente por el deseo. Ellos aplicaron la mente a lo que deseaban que la máquina produjera y tuvieron un éxito notable. Lograron desviaciones con respecto al azar de un dieciocho por ciento, aunque ni la más sofisticada de las teorías cuánticas puede explicar cómo lo consiguieron.

En experimentos correlacionados, el equipo de Princeton demostró que la gente común también puede transmitir mensajes telepáticos a otros, por lejos que esté el receptor. En algunos casos se observó que los mensajes transmitidos se recibieron hasta tres días antes de ser enviados. La asombrosa implicancia consiste en que los límites fijos del espacio-tiempo no son absolutos, sino sólo conveniencias de la mente. Bien podríamos estar viviendo en una película tridimensional proyectada por nuestra mente, como lo sostenían las antiguas escrituras indias.

En realidad, *somos* esa película tridimensional. No está separada de nosotros, sino fundida con nuestra materia mental, de tal forma que la única manera de verla sin dejarse engañar es ver al observador. Cada persona puede declarar, junto con el Señor Krishna: «Conóceme como el campo y como el conocedor del campo». El poeta Tagore percibió exactamente cómo era aceptar su propia condición cósmica:

> El mismo torrente de vida que me corre por las venas noche y día corre por el mundo y danza en compases rítmicos.
>
> Es la misma vida que brota en regocijo a través

del polvo de la tierra, en innúmeras briznas de hierba, y estalla en olas tumultuosas de hojas y flores.

Si el campo es todo cuanto hay, la inconcebible fuerza que impulsa al universo debe de estar también en cada pizca de materia y en cada grano de pensamiento. No, debe de estar en la mera posibilidad de que materia y pensamiento puedan existir tal como la concebían los rishis, la localización de toda la creatividad está en la conciencia pura. Claro que lo mismo puede decirse de nosotros y de todo.

«ERROR DEL INTELECTO»

Me he explayado sobre los paralelos entre el pensamiento védico y la física moderna porque en este aspecto se han producido en el pasado muchos malentendidos. A fines de la década de 1970 se puso de moda asegurar que la teoría cuántica había sido anticipada por el discernimiento interno de los místicos, sobre todo por los sabios del budismo y el taoísmo. Ante esto, muchos creyeron que la sabiduría oriental podía ser interpretada según la física moderna y viceversa. Surgió la esperanza de que se podía construir un puente entre Oriente y Occidente; al mezclar conocimientos se beneficiarían ambas visiones del mundo.

Sin embargo, muy pronto se produjo una reacción contraria entre los físicos profesionales, entre otros, que desacreditaban la idea. Para ellos, el campo cuántico es un dato sólido, mientras que las visiones de los místicos son el colmo de la blandura. Se argumentó que las matemáticas, complejas y altamente especializadas, por las que se predice la conducta de cosas tales como quarks y leptones, tenía poco y nada que ver con la conducta humana. Sugerir que la mente tenía una base cuántica era fantasía, pues los pensamientos y las partículas subatómicas existen en reinos totalmente distintos. Esta separación no podía ser cubierta por la física; los físicos, en su mayoría, ni siquiera estaban dispuestos a intentarlo. (Aunque callaron al respecto, los budistas tradicionales estaban igualmente horrorizados, pues centraban su religión en la salvación de las almas empantanadas en el ciclo de renacimientos. No encontraban la aplicabilidad de la teoría cuántica a esta meta y, por lo tanto, tampoco ellos tenían muchos deseos de construir un puente.)

Espero no empeorar el asunto señalando que analizar a los sabios antiguos desde el misticismo o desde la teoría cuántica es privarlos de su verdadera originalidad y su propósito. Los veedores védicos, como sus equivalentes posteriores en el taoísmo y el budismo, no eran místicos; eran alertas observadores del mismo mundo en que todos vivimos. Ellos no se limitaban a las visiones subjetivas y al discernimiento interno; su mente se centraba en el punto de unión donde se encuentran la subjetividad y la objetividad. Esto les daba una perspectiva única desde la cual observar cómo se transformaba su propia conciencia en las rocas, los árboles, las montañas y las estrellas que todos percibimos «allá afuera».

He hecho lo posible por proporcionar una prueba convincente de que la realidad es creación personal de cada uno. Nadie captará jamás esto sólo en el plano intelectual; es preciso experimentarlo e internalizarlo. El intelecto, al levantar barreras de duda, negativa y miedo, ha reducido la experiencia espiritual directa a un misticismo vacío, haciendo que sea mucho más difícil comprender hasta qué punto es necesaria esa experiencia. Si puedo correr el riesgo de definirla, una experiencia intelectual es aquella en que la conciencia pura se revela como hacedora de realidad. ¿Hay algo más importante para nuestra vida? La realidad brota de nosotros como los sueños de un soñador o como luz de una hoguera. Una vez que dominemos este proceso, podemos devolvernos a un estado de libertad y satisfacción; en otras palabras, podemos ponernos otra vez en el paraíso.

La pérdida de la experiencia espiritual, tanto en Oriente como en Occidente, ha hecho pedazos las aspiraciones más elevadas de la existencia humana. «Todo vuestro sufrimiento arraiga en una superstición», decía un gurú a sus discípulos. «Creéis que vivís en el mundo, cuando en realidad el mundo vive en vosotros.» Los antiguos rishis iban aún más allá: declaraban que se sacrificaba la perfección en cada aspecto de la vida a causa de *Pragya-Paradha*, «el error del intelecto».

La necesidad que el intelecto tiene de explorar el mundo, que se inició en el pasado remoto y llegó a su cima en los tiempos modernos, con el correr del tiempo nos adentró tanto en la diversidad de la creación que perdió de vista la fuente de la creación: nuestra propia conciencia. Las experiencias interiores de bienaventuranza y expansión infinita, de libertad total y poder ilimitado, pasaron a ser «mística». Nadie tiene esas experiencias como cosa natural; por el contrario, hacen falta años de meditación para volver al estado de conciencia en que estas experiencias se tornan siquiera remotamente posibles. A esta altura, la dura realidad de «allá afuera» se ha vuelto tan compulsiva que al espíritu se le permite poco o ningún poder. Tal vez la existencia del espíritu fue una superstición desde el principio.

Por horrible que pueda parecer, ese estado actual de atrofia espiritual no tiene por qué hacerse permanente; el «error del intelecto» se puede corregir. En realidad, al respecto hay motivo para un gran optimismo. Reducir nuestros problemas a una sola causa es un hallazgo decisivo por sí. ¿Cómo hacemos pues, para corregir nuestro error? No se trata de renunciar por completo al intelecto, lo cual sólo provocaría la estupidez. El intelecto debe ser devuelto al lugar que le corresponde en el equilibrio total de la conciencia. La experiencia repetida de la conciencia pura permite que se produzca esa curación.

Cuando todos los aspectos están en equilibrio, la conciencia humana se descubre viviendo ambas mitades de la vida: el estado absoluto del Ser y el estado relativo del ser. Al permanecer en contacto con nuestro núcleo de conciencia pura, podemos apreciar plenamente el mundo bello y diverso de «allá afuera». El espejo de la naturaleza nos devolverá el reflejo de nuestro propio regocijo interior. El poeta W. B. Yeats escribió: «Somos felices cuando por cada cosa de nuestro interior existe algo correspondiente fuera de nosotros». La palabra «correspondencia» significa un flujo de comunicación, así como una similitud entre dos cosas. Cuando la conciencia está completamente equilibrada, la comunicación con el mundo exterior es instantánea y automática. Esto ocurre con el toque del pensamiento.

El escritor sudafricano Laurens Van der Post recuerda cierto día en que viajaba entre los nativos de los bosques. Al llegar a su campamento, encontró a los hombres sentados alrededor de un viejo miembro de la tribu al que Van der Post le tenía especial simpatía. El anciano permanecía sentado e inmóvil, con los ojos cerrados, profundamente absorto. Cuando Van der Post preguntó qué estaba haciendo, uno de los espectadores respondió: «Chist, está haciendo algo importante. Está haciendo nubes». Los rishis dicen que usted y yo también nacimos para hacer nubes. Pero mientras no recobremos el dominio de nuestra naturaleza interior, jamás resolveremos los desequilibrios que han sido infligidos a la naturaleza en su integridad.

LA TRAMPA CIRCULAR

Me resulta significativo que, en la actualidad, haya tanta gente dedicada al tema de las adicciones. Para mí, las adicciones representan el conflicto profundo entre el conservar nuestro viejo condicionamiento y el liberarnos. El «hábito» del adicto no es sino una versión exagerada de todos los hábitos, que se aferran a realidades gastadas en vez de permitir que ingrese vida nueva. Las causas radicales de la adicción son objeto de acalorados debates, pero un aspecto del síndrome es que da placer a personas que no pueden hallarlo de otro modo. Tal como observa Alice Miller: «Las personas que, cuando niños, reprimieron con éxito sus sensaciones intensas tratan con frecuencia de recobrar, aunque sea por poco tiempo, la perdida intensidad de la experiencia, con la ayuda de las drogas y el alcohol».

Me parece obvio que mucha gente ha anestesiado una enorme porción de su ser sensible. Rara vez se considera la exhibición de emociones fuertes como forma de conducta aceptable en nuestra sociedad, que pone primordial importancia en el autodominio. Como resultado, muchos podemos llegar al punto en que caemos en el pánico ante la primera señal de emoción que empieza a brotar. Negamos la emoción, repitiendo lo que se nos impuso en la infancia, y al hacerlo ejercemos una presión enorme para negarnos a nosotros mismos.

La adicción «resuelve» este problema permitiendo el placer, pero asegurando al mismo tiempo que ese placer sea furtivo y esté cargado de remordimientos. Uno de mis pacientes, que mantiene una impecable fachada de comportamiento correcto, llevó durante muchos años una vida secreta, en la que frecuentaba los peores tugurios de Boston donde se vendía heroína.

—Cuando iba al gueto —contaba—, representaba diversos personajes. A veces iba conduciendo mi BMW, luciendo un traje de tres piezas; otras veces, vestido con uniforme de fajina o con los harapos de un mendigo. He visto morir a la gente, implorando heroína hasta el mismo fin. Tanto la policía como los traficantes me vigilaban de cerca, pero no podían reconocerme. He dormido en casas abandonadas con otros adictos; he recorrido las calles con niños de diez años que tenían órdenes de disparar a primera vista contra quien tratara de arrebatarles la provisión de droga.

»Usted no puede entender qué significa una adicción de veinte dosis de heroína por día —aseguraba, con una expresión insondable en los ojos—. El drogadicto común consume de dos a cinco dosis, tal vez diez. Cuando se llega a tanto, las posibilidades de recuperarse no alcanzan el uno por ciento. Yo llegué a consumir veinte dosis diarias por más de un año y sobreviví.»

Ese hombre fue muy franco con respecto al goce que le provocaba su adicción, por lo menos al principio. Desde el momento en que se inyectó heroína por primera vez se sintió inundado por un placer perdido mucho tiempo antes. Representando diversos personajes, el moverse en el oscuro mundo de los drogadictos, le ofrecía una fuente secundaria de placeres prohibidos. Como no tenía que ser real ante nadie, podía olvidar momentáneamente las grandes dudas que tenía sobre sí mismo, ésas que le decían que tal vez no fuera real, a fin de cuentas.

Aunque espeluznante desde afuera, su adicción no se diferenciaba en esencia de la del cauteloso alcohólico que, por las mañanas, bebe subrepticiamente una medida de whisky antes de lavarse los dientes. Ambos están atrapados por la seductora combinación de goce y culpa. La esencia de cualquier forma de conducta compulsiva es la repetición incesante, que el placer por sí solo no bastaría a incitar. Alcohólicos y heroinómanos, glotones compulsivos o cleptómanos, todos regresan una y otra vez a la conducta que considerarían vergonzosa en otra persona.

Con frecuencia, lo que les parece vergonzoso es el placer en sí; por lo tanto, no tienen más remedio que buscar placeres que incluyan una insatisfacción. Tal como lo expresó un psicoterapeuta: «Uno nunca se cansa de lo que, para empezar, no quiere». El más intenso de los placeres no es adictivo mientras la persona que se lo permite tenga una idea clara de lo que es el placer. Pero cierto tipo de personalidad no puede menos que mezclar el sentirse bien con el sentirse mal. La animación producida por la droga viene acompañada de una punzada de culpabilidad; sin la culpa, la animación perdería su atractivo.

Nuestra cultura compadece y vilipendia a los adictos; la sociedad aún no ha decidido si debe tratarlos como a enfermos, degenerados o ambas cosas a la vez. También existe una ambigüedad más profunda. Contemplar la irremediable pérdida del autodominio que representa una adicción total es horrible, pero secretamente tentador. ¿Quién se negaría a que por el cuerpo le corriera una oleada de placer, si no tuviera que pagar un precio demasiado alto? Eso no es puro escapismo de nuestra parte. Yo diría que, en el fondo de toda adicción, subyace una profunda nostalgia del placer que es eco de una necesidad legítima. Pese a lo que pueda decirnos nuestro condicionamiento, buscar el placer no es malo. Todos vivimos acicateados por el deseo. Pero casi nadie puede disfrutar de una satisfacción profunda que no esté teñida por sensaciones de culpa, egoísmo o una vaga premonición de que «esto es demasiado bueno para durar».

Si en realidad los adictos expresan una fantasía que todos compartimos, tal vez no sean enfermos ni degenerados. Me gustaría aplicar el diagnóstico proporcionado por los rishis y decir que la adicción es, básicamente, resultado de un error. El adicto está encerrado en una trampa circular de su propia creación: no puede obtener placer suficiente para abolir su culpa; no puede sufrir culpa suficiente para alejarlo de la próxima dosis. Los dos impulsos se persiguen entre sí, en una danza interminable.

Lo que tenemos aquí es otro ejemplo de intelecto errado; la trampa circular depende de que el adicto esté convencido de que su conciencia dividida no puede curarse sola. Sin embargo, los rishis sostienen que la conciencia es todopoderosa; eso significa que puede curar cualquier cosa, incluida ella misma. Veamos si en esta dirección podría hallarse una solución para las adicciones.

Evelyn Silvers, terapeuta de Los Ángeles que se especializó en drogadicción, ha aprendido a crear con sus pacientes un fenómeno notable que los libera de la dependencia. Utilizando el tipo más sencillo de sugestión y pensamiento guiado, induce a sus pacientes a fabricar «drogas cerebrales» que parecen actuar exactamente como la heroína, el alcohol, la cocaína o los tranquilizantes por los que ellos se están arruinando la vida comprándolos o robándolos.

En 1976 Silvers se había dedicado a un problema diferente: el dolor crónico. Reinaba entonces un extendido entusiasmo por el reciente descubrimiento de los matadolores internos del cuerpo, llamados endorfinas; según los análisis, eran varias veces más poderosas que la morfina y otros derivados del opio. Inspirada por este descubrimiento, Silvers descubrió que podía inducir a víctimas crónicas de migrañas, artritis y dolores de cintura a producir, cuando se les ordenaba, un alivio al dolor altamente efectivo.

Esto puede parecer una sencilla aplicación de los matadolores del cuerpo, a los que todos recurrimos. Pero nuestro empleo no es voluntario; entre quienes investigan el campo se sabe poco o nada de cómo se inicia realmente la producción de endorfinas. Son elementos químicos altamente imprevisibles. En ciertas circunstancias, como cuando se recibe una herida en combate o en un accidente de tránsito, el cuerpo puede no sentir dolor alguno por horas enteras; en otras ocasiones, en cambio, un pequeño dolor de cabeza o de muelas puede resultar imposible de calmar.

Enfrentada a esta desconcertante imprevisibilidad, Silvers ideó un enfoque reconfortante en su sencillez. Dijo a sus pacientes, con gran autoridad, que la farmacia interior del cerebro podía tratar cualquier trastorno. Ella les proporcionaría una técnica sencilla para recurrir a «drogas cerebrales» que calmaban efectivamente los dolores crónicos más rebeldes. A continuación pidió a cada paciente que cerrara los ojos e imaginara estar creando una provisión de endorfinas dentro de su cabeza, pero sin liberarla. La dosis calmante debía acumularse hasta el nivel adecuado. En los minutos siguientes mantuvo a sus pacientes en suspenso, en tanto ellos sentían que la dosis aumentaba más y más; finalmente les hizo una señal y cada uno inyectó mentalmente un chorro de endorfinas en su torrente sanguíneo.

A esta altura casi todos experimentaron una oleada de alivio que barría con el dolor, como si se les estuviera suministrando morfina por medio de una aguja intravenosa. Dolores crónicos que habían resistido a todos los tratamientos previos mejoraron dramáticamente o desaparecieron por completo. Cuando los pacientes volvieron al hogar, con indicaciones de utilizar por cuenta propia la técnica de «droga cerebral», muchos pudieron desprenderse por completo de los calmantes prescritos. Cosa notable: Silvers observó también que, si un paciente con dolores crónicos era también adicto a las drogas, el empleo de esa técnica parecía eliminar la necesidad de drogarse junto con el dolor. Esto ocurrió incluso entre pacientes que habían estado abusando de las drogas durante veinte años, sin que parecieran presentarse los síntomas de privación. Hacia 1986, Silvers se sintió lo suficientemente segura como para probar sus métodos en un grupo de drogadictos obstinados.

Seleccionó a veinte adultos que llevaban entre cinco y cuarenta años dependiendo de la cocaína, el alcohol, el Valium o la heroína, solos o en combinación. Eran personas desesperadas; casi todas habían dejado muy atrás el tiempo en que obtenían alguna satisfacción de sus dosis. Continuaban drogándose básicamente para escapar de sus profundos sentimientos de culpa y para aliviar el constante dolor físico que afligía sus cuerpos maltratados. En su mayoría, habían arruinado por completo su vida familiar y sus carreras.

Silvers enseñó al grupo su técnica habitual, pero después de decirles que el cerebro elaboraba sus propios calmantes, prosiguió manifestando que producía el equivalente exacto de cualquier droga vendida en la calle. Además de proporcionar al adicto durante toda la vida una droga pura sin efectos colaterales, la farmacia del cerebro hacía que fuera innecesario sentirse culpable. Silvers manifestó al grupo:

—Habéis estado consumiendo drogas por un motivo muy bueno. Las drogas que provocan adicción son justamente las que imitan las sustancias naturales que emplea el cerebro para hacernos sentir normales. Cuando decimos que nos sentimos de cierto modo, ese estado de ánimo es siempre producto de un elemento químico cerebral determinado; no hay estado de ánimo sin una base bioquímica.

»En el cerebro del drogadicto escasean las drogas internas que nos hacen sentir normales: felices, serenos, equilibrados y dueños de nosotros mismos; eso ocurre ya por una falta hereditaria o espontánea, ya porque el consumo de drogas externas disminuye la capacidad del cerebro de producir su propia provisión.

»Vuestras ansias adictivas os dicen que vuestro cerebro tiene un problema; el hábito es un modo de resolverlo. Aunque el abuso de drogas tiene consecuencias peligrosas, no hay nada de qué avergonzarse. No habéis hecho otra cosa que medicaros, tal como el diabético que toma insulina.»

En esto Silvers estaba mezclando una terapia astuta con el poder de la sugestión y una noción científica bastante tenue. Los neurocientíficos aún no han demostrado que el cerebro produzca el equivalente de algunas drogas adictivas (alcohol, nicotina y cocaína, por ejemplo), mucho menos que se puedan producir esas sustancias obedeciendo a una orden. Pero no caben dudas de que nuestras células están preparadas para pegarse a las drogas clandestinas. Ese hecho innegable sugiere que las sustancias adictivas deben de cumplir alguna finalidad, parecida a la de un producto químico que se fabrica dentro de nuestro organismo; de lo contrario deberíamos suponer que la naturaleza nos hizo receptivos a las drogas clandestinas millones de años antes de que aparecieran en escena, lo cual parece altamente improbable.

Terminada la explicación de Silvers, los miembros del grupo cerraron los ojos, acumularon mentalmente una gran dosis de su droga preferida y la liberaron cuando ella dio la señal. Lo que ocurrió fue pasmoso. A los sujetos se les nublaron los ojos; cada uno se perdió en un viaje diferente, según el tipo de droga al que era adicto. Los cocainómanos experimentaron un arrebato que los dejó mudos; reían por lo bajo; más adelante dijeron que habían revivido recuerdos de infancia. Los adictos al Valium se tranquilizaron tanto que tartamudeaban a cada palabra. Los alcohólicos se despatarraron en soñadora relajación y perdieron sus inhibiciones; se expresaron con calma sobre temas peligrosos que antes habían provocado una actitud muy defensiva.

En todos los casos, la dosis fue tan poderosa que Silvers debió esperar veinte minutos antes de que el grupo recobrara la coherencia suficiente para describir sus experiencias. Todos estaban regocijados y convencidos por lo ocurrido, aunque se habían prestado a la sesión con bastante escepticismo. «Por años enteros la droga os ha dominado», les aseguró Silvers, «ahora será a la inversa.»

Encuentro en esto un estupendo ejemplo de cómo la conciencia puede curar. Cuando Silvers dijo a los adictos que su culpa no tenía fundamento, preparó el escenario para un punto de vista que a ellos, en su mayoría, no se les había ocurrido, pero que aceptaron con buena disposición. Una vez que se les ofreció una herramienta factible, la mente se permitió desprenderse de la antigua servidumbre. Mi explicación supone que el cerebro actuó aquí como agente neutral; al no tener voluntad propia, el cerebro habría sido capaz de continuar con la adicción o de abandonarla. El cerebro no puede liberarse solo; necesita instrucciones de la mente.

Silvers sigue la tendencia actual de buscar explicaciones dentro de la bioquímica del cerebro, pero admite que ha estado recurriendo a un mecanismo cerebral desconocido. Pone gran énfasis en la idea de que sentirse normal depende del correcto equilibrio de muchos neuroquímicos intervinculados. Esto parece innegable, pero no resuelve el misterio de que una simple técnica pueda aprovechar elementos químicos cerebrales cuya existencia misma se ignora. Además, ¿puede realmente el cerebro de un adicto, tan afectado por sustancias externas, curarse a sí mismo por medios químicos? En mi opinión, la herida de la adicción fue curada, en cambio, por un nuevo ingrediente en la conciencia.

Lo brillante de este método es que reconoce a la conexión mente-cuerpo la capacidad de hacer lo que quiera, aun contra un enorme condicionamiento. Para apoyar el punto de vista que sirve de base al método de Silvers, analicemos el efecto del placebo. Si se da una sustancia inofensiva a un grupo de enfermos de cáncer, diciéndoles que se trata de una potente forma de quimioterapia, un gran porcentaje presenta los típicos efectos colaterales de la quimioterapia. Sienten intensas náuseas después de tomar la droga; se les empieza a caer el pelo y en ocasiones lo pierden por completo.

Obviamente, no hemos nacido con un mecanismo cerebral fijo para perder el pelo a voluntad; las drogas de quimioterapia no imitan tampoco sustancias naturales de nuestro cerebro. A fin de que el placebo haga su efecto, la mente ha creado algo nuevo; no dependió de la capacidad conocida del cerebro. Antes bien, el cerebro fue el de un servidor de la mente dotado de infinitos recursos, capaz de cumplir con lo que se le ordenara. Cuando Silvers ofreció a estos adictos una dosis sin drogas, ellos descubrieron en el acto que la adicción no era una cárcel sino una ilusión. Los años de dolor, frustración y autoestima demolida perdieron súbitamente toda importancia. «Curvándome sobre mí mismo», expone el Señor Krishna a Arjuna, «yo creo una y otra vez.» No es un dios trascendente el que habla, sino el creador que existe dentro de cada persona.

11

El campo del poder

En la India, cuando una persona parece vivir en estado de gracia, la gente dice con admiración: «Que camine por donde quiera; bajo sus pies brotarán flores». No creo que Sidney haya escuchado nunca ese poético dicho, pero se le podría aplicar con facilidad, ahora que ha entrado en un mundo de maravillas.

—Yo era la última persona que habría debido comenzar a hacer milagros —comenzó, hablando en voz baja y cavilosa—. Como sabes, en mi círculo la religión casi no tiene importancia. Aborrezco «el descenso gradual hacia un borroso misticismo», como lo expresó tan exactamente Stephen Hawking; estoy de acuerdo con Freud en que quienes rezan a un Padre amante de los cielos deben de estar compensando el padre que no los amó bastante en la tierra.

»El año pasado estaba sentado a la mesa en un café, diciendo a un estudiante: "Si eres completamente franco contigo mismo, jamás asegurarás saber que tienes alma". Los médicos medievales solían pesar a los pacientes que morían para verificar si el cuerpo perdía peso al partir el alma. Nunca descubrieron nada, por supuesto. Pero la metafísica es la superstición más difícil de matar. El mismo Newton creía que los asuntos del universo tenían lugar dentro de la mente de Dios; tampoco él presentó pruebas de esa afirmación.

»Piensa en cuánta estimulación espiritual tendríamos que abandonar si el "otro mundo" y sus "seres elevados" tuvieran que demostrar su existencia en vez de ser aceptados como artículo de fe. Al cumplir los veintiún años yo había descartado ya ese arcaico vocabulario de Dios, alma, pecado, purgación, redención e inmortalidad, como si fuera exceso de equipaje.»

—¿Pero ahora posees alma? —pregunté, intrigado.

—Lo creas o no, pienso que sí. —Se echó a reír y levantó las manos en el aire, como para detener objeciones invisibles—. Deja que te explique lo que ha ocurrido y tú juzgarás.

—Está bien —dije.

Conozco a Sidney desde hace cinco años, como amigo y paciente ocasional. Si él había encontrado su alma, valía la pena escucharlo. Sidney tiene cuarenta y siete años y mira el mundo con los ojos más alertas que jamás he visto. Escribe con fluidez sobre temas diversos y a veces se desempeña como profesor, siempre opuesto a cualquier tipo de dogma ortodoxo. Sus palabras, que corren en torrentes como el Niágara, son siempre memorables. Y allí estábamos aquel sábado gris de Cambridge, sentados en otro café donde habíamos buscado refugio contra la lluvia.

—Hace algunos meses —dijo Sidney— se me hizo bien evidente que mi mente normal se estaba desintegrando.

—¿Tuviste un episodio psicótico? —pregunté, sobresaltado.

—Digamos que rocé contra un estado mental que, en otra persona, yo habría etiquetado sin vacilar como perturbación —replicó—. Pero insisto en dejar el dictamen por tu cuenta. A principios del invierno pasado comencé a notar en mi vida algunas «coincidencias» extrañas. Un día, mientras nevaba, tuve que ir al almacén. Al salir de mi apartamento apareció a mis pies un parche de sol; no pude dejar de notar que avanzaba conmigo por la calle.

»Al llegar a la esquina giré hacia la izquierda; también lo hizo el parche de sol, que medía unos tres metros de diámetro. Me detuve a esperar que cambiara la luz del semáforo... y cuando crucé la calle, lo mismo hizo la luz. Acompañó mis pasos hasta la puerta misma del almacén. Y por si eso no fuera lo suficientemente extraño, quince minutos después, cuando salí, reapareció para seguirme a casa. ¿Qué se podía pensar?»

Antes de que yo pudiera responder, prosiguió precipitadamente:

—No, espera. Al día siguiente fui al centro para comprar una máquina de escribir portátil, pero el precio había subido veinte dólares con respecto al que me habían dado por teléfono esa mañana. Protesté ante el empleado y el gerente, pero de nada sirvió. Me irrité mucho, pero compré la máquina, para no malgastar el viaje. Cuando crucé la puerta, ¿sabes qué había allí?

—Un parche de sol —aventuré.

—¡Un billete de veinte dólares, justo ante mis pies! —proclamó Sidney, sin prestarme atención—. Por insignificantes que puedan parecer estos incidentes, empezaban a parecerme cada vez más divertidos.

—¿Divertidos?

—Sí; los incidentes tenían un tono que debo considerar juguetón, como si se me exhibiera un truco divertido hecho por un niño inteligente... No, por una inteligencia que yo no veía y con la que no podía establecer contacto. Pero déjame continuar. Una semana después yo viajaba en mi coche, solo, después de que hubiera oscurecido. Estaba en el campo; volvía de una casa que nunca antes había visitado. Un serpenteante camino rural me llevó a otro y, al cabo de media hora, admití en mi fuero interno que estaba irremediablemente perdido.

»Las pocas casas por las que pasé estaban a oscuras; comenzaba a sentirme nervioso cuando, de pronto, mi conciencia dejó de estar dentro de mi cabeza; se alargó delante de mí, más o menos hasta donde llegaban los faros del coche. En el momento en que yo reparaba en este fenómeno se produjo una mayor expansión; entonces mi

289

conciencia se esparcía hacia todos lados. Era una sensación muy delicada. ¿Cómo puedo describírtela? Simplemente, yo estaba en todas partes; sin pensar, renuncié a conducir el automóvil. Seguía sujetando el volante y operando los pedales, pero había desaparecido toda sensación de esfuerzo consciente. Me convertí en un charco de conciencia que se deslizaba por la noche, sin que me importara hacia dónde iba.

»Llegaba a los cruces de caminos y giraba hacia aquí o hacia allá, aparentemente al azar; sin embargo, diez minutos después salí a la autopista, justamente en el desvío que conducía hacia mi casa.»

—¿Dirías que fue una experiencia de tu alma? —le pregunté, desconcertado.

—Si el alma es nuestra parte de un mundo invisible, tal vez me estaba proyectando en el territorio del alma. Mi extensión invisible estaba viva y era yo, indudablemente. Todo parecía vibrar en su presencia: el coche, la tierra, el cielo. A la mente me vinieron unos versos; ¿de dónde son? Las estrellas son anchas y vivaces; cada una semeja una sonrisa de gran dulzura, y parecen muy próximas.

—Y ahora, ¿cómo te sientes?

—Así ya no. Se ha producido un cambio, una maduración. Estoy siempre intensamente consciente y, con el correr de los días, me sobreviene un éxtasis esporádico. En esos momentos la cualidad de mi vida se torna sagrada. Perdóname por expresarme con tanta torpeza; no estoy habituado a hablar así.

—Me alegro por ti —le dije. Y agregué—: Aún se te ve como siempre, por si eso te preocupa. Siempre has sabido mucho de ti mismo; no me sorprende que estés conociéndote aún mejor.

Me miró con gratitud.

—Quiero contarte algo muy extraño. ¿Te molesta la idea del milagro?

—No estoy seguro. Ya insinuaste algo de ese tipo, ¿no?

—Sí, pero ¿has estudiado el tema?

—No lo busco, pero siempre tropiezo con anécdotas. Algunos me cuentan, en estricta confianza, que cuando niños solían volar. Cuando no había nadie en la casa flotaban escaleras abajo y dejaban sus muñecos sobre armarios altos, lo cual desconcertaba a los padres. Un día contaban su secreto a mamá, sólo para que ella les asegurara que volar era imposible. Entonces la habilidad desaparecía.

»Claro que volar es extraordinario —dije—, pero mucha gente parece coquetear con poderes desacostumbrados. Pueden visualizar objetos perdidos e ir directamente hacia ellos, si les hacen falta. Responden a los pensamientos ajenos antes de que sean expresados. De modo fortuito, casi todos podemos predecir el futuro, aunque nuestras predicciones correctas se mezclan con diversas proyecciones de la mente inconsciente, deseos y premoniciones falsas. Yo no me atrevería a decir dónde termina la vida ordinaria y dónde comienza el milagro.»

Sidney parecía aliviado, pero cuando continuó hablando vacilaba marcadamente:

—Últimamente paso noches de insomnio, no por ansiedad, sino porque parezco estar... ¿cómo decirlo?... lleno de luz. La presión del éxtasis hace que me levante y camine, inquieto; a veces me pongo el abrigo y salgo a la calle. ¿Me creerías si te dijera que le bailo a la luna? Una noche, mientras me encontraba en ese estado de elevación, tropecé con una mujer desharrapada, tendida en la acera cerca de mi casa. Dormía, enrollada en una manta mugrienta, y la oí murmurar: «Madre, madre, madre».

»Era muy patético; intuitivamente supe que, como muchos vagabundos sin hogar, estaba mentalmente enferma. Su voz sonaba desesperadamente loca; transmitía tal intensidad de sufrimiento que no pude soportarlo; pero al mismo tiempo me sentía más extático que nunca. Me incliné para despertarla con suavidad. Ella me miró, asustada, pero sin apartarse. Sin saber por qué, le dije:

»—No tienes por qué seguir sufriendo.

»—¿Qué? —dijo, completamente desconcertada.

»—He venido a ayudarte —le dije—. Ya no estás loca, ¿verdad? —Quedó desconcertada, pero en sus ojos había una expresión cuerda y estoy seguro de que era nueva. Sacudió la cabeza, como para ver qué tenía adentro, y no dijo nada.» —Dime —insistí—, ¿aún te sientes loca?

»Y ella respondió con voz tranquila, normal:

»—No.

»—Mira —le dije—, no sé por qué ocurre esto, pero digamos que has sido afortunada. Desde ahora en adelante estarás bien.»

Sidney se interrumpió.

—¿De veras te ocurrió eso? —exclamé, asombrado. Él asintió—. Pero ¿estás seguro de que se curó? Esto sí suena como un episodio maníaco de tu parte, debes saberlo.

—Sí —admitió—. No puedo probar nada; en ese momento no era posible analizar lo que estaba ocurriendo entre los dos. El corazón empezó a latirme con fuerza, y sentí una abrumadora necesidad de huir. Oí que la mujer me preguntaba: «¿Qué clase de persona eres?». Pero por entonces ya iba por la mitad de la calle; cinco minutos después estaba otra vez en mi cama, temblando. No he vuelto a verla.

PODERES INVISIBLES

No tengo pruebas de que las experiencias de Sidney sean ciertas, ni siquiera cuerdas. Sigue pareciéndome equilibrado; esos «milagros» no han hecho que su personalidad caiga en conmoción ni en desorden. Al hablar no flota en las nubes de la grandiosidad; tampoco sufre las reacciones de depresión y desilusión que, típicamente, siguen a un episodio maníaco. Me tranquiliza el ver que trata de integrar estos notables acontecimientos en una nueva visión de sí mismo, pues esto significa que lo han nutrido en vez de destruirlo.

Sin embargo, la reacción negativa podría estar a la vuelta de la esquina. Es peligroso lanzarse precipitadamente a un mundo de maravillas. En el mejor de los casos, las personas como Sidney son piedras preciosas sin engarce, como dijo una vez Maharishi. Es decir: carecen de un contexto que dé sentido a la transformación por la que han pasado. Comprendo que Sidney interprete como «milagros» esos extraños episodios, pero ha caído en un vocabulario religioso convencional a falta de otro más claro y exacto. Necesita palabras nuevas y, con ellas, explicaciones que se apliquen directamente a su situación.

Bajo esta luz no importa tanto decidir si «creo» o no en la historia de Sidney. Para empezar, las revelaciones ajenas son imposibles de compartir. Si yo estoy junto a Sidney mientras él mira un narciso, simplemente, su percepción será igualmente efímera, inalcanzable y privada como todo lo que me ha dicho. Para cada uno de nosotros, lo crítico es comprender nuestras propias revelaciones.

El primer paso, según creo, es despejar el aura milagrera que rodea el despliegue de los estados de conciencia más elevados. Un discípulo se quejó cierta vez a su gurú:

—Si usted está iluminado, ¿por qué no realiza milagros para demostrarlo?

Y el gurú le respondió:

—Porque no hay milagros, a menos que consideres milagro toda la vida. Estoy más allá de los milagros. Soy normal.

¿No es ésta la más sabia de las perspectivas? La conciencia humana nunca ha perdido su capacidad de abrirse al mundo invisible; podemos estar seguros de que, en tiempos de Zoroastro, cualquier granjero levantaba la vista a las estrellas, súbitamente próximas, vivas y sonrientes, con el mismo sobrecogimiento que Sidney. Cuando señalamos a alguien que no es la primera persona en ingresar en un estado de gracia, la noticia cae al principio como una gran desilusión: en el fondo del corazón, todos ansiamos el carácter único de la santidad. Pero al reflexionar con más sobriedad, las personas que experimentan maravillas sienten un gran alivio al saber que no están solas. En realidad, es un tremendo júbilo descubrir que, por el tumulto de la humana existencia, corre un río ancho, magnífico e interminable.

—¿Debo tratar de fomentar estas experiencias? —me preguntó Sidney—. ¿O volverles la espalda? Son increíblemente seductoras, pero me doy cuenta de que podrían ser demasiado tentadoras. Podría hundirme en una fantasía total. Quién sabe si no estoy ya en eso.

—No, no estás perdido en fantasías —dije—. Estás caminando por una línea fina, para la que tus experiencias anteriores no te habían preparado en absoluto.

Lo insté a no balancearse solo en el espacio mental; necesitaba una red de seguridad. Toda la variedad de experiencias espirituales ha sido catalogada y analizada en las antiguas tradiciones de la sabiduría. Los rishis védicos se destacan entre los comentadores más autorizados, pues son los más antiguos, pero cualquier tradición espiritual continua y viviente ofrece una gran ventaja: proporciona un mapa del trayecto e identifica el destino.

Si esto es tan importante es porque la experiencia de curación, comunión o expansión suele formar parte también de un viaje más largo; apunta a la persona hacia una meta no vista. El éxtasis de un milagro no es nada comparado con el éxtasis de la transformación espiritual completa. Esta perspectiva marca la gran diferencia entre crecimiento y caos. En vez de vagar de una experiencia a otra, uno divisa el propósito, un estado de conciencia más elevado, y apunta hacia él. Los veedores védicos eran inflexibles en su convicción de que la tendencia natural de la vida es la realización. El crecimiento, la evolución, la desconcertante actividad de la mente no son caóticos. Tratan de desprenderse de lo finito para pasar a lo infinito.

Sin aplicar ninguna terminología esotérica, podemos decir que, para Sidney, la realidad se está ensanchando, desprendiéndose de los patrones habituales que fortifican nuestro sentido de lo aceptable y lo tolerable. El solo forzar estos límites puede provocar una sensación de vértigo, como si nos desprendiéramos, no sólo de nuestros supuestos, sino de la tierra en sí.

Cierta vez, un joven paciente entró en mi despacho con estas sorprendentes palabras:

—*Namaste kya hal hai, Doctor sahib?*

A nadie sorprendería que un indio dijera: «Saludos, doctor, ¿cómo está usted?». Pero este hombre tenía ojos azules y pelo rubio rizado.

—¿Dónde aprendió a hablar tan bien en hindi? —le pregunté, con curiosidad—. Casi no tiene acento.

—Lo aprendí en Nueva Delhi —respondió—. Pasé un tiempo en Hindu College; nací y me crié en Kashmir.

Acepté su explicación y pasamos a su dolencia, que no era importante. Después de extenderle una receta, en el momento de cerrar su historia clínica, vi que decía: «Lugar de nacimiento: Santa Barbara, California».

—Un momento —dije—. ¿No dijo usted que había nacido en Kashmir?

—En efecto.

—Pero su ficha dice que nació en Santa Barbara.

—Debería habérselo explicado —murmuró, sin perder un instante—. Nací en Kashmir la vez anterior.

—Ah. ¿Y fue entonces cuando aprendió a hablar en hindi?

—Así es.

Su tono de voz seguía siendo blandamente despreocupado. Mi primer impulso fue seguir haciéndole preguntas para comprobar si presentaba alguna señal evidente de perturbación mental.

—Veo que trabaja como *barman* en un hotel del centro —dije—. No es un sitio muy puro para alguien tan sensible como para recordar sus vidas anteriores.

—Lo sé —suspiró—, pero me quedo allí por nostalgia. Me recuerda al comedor de oficiales de Mhow.

Mhow fue uno de los asentamientos militares más famosos de los establecidos por los británicos en la India central. Es aún tan grande que casi todos los oficiales del ejército indio son asignados a él por lo menos una vez en su carrera.

—¿Se acuerda también de Mhow? —pregunté.

—Sin duda —dijo alegremente—. Allí me mataron.

Continuamos conversando amistosamente en ese tono, como si no ocurriera nada fuera de lo común; al cabo de algunos minutos, contra mi voluntad, lo dejé ir. Por entonces me sentí culpable por no haberle inyectado cien miligramos de Thorazine para calmar sus alucinaciones antes de internarlo en una sala psiquiátrica. Ahora me cuesta separar su rareza de mi propia incomodidad, que lo hacía parecer extraño. Una de las características de nuestra época es que, ante nuestros mismos ojos, sale a la superficie todo tipo de cosas «imposibles», como antiguas bestias marinas que se hubieran dado por extintas y sólo estuvieran durmiendo en las profundidades.

Lo que podemos llegar a hacer es aclarar dónde se originan, en realidad, estas experiencias reemergentes. Los humanos tienen una antiquísima tendencia a mirar fuera de sí mismos cada vez que se agrieta la lógica cotidiana. Un día aparece el éxtasis donde nada existía hasta entonces. ¿Quién pudo causar una transformación tan drástica, sino un agente divino localizado en el reino de los cielos? Sin embargo, cielo y tierra se juntan, por medio del concepto que la física ofrece del campo cuántico. No existe eso de estar fuera del campo, mirando hacia adentro, ya sea Dios mirando desde arriba al hombre o el hombre levantando la vista hacia Dios. Todos somos parte del campo; el campo es la existencia misma que fluye dentro, alrededor y a través de todo. Es el ruedo en el que todas las posibilidades se despliegan.

El campo es omnipresente y omnipotente. Une invisiblemente dos quarks que están separados por una distancia de años-luz; funde la existencia individual con la cósmica, lo natural y lo sobrenatural. Los antiguos rishis, cuando expandían totalmente su conciencia, podían declarar, repitiendo las palabras del Señor Krishna: «Yo soy el campo». Veían que su propia conciencia individual era idéntica a la conciencia que sostiene el universo. Conferían la cualidad de omnisciencia al campo... y eso nos hace vacilar. En Occidente la omnisciencia es atributo exclusivo de Dios, a menos que aceptemos que el campo es un hogar adecuado para lo divino. ¿Y por qué no?

La idea de que lo sagrado está fuera de nosotros no tiene sentido en términos cuánticos, pues se requiere nuestra participación para construir cualquier experiencia, desde lo sagrado a lo profano. Cuando mi padre estaba asignado al gran cuartel militar de Jabalpur, en el centro de la India, el primer ministro Nehru nos hizo una visita de un solo día. Era a principios de la década de 1950, cuando nosotros y todos nuestros conocidos considerábamos a Nehru el salvador de la India. Toda la ciudad salió a saludarlo. La gente pululaba como hormigas por donde se mirara. Los hombres trepaban a los árboles para echar una mirada al jeep descubierto de Nehru, que se sacudía por la calle; ágiles niñitos colmaban las ramas superiores.

Yo tenía apenas siete años y no comprendía con claridad por qué mis padres estaban allí, mudos miembros de un silencio tan intenso que resultaba casi ensordecedor. Pero tengo muy presente que la multitud guardaba silencio; al acercarse Nehru, de pie en el asiento trasero del jeep, con una rosa en la mano, ante él se extendía una oleada de respeto reverente. Mi madre se echó a llorar, y el destino quiso que Nehru arrojara su rosa casi a sus pies.

Nadie corrió. El silencio continuaba; mi madre se acercó lentamente a la rosa y se inclinó para recogerla. Al día siguiente los vecinos vinieron a casa, para ver la flor en su florero de plata; sin excepción, al posar los ojos en ella no podían hablar.

Ahora sé que esos sentimientos exaltados provenían de una mente interior, no solamente de Nehru; tal vez no provenían de él en absoluto. La multitud participaba de una realidad colectiva; sentían una emoción y la dejaban surgir a una existencia independiente, hasta que ella se asentaba hasta en una flor arrojada al azar. No por eso los sentimientos sagrados son irreales; lejos de ello. Cuando un flujo de conciencia sube desde lo hondo del espíritu humano, se pueden producir grandes transformaciones con dramática celeridad. Derribar el muro de Berlín marcó un nuevo avance de la libertad que se estaba produciendo entre las naciones. Pero, ¿qué es una nación, sino un grupo de individuos? La política es lo que ocurre «allá afuera» como reacción a los sucesos mentales cambiantes de «aquí adentro». El muro de Berlín tuvo que caer primero en la conciencia de la gente para que pudiera caer en el plano físico.

Si no pensamos así de los cambios políticos es, principalmente, porque la gente no suele estar unida en su perspectiva interior. Sin embargo, a veces se produce una oleada de conciencia que lleva a todos consigo. Gandhi inspiró a millones de indios para que se reunieran en silencio, como medio de protestar contra el gobierno británico; no hacían otra cosa que estarse juntos por un tiempo, sentados o de pie; empero, eso en sí creaba una especie de testigo, muy parecido al testigo silencioso del que hablo a mis pacientes. El solo mirar en paz al enemigo crea un enorme efecto moral, pues él se ve en nuestros ojos. El testigo silencioso refleja la verdad con la que deberá conformarse, a fin de cuentas.

No quiero equiparar la conciencia colectiva sólo con

las emociones o la moralidad; antes bien, es la mente que todos compartimos bajo la capa superficial de nuestras mentes individuales. Esta mente compartida crea nuestro mundo compartido. Por lo tanto, el mundo es un mapa de todo lo que la gente reconoce como real de común acuerdo, excluyendo lo que todos acuerdan que es irreal. Si en nuestra cultura están saliendo a la superficie cosas aparentemente imposibles, después de su largo sueño, es porque nuestra conciencia colectiva ha acordado dejar que aparezcan. Un profundo mecanismo de censura está perdiendo su poder sobre nosotros. Cuando el censor sea completamente abolido, no habrá límites a lo que se permitirá hacer, pues en el plano del campo, todas las posibilidades existen en forma no manifiesta.

«Vosotros sois la única causa de todo en la creación», aseguraba un gurú a sus discípulos. «Todo existe porque vosotros existís.» Si proclamamos que el Big Bang necesita de nuestra bendición para poder producirse, la afirmación apesta a la peor de las arrogancias. No creo que fuera eso lo que el gurú decía. Quería decir que la conciencia humana y la conciencia cósmica son una sola cosa. El campo danza y espera que nos unamos con él. Se despliega y repliega constantemente, como una infinita manta de lana que girara en la secadora a infinita velocidad. En estas condiciones, cada punto del universo está en todas partes al mismo tiempo, compartiendo la omnipotencia, la omnipresencia y la omnisciencia de todo el campo. Todo el mundo tiene, por ende, derecho a considerarse el centro del cosmos, dueño de poderes indecibles.

LOS GEMELOS Y LO QUE PODÍAN HACER

Cualquier habilidad de mandar sobre la naturaleza se denomina en sánscrito *siddhi*. La palabra significa «poder» y se refiere a los poderes que han sido perfeccionados en la conciencia. Curar a los enfermos es un siddhi. Al igual que las proezas sobrenaturales que se atribuyen a los yoguis (volar por el aire, tornarse invisibles, leer el pasado y el futuro), la clave para dominarlos es un cambio de conciencia. De pronto alguien sabe hacer algo imposible, con tanta facilidad como yo sé levantar el brazo.

Un cambio en la conciencia no requiere fuerza. La persona que ha alcanzado el nivel de conciencia en el que los siddhis son naturales puede infundir el cambio en las cosas, con tanta suavidad como usted o yo deseamos y soñamos, sin emplear más energía que la necesaria para agitar un pensamiento. El principio básico es que la realidad es distinta en diferentes estados de conciencia. Si veo un árbol en sueños, puedo saltar sobre él, hacer que se vuelva azul o volar por encima de él hacia el cielo. El que me otorga esos poderes es el estado de sueño. Si no tuviera otro estado de conciencia con el cual compararlo, el estado de sueño constituiría la única realidad que conozco y acepto como válida.

Al despertar descubro que ya no puedo saltar sobre un árbol pero, ¿por qué no? Según los rishis, lo que me retiene no es el árbol, sino la llegada de la conciencia de vigilia. Me ha impulsado a un mundo que obedece a leyes naturales diferentes. «Piensas que el árbol soñado está dentro de tu cabeza», podría argumentar un rishi, «mientras que el árbol real está fuera de ti. Pero esta idea sólo se te puede ocurrir una vez que despiertas. En tanto estés soñando, el árbol parece estar fuera de ti, al igual que en el estado de vigilia. En realidad, lo que tomas por el único árbol "real" debería ser llamado árbol del estado de vigilia. Si no puedes saltar sobre él, tal vez necesites despertar de tu despertar. Entonces descubrirías que también este árbol estaba en tu cabeza.»

Un siddhi resulta especialmente asombroso cuando surge entre personas cuyas mentes carecen de habilidades comunes, por no hablar de las extraordinarias. Oliver

Sacks, en su elogiado ensayo *Los gemelos*, describe a dos hermanos gemelos idénticos, que podían realizar hazañas prodigiosas de cálculo mental, pese a que su coeficiente mental, medido repetidas veces, no pasaba de sesenta. En 1966, cuando Sacks los conoció, los gemelos tenían alrededor de veinticinco años y eran ya relativamente famosos. Su aspecto era el de dos grotescos Tweedledum y Tweedledee: igualmente redondos, de gafas gruesas, cabezas bamboleantes, ojos que giraban en las órbitas y varios tics indominables.

Aunque los gemelos vivían en un mundo mental privado, cerrado a los extraños, Sacks los descubrió patéticamente ansiosos de ejecutar uno de sus «números»:

Los gemelos dicen: «Díganos una fecha cualquiera, de los cuarenta mil años pasados o por venir». Alguien les da la fecha y, casi instantáneamente, ellos dicen a qué día de la semana corresponde. «¡Otra fecha!», exclaman. Y repiten la actuación. También pueden decir la fecha de Pascua en el mismo período de ochenta mil años... Su memoria para los dígitos es notable... y posiblemente ilimitada. Son capaces de repetir un número de tres dígitos, de treinta dígitos, de trescientos dígitos, con la misma facilidad.

Hay una vasta bibliografía sobre sabios idiotas; el asombroso talento de los gemelos no es único. Por el contrario, entran en la bien estudiada categoría de «calculadores mentales», compuesta por personas retardadas o normales que pueden recitar de memoria el número π hasta con tres mil decimales o determinar cuantas pulgadas cúbicas hay en un sólido de 7.345.278 yardas de lado por 5.478.234 de altura. (Cuando se propuso ese problema a un sabio de ocho años, replicó instantáneamente: «¿Quiere el resultado de atrás hacia adelante o de adelante hacia atrás?»)

Empero, hasta donde puedo asegurarlo, Sacks fue el primero en captar intuitivamente que los gemelos no calculaban en absoluto: veían los números. Sus mentes escarbaban en la tierra de los números, tal como nosotros hurgamos en la memoria buscando caras viejas, pero con asombrosa precisión, claridad y prontitud. El argumento de Sacks es simple. Por sí solos, los gemelos no podían hacer operaciones aritméticas básicas. Sumar cuatro más cuatro les parecía dificilísimo; les llevó años de aprendizaje poder cambiar dinero para tomar el autobús. Generalmente se explica la habilidad de los «idiotas de calendario», diciendo que han memorizado un atajo, una fórmula matemática especial o algoritmo, programado para dar fechas sin que la calculadora deba recorrer el calendario año por año. Así se programaría a un ordenador para que citara las fechas de Pascua en un período de ochenta mil años.

Pero Sacks se pregunta si es realmente posible que los gemelos puedan calcular, aun mediante un atajo, si no saben hacer sumas sencillas. Por otra parte, han demostrado una y otra vez su habilidad para visualizar. Si se menciona un día cualquiera que ellos hayan vivido después de los cuatro años, pueden decir cuál era el clima, qué incidentes ocurrían a su alrededor y qué acontecimientos políticos importantes se produjeron ese día. Sacks puso cuidado en registrar clínicamente la expresión que adoptaban al dar sus extraordinarias respuestas: «Al hacerlo fijan los ojos y los mueven de un modo peculiar como si estuvieran desenrollando o escrutando un paisaje interior».

Esta expresión de «ver», junto con los ojos vueltos hacia arriba y la pronunciación monótona de la respuesta, como si leyeran una página computada, puede parecerse a la expresión de quien está haciendo un cálculo mental, pero ¿cómo explicar otros dos datos? Primero: los gemelos podían «ver» números primos de diez y hasta de veinte dígitos. Hace treinta años, calcular números primos muy largos era una hazaña trabajosa, aun para los ordenadores más grandes, y no se conocía ninguna fórmula. Sin embargo, allí estaban los gemelos, riendo como niñitos en su rincón y extrayendo números primos tan largos que Sacks no pudo verificarlos en un texto de referencias matemáticas común.

Más misterioso aún: se observó que, en los primeros años de la niñez, sólo uno de los gemelos estaba fascinado con los números; más adelante, de algún modo, pasó a su hermano su prodigioso talento, sin que éste perdiera exactitud. Los gemelos, maestros duplicados en todo sentido, pasaban horas solos en un rincón, murmurando largas sartas de números y gorgoteando de placer compartido por algún arcano hallazgo que nadie más podía comprender.

Resulta difícil escapar a la conclusión de que, en realidad, los gemelos poseían un siddhi muy conocido en la antigua India, llamado *Jyotish Mati Pragya*: la capacidad de ver dentro de la luz. Según dicen los rishis, en un plano sutil todo está hecho de luz; la luz es el plano de apariencia más fino antes de que la creación se disuelva en conciencia pura. Por un medio u otro, los gemelos armonizaban sus mentes con ese plano de conciencia. Y al parecer sabían que eso era lo que hacían. Sacks escribe: «Si uno les pregunta cómo hacen para retener tanto en la mente, una cifra de trescientos dígitos o un billón de acontecimientos de cuatro décadas, dicen muy simplemente: Lo vemos».

El método de los gemelos nos proporciona un modelo de cómo funcionan los siddhis, en general. Un siddhi es una habilidad mental, que sólo se diferencia del pensamiento ordinario en que llega más hondo. Hay que ir directamente hasta el límite en el que la conciencia pura está a punto de emerger en sus formas creadas. Para expresarlo en el lenguaje de la física, una intención local comienza a tener resultados no locales. En vez de quedar confinado dentro de mi cráneo, mi deseo de ver un número primo de veinte dígitos irradia hacia el campo y el campo me da la respuesta.

No soy «yo», en el sentido más local, quien ha calculado la solución. El campo actúa en sí, plegando pregunta y respuesta juntas hasta que se encuentran en el tiempo y en el espacio. Mi papel es, simplemente, dar las órdenes, dejando que el campo compute, instantánea y automáticamente, el resultado que yo quiero. El secreto de cualquier siddhi es que se recurre al ordenador cósmico, utilizando el cerebro como tablero.

Los siddhis pueden surgir espontáneamente, como les ocurrió a los gemelos, pero con más frecuencia es necesario cultivarlos. (La tercera parte del definitivo tratado de Yoga elaborado por el rishi Patanjali, *Yoga Sufras*, contiene las enseñanzas clásicas de cómo alcanzar los siddhis. En los tiempos modernos, Maharishi ha revivido las mismas técnicas en un programa avanzado que se enseña como prolongación de la MT.) La primera etapa consiste en la meditación, que lleva la mente al trascendente; la segunda, en asirse al trascendente mientras se piensa un pensamiento específico. Esto parece una total contradicción y lo es. El trascendente, por definición, es silencioso y está vacío de pensamientos. Pero hace siglos los rishis descubrieron que se pueden tener dos estados de conciencia al mismo tiempo.

Un siddhi reúne la conciencia cotidiana con la conciencia trascendente; cuando las dos están completamente fundidas, la naturaleza comienza a responder a nuestros deseos más fortuitos como si fueran órdenes. Esto, en sí, es una adquisición maravillosa, pero cumple un propósito más alto, que es quitar a la realidad ordinaria su poder de mantener a la gente engrillada. Ésta ha sido siempre la meta del Yoga en todas sus fases. «Cuando comprendas que el mundo es tu propia proyección», decía un gurú a sus seguidores, «quedarás libre de él. Todo cuanto existe

304

a tu alrededor está pintado en la pantalla de tu conciencia. La imagen que ves puede ser fea o bella, pero en un caso u otro no estás ligado a ella. Ten la seguridad de que nadie te lo ha impuesto. Estás atrapado sólo por tu hábito de confundir lo imaginario con lo real.»

Así se presenta la realidad desde un estado de conciencia más elevado. Los siddhis son un peldaño, una parte esencial para alcanzar ese estado. Nos permiten experimentar con la ilusión del mundo. Hace poco un amigo me contó lo siguiente: «Hace varios años hice un viaje en automóvil por el Lejano Oeste, y acampé. Una mañana, en Montana, desperté pensando en lo estupendo que sería ver un arco iris. En realidad, no tenía muchas esperanzas; el cielo estaba oscuro y amenazante. Comenzamos a escalar una alta montaña, más allá de Glacier Park, que estaba envuelta en la niebla. De pronto la niebla se partió, apartada por manos invisibles, y un glorioso arco iris conectó dos picos frente a mí, como si los dioses hubieran armado un chispeante puente de luz.

»Fue una visión deslumbrante y una interesante coincidencia. Bajamos por las rocallosas a Wyoming; al día siguiente vi en los Tetons un arco iris impresionante, que se hundía en las aguas del lago Jackson. Al día siguiente apareció otro en las montañas Green, y otro más cerca de Aspen, un día después. Esto continuó durante seis días. Al séptimo me encontraba en Utah, muy adentro de un cañón desértico. Hacía semanas que no llovía, el cielo de verano era un asador completamente libre de nubes. Alrededor de mediodía levanté la vista y vi algo imposible: un arco iris pequeño, pero vívido, que se arqueaba por sobre el estrecho arroyo seco, de arena blanca, en el que habíamos acampado. ¿Qué pudo haberlo provocado?

»No soy del tipo que salta de inmediato a conclusiones milagrosas; pocos días después, un guardabosques me habló de un fenómeno interesante: cuando el sol calienta lo suficiente, puede provocar una inversión de temperatura sobre el desierto. La humedad que se eleva de los cañones permanece atrapada por el aire más fresco de arriba; a veces se forma sobre el cañón una fina capa de gotitas de agua que crean un arco iris. Conque al final había una explicación natural para cuanto había visto. La naturaleza en sí contaba con los medios de producirlo. Sin embargo, sigo creyendo que también cuenta con los medios para hacerlos cuando y donde yo quiera.»

La mente del fuego

Los rishis se sentían completamente a gusto con un hecho cuántico: que nuestro mundo sólido está básicamente hecho de vibraciones en el espacio vacío. Sin embargo, nosotros no acabamos de sentirnos a gusto con un hecho védico: que este espacio que todo lo infunde es inteligente. Es *Chit Akasha* o «espacio mental». Hay espacio mental dentro de mi cabeza y él hace surgir el pensamiento «aquí adentro», pero también existe fuera de mi cabeza. Nietzsche hizo un comentario que desafía hasta lo más profundo la lógica occidental: «Toda la filosofía se basa en la premisa de que pensamos, pero es igualmente posible que estemos siendo pensados».

Como nuestro sistema convencional de lógica sostiene que el pensamiento es siempre interno, no vemos como un tipo de pensamiento los procesos naturales que se producen a nuestro alrededor, pero eso es sólo un prejuicio cultural. Podríamos ver a Chit Akasha por doquier; si lo hiciéramos, comprenderíamos que todo en la naturaleza es una transformación del espacio mental, que pasa de un disfraz a otro. Rocas, montañas, océanos y galaxias están siendo constantemente pensadas, al igual que nosotros.

Para dar un ejemplo concreto, existe el fenómeno de la caminata sobre fuego, que cautivó la imaginación popular hace algunos años, en una moda pasajera, pero que persiste en diversas culturas tradicionales como pilar de la experiencia espiritual durante siglos. El antropólogo Loring Danforth hace en *Firewalking and Religious Healing* un fascinante relato de uno de estos cultos: la Anastenaria, en el norte de Grecia.

Nadie sabe cómo se inició el culto. Una leyenda sostiene que estalló un voraz incendio en la iglesia aldeana de Kosti, en el este de Tracia, hace incontables siglos. Los espectadores oyeron fuertes gritos en el interior del edificio desierto. Asombrados, comprendieron que eran los iconos pintados de San Constantino y su madre, Santa Helena, quienes llamaban para que los rescataran. Algunos aldeanos valerosos corrieron temerariamente por el fuego y salieron llevando los iconos en los brazos, sin que ellos ni los santos hubieran sufrido daño.

En conmemoración de este milagro, los devotos de San Constantino celebran su onomástico, el 21 de mayo, caminando por un lecho de brasas ardientes; no se limitan a caminar, sino que ejecutan una danza a saltos entre las ascuas, llevando en alto los iconos de los dos santos. Hay quizás un centenar de devotos que caminan por el fuego, llamados Anastenáridas, dispersos entre unas cuantas aldeas de la Grecia septentrional; casi todos ellos se remontan en sus orígenes hasta Kosti.

Para demostrar su inconmovible fe y su desprecio por el fuego, los bailarines anastenáridas recogen ascuas vivas y las rompen entre las manos desnudas, en una lluvia de chispas. Un devoto llamado Stephanos pasó cinco meses hipnotizado ante la fogata de su hogar, sacando brasas con las manos hora tras hora, hasta que su madre le suplicó que cesara, por miedo a quedarse sin fuego y no poder hornear el pan de su familia.

Estos devotos griegos están seguros de que, sin su fe religiosa, se quemarían. Cada uno «pertenece a los santos», por haberse entregado a la divina autoridad a cambio de sus extraordinarios poderes. Caminar por el fuego aparta a una persona de la sociedad normal por el resto de su vida; se dice de ella que tiene el camino abierto, lo cual significa que los santos pueden guiarlo dondequiera que lo deseen.

Uno de los pisafuegos es un campesino llamado Mihalis, quien relata lo que siente durante esa fiera danza: «Si se tiene el camino abierto, no se piensa que el fuego es el enemigo. Se lo siente como un marido o una esposa. Se siente amor por el fuego; se tiene coraje. Lo que se ve no es una montaña; es nada. Así se puede entrar libremente. Pero si uno entra por propia voluntad siente dudas y miedo. Eso parece un enemigo, una montaña. Si el coraje viene del santo, se desea de veras entrar en el fuego. El poder viene de afuera. Se es una persona diferente».

Al principio de este libro mencioné que ciertos paranoicos ya no pueden trazar líneas divisorias entre su propia mente y la de Dios. En su locura, estas personas se consideran personalmente responsables de evitar guerras y desastres naturales. Mihalis y sus cohortes están atrapados en una confusión similar, pero en el polo opuesto: no pueden aceptar que su poder de caminar sobre el fuego sea personal, ni siquiera específicamente humano. Insisten en que proviene de Dios, por intercesión de los santos. Para ellos sería inexplicable que alguien caminara sobre las brasas sin ser devoto.

En realidad, entre ellos apareció una de esas personas. En 1985, en la aldea de Langadas, donde se ejecuta el rito de la Anastenaria, se presentó durante la fiesta de San Constantino un norteamericano alto, sonriente y apuesto. Mientras estaba en un restaurante, mostró a los presentes una foto en la cual se lo veía en Oregon, caminando por el fuego; inmediatamente se le permitió participar en la ceremonia local. El año anterior, un espectador italiano había tratado de ingresar en el fuego y sufrió graves quemaduras. Los devotos griegos tomaron esto como confirmación de que no se puede desafiar el fuego sin los santos.

Pero el visitante de ese año era algo que nadie había visto nunca: un instructor de caminata por el fuego. Más allá del confinado mundo de la Anastenaria, caminar por el fuego se había convertido en el giro estelar del movimiento de potencial humano; en toda la Costa Oeste se llevaban a cabo, todos los fines de semana, «seminarios» para quienes querían hacerlo. En su versión de la Nueva Era, caminar por el fuego era una forma de psicoterapia. Se tenía por experiencia liberadora, tal vez dotada de tonos espirituales, pero no estrechamente religiosos. Por lo tanto, cuando el visitante Ken Cadigan entró en el fuego de la Anastenaria, dos mundos entraron en colisión.

Al principio no hubo conflicto abierto. «Ken logró abrirse paso por entre la multitud junto con los anastenáridas, hasta el sitio donde caminarían por el fuego», escribe Danforth. «Bailó con ellos alrededor de la fogata durante algunos minutos. Después, cuando Stamatis (el líder) cruzó el fuego, Ken lo hizo también. Vestía de blanco y mantenía las manos en alto, por sobre la cabeza. "No conocía bien la danza", dijo. "Crucé bailando a lo indio".»

No sabemos qué pasó por la mente de los anastenáridas griegos, pero hubo un gesto siniestro. «Cuando Ken hubo cruzado el fuego dos o tres veces», escribe Danforth, «vio que Stamatis hacía un gesto a otro anastenárida para que llevara a Ken consigo a través del fuego. El hombre lo tomó por el brazo, pero Ken se liberó, volvió al fuego una vez más y se quedó durante largo rato, bailando realmente en las llamas. En ese momento el anastenárida lo asió por el brazo por segunda vez, lo retuvo en el fuego y le pisó el pie... Ken se desprendió otra vez y abandonó las brasas.»

La muchedumbre había estado animando al alto extranjero; varios periodistas lo asediaron con preguntas. ¿Cómo hacía para caminar por el fuego sin ser devoto? ¿Se había quemado al final? Cadigan bromeó sobre el incidente, negándose a atribuir malicia alguna al hombre que lo había atacado. Sin embargo, tenía la íntima seguridad de que el anastenárida lo había empujado a las brasas con la esperanza de que se quemara. Y en realidad se había quemado.

Una de las peculiaridades de caminar sobre el fuego es que el convencimiento juega un papel crítico. Un escéptico puede entrar en el fuego un paso detrás de un creyente y sólo el escéptico se quemará. El pisafuego experimentado puede distraerse si alguien le grita desde el costado y quemarse también. Puesto que el fuego tiene la misma temperatura para todos (la suficiente para chamuscar la carne en cuestión de segundos), es preciso convencerse de que la conciencia ha de desempeñar un papel crucial.

Hay antecedentes de personas que sufrieron graves quemaduras al pisar audazmente las brasas, pese a que una voz interior trataba de detenerlos con una enérgica advertencia: «¡No lo hagas!». En las mismas sesiones, otros han cruzado sin daño. Estas variantes no tienen explicación científica; tampoco se puede explicar científicamente cómo es posible la hazaña de caminar en el fuego. En este caso, cuando Cadigan fue arrastrado al desagradable humor de su atacante, perdió su poder de permanecer indemne. Danforth anota que, si bien sus quemaduras llegaron a exponer los nervios del pie, no experimentó dolor alguno mientras pisaba el fuego ni después.

Para reunir estos datos, Danforth se paseó entre los anastenáridas, que hervían de comentarios tras la partida del norteamericano. Rápida y reflexivamente, los pisafuegos griegos recurrieron a la racionalización: aseguraban que el visitante había cruzado las brasas demasiado de prisa, que en realidad no había bailado, que se retiró de la ceremonia antes de tiempo por haberse quemado. De ese modo, los del culto mantenían sus vínculos con los santos y su derecho exclusivo a un camino abierto.

Sin embargo, el tema principal de su vida espiritual

(adquirir poder y libertad en el fuego) es el mismo que abrazan los practicantes de la Nueva Era. «No te quema el fuego, sino el miedo», es el sentimiento popular entre los pisafuegos norteamericanos. En ambos campos, el fuego es el símbolo de las barreras interiores que uno debe derribar, a fin de demostrar que la realidad no es sólo lo percibido por los sentidos. Pero es preciso sondear más hondo y preguntarse: «¿Cuál es el lazo entre el mundo subjetivo del pisafuego y las brasas ardientes?».

El pisafuego cree que puede caminar por las brasas sin peligro y, por lo tanto, lo logra. Su pensamiento hace que el fuego sea inofensivo, lo cual implica que el fuego lo entiende. Los anastenáridas griegos aceptan este supuesto: con frecuencia dicen que el fuego los llama. Saben caminar en las brasas sólo una vez que el fuego les ha dicho «sí». Es difícil evitar la conclusión de que el fuego es, en realidad, inteligente.

Si la idea de un fuego inteligente es demasiado escandalizante, podríamos decir que un mismo campo continuo de materia mental vincula al pisafuego con las brasas. Cuando una persona piensa, eso es una vibración en el campo; cuando el fuego se enfría, ésa es otra. Por ende, todo se reduce al campo hablando con el campo, sin ningún misterio. En realidad, Mihalis no camina por el fuego: camina por los confines de su propia mente.

DOS PLENITUDES

Es difícil negar que nuestra realidad permanece tercamente intacta porque nuestra lógica es tercamente racional, integrada sólo a los acontecimientos del estado de vigilia. El que sueña puede volar porque desafiar la gravedad en sueños es sólo cuestión de alterar las ondas cerebrales: todo lo que ocurra en un sueño, por extraño que parezca, es obviamente autogenerado. Sin embargo, lo mismo puede decirse del estado de vigilia, con una diferencia. En este momento, sentado en mi silla, yo podría pensar: «Quiero volar», pero no ocurrirá nada. Carezco del poder de quien sueña, o al menos eso parece. Entonces me digo que ciertas leyes de la naturaleza han sido puestas fuera de mi dominio, con la gravedad como ejemplo destacado.

Sin embargo, los rishis argumentarían que esta exclusión es, en sí, un acto humano. Lo que me retiene en la tierra no es el hecho de que la gravedad sea una ley natural: es la elección de las leyes que operan. Cuando llegamos a un estado de conciencia más elevado, comprendemos que esas elecciones son constantes y que también se las puede revertir. Por cada ley natural que me retiene en mi silla hay otra, aún dormida en el campo, que me permitiría volar.

Obtener los siddhis significa obtener libertad de elección. Los rishis dicen: «*Purnam adah, purnam idah*», lo cual significa: «Esto es pleno, aquello es pleno». La palabra «esto» se refiere a la realidad manifiesta que veo a mi alrededor; «aquello», el mundo invisible de lo trascendente, el mundo del Ser, el campo. Ambos están plenos (es decir, son infinitos) y si no me gustan las leyes naturales que me sujetan aquí, puedo buscar alternativas dentro del campo. No me es preciso desafiar las leyes actuales, sino sólo despertar una nueva. Es así como el fuego puede quemar convincentemente ahora y enfriarse un momento después.

La doctrina del «Esto es pleno, aquello es pleno» lleva al yogui a declarar que la naturaleza es perfecta. No se refiere a la imagen que la realidad presenta hoy; tampoco pasa por alto las burdas imperfecciones que provocan el sufrimiento. La crueldad y la violencia que vemos en nuestro mundo no se pueden considerar perfectas, desde ningún punto de vista. Pero también hay otro tipo de mundo disponible, al toque del Ser, y eso invalida el mal que vemos en la vida cotidiana. La naturaleza es perfecta porque contiene todas las posibilidades.

Hace treinta años eso quedó explicado en un fascinante diálogo entre Maharishi y un escéptico asistente a una conferencia suya, en Londres:

P: No acepto que la inteligencia de la naturaleza funcione ya de modo perfecto. Yo podría crear el universo con patrones más humanos, con menos sufrimiento y dolor.

Maharishi: En ese caso su universo no tendría consistencia.

P: No necesitamos consistencia.

Maharishi: ¡Ah! Entonces usted no podría manejar nada de un modo sistemático; sólo habría caos. Por ejemplo: en su universo usted tocaría el fuego y el fuego no le quemaría. Del mismo modo, pondría el arroz sobre el fuego para cocerlo y el fuego no lo cocería.

P: Pero hay gente que camina por el fuego y el fuego no le quema.

Maharishi: Eso también es obra de la naturaleza todopoderosa: lo que es caliente en ciertas circunstancias es también frío en otras. Por ende, si usted quería crear la misma situación en su universo, ahora descubre que ya existía. Una mente pequeña sólo creará medio mundo. Como no puede ver el todo, sólo ve partes del todo.

Apenas comenzamos a abandonar las partes para aceptar una visión del todo. Hace setenta años, los grandes físicos cuánticos de la generación de Einstein postulaban que la «realidad local» era una proposición dudosa. «Realidad local» es un término que designa sucesos separados que llevan vidas independientes en el tiempo y en el espacio. Un átomo de oxígeno de Marte es local pues no tiene relación con un átomo de oxígeno de Venus, tal como el hombre que sufre en la China no tiene nada que ver conmigo. En el plano humano, este acuerdo nunca ha parecido satisfactorio, porque yo sufro con el hombre de la China por simpatía.

Antes del advenimiento de la teoría cuántica no se podía decir lo mismo de dos átomos. Para que hubiera simpatía entre ellos uno tenía que desechar los millones de kilómetros de vacío que los separaban. El sentido común indica que el vacío es vacío; por definición no puede haber nada en él. Sin embargo, en la actualidad la observación por radiotelescopios nos ha enseñado que el universo se ha organizado según patrones ordenados a lo largo de grandes distancias. En un extremo del cosmos, las estrellas obedecen a las mismas leyes estructurales y pasan por las mismas etapas de vida que las del extremo opuesto. También se puede demostrar en el laboratorio que ciertas partículas elementales están acopladas como gemelos (según el principio llamado «tipo de espín»); todo cambio de espín en una es instantáneamente compensado por su pareja con un cambio igual, pero de sentido opuesto, cualquiera que sea la distancia entre ellos. Están conectados por un cable telefónico que, casualmente, está hecho de nada.

Esa extraña conducta es un desafío a la lógica ordinaria. Ha llevado a los físicos a decir que el reino cuántico no sólo es más extraño de lo que pensamos, sino más extraño de lo que podemos pensar. El rishi no está de acuerdo. Para él, un quántum y un pensamiento se parecen notablemente. Los impulsos fugaces e invisibles de la mente se pueden convertir en moléculas neurotransmisoras concretas y localizables, como la dopamina y la serotonina. ¿Dónde puede uno instalarse para ver la transformación de una emoción en una molécula? En ninguna parte; la emoción no se puede ver ni tocar; apenas si se puede fijar en el tiempo y, en el espacio, no tiene hogar alguno. Las moléculas se pueden ver, almacenar y manipular objetivamente. Son más fáciles de manipular que las emociones y, por lo tanto, los científicos suponen siempre que la realidad de las moléculas debería ser el punto de referencia, mientras que la realidad de las emociones es algo inferior.

En el mundo cuántico esta situación cambia. Un evento cuántico es también invisible, fugaz e imprevisible, igual que nuestros pensamientos. Antes de que el sol arroje luz, ¿dónde está la luz? Los fotones vienen de la nada; no se los puede almacenar. Apenas se los puede localizar en el tiempo y no tienen hogar alguno en el espacio (es decir, la luz no ocupa volumen ni tiene masa). La similitud entre un pensamiento y un fotón es muy profunda.

Pensar es una actividad cuántica; por eso se nos permite dominar las leyes de la naturaleza. El rishi, por estar iluminado, lo hace mucho mejor que yo, pero yo no carezco de talento. Pensemos en el calcio que construye un fémur, una clavícula o cualquier otro hueso. El calcio de mi cuerpo no está fijo en un sitio, sino en movimiento constante. Pasa de hueso a hueso según lo indique la necesidad (cuando usted usa un par de zapatos nuevos por un período lo suficientemente largo, por ejemplo, los huesos de sus piernas cambian de estructura interna para adaptarse al nuevo paso). El calcio también pasa de los huesos a la sangre; mi piel y mi orina también echan calcio al mundo, mientras yo tomo nuevas cantidades a través del alimento. Yo controlo este flujo constante con gran precisión, aunque no tenga conciencia de cómo lo hago.

Los blancos acantilados de Dover, que están hechos de carbonato de calcio, podrían estar entrando en mis huesos hoy mismo, por medio de la oveja que pastó en sus laderas y luego fue al mercado. A cada paso del trayecto, del acantilado a la hierba, a la oveja, al asado de cordero, a la sangre y, por fin, al hueso, los átomos de calcio permanecen invariables. Sin embargo, yo no me parezco a un acantilado ni a una oveja, pues una vez que el calcio entra en mí debe ser transformado. Sufre una transformación total y se convierte en mí, una compleja estructura de inteligencia. Este cambio se produce en el plano cuántico, donde todo lo creado recibe su identidad. Aun cuando el calcio entra y sale, circulando por mí como hojas al viento, yo sigo siendo yo mismo, sólidamente estructurado en mi cuerpo mecánico cuántico.

He leído que con cada aliento aspirado uno recibe varios millones de átomos exhalados por Cristo, Buda, Confucio y todas las otras luminarias que hayan existido (hay lugar de sobra para que esto ocurra, pues respiramos 10 a 22 átomos de oxígeno por vez, es decir 10 seguido por veintiún ceros). Además, unos cuantos millones de cada aliento que aspiré hoy abandonaron ayer los pulmones de un granjero chino; su exhalación requiere apenas veinticuatro horas para recorrer la mitad del globo y mezclarse con mi atmósfera.

Esto es un hecho maravilloso, pero más maravilloso es que no me convierta en Cristo, en Buda o en un granjero chino. Mi identidad se basa en el campo; cuando entra en mí materia prima le pongo el sello de mi influencia. Si me asusto también se asusta mi calcio; cuando muero dejo mi calcio en libertad, antes de que otra mente vuelva a capturarlo. De esta manera, la mente local y la mente universal colaboran constantemente.

Lo que los rishis vieron con tanta claridad fue que el campo cuántico es una fuente creativa en la cual todos podemos jugar, como un ribazo cenagoso a la espera de que un niño haga pasteles, muñecos o casas de barro. En el lodo informe no se puede ver ningún objeto; sin embargo, todos los objetos tienen la potencialidad de estar allí. La sentencia más famosa de los Upanishads declara: «Yo soy Eso, tú eres Eso y todo esto es Eso». Un físico cuántico no podría poner objeciones a esta aseveración, una vez que tradujera la palabra «Eso» por «el campo».

Pese al infinito poder y la vastedad del campo, no hace

falta un salto muy grande para mandar sobre él; lo hacemos cada vez que tenemos un pensamiento. Pero para lograr verdadera maestría, para que nuestros deseos más profundos se hagan realidad, debemos dedicarnos a alcanzar un estado de conciencia más elevado. Como cualquier fuerza de la naturaleza, la fuerza de la conciencia puede ser débil o fuerte. Es más fuerte en aquellas personas cuyas mentes están identificadas con el campo, más débil en aquellas que tienen la mente empantanada en la superficie de la vida. Por ende, identificarse plenamente con el campo es una definición práctica de lo que significa estar iluminado. Sólo entonces desaparecen los estorbos de la realidad local. Uno queda, por fin, en libertad de participar en el juego creativo del universo.

Cuando la gente descubre que sus deseos comienzan a cumplirse, desafiando lo que se supone debe de ser el comportamiento de la realidad, el súbito influjo de. poder trae consigo vertiginosas emociones; la gente se siente jubilosa y triunfante, fusionada con el corazón mismo de la naturaleza («Yo era como un huérfano que encontrara el camino al hogar», recuerda una mujer). El miedo pierde sentido, remplazado por inmenso alivio ante la verdadera simplicidad de la vida.

La clave es la simplicidad. Los rishis vivían según un código que dependía antes de la magia que del esfuerzo. Maharishi lo expresa de un modo muy bello:

> Mantén tu deseo vuelto hacia adentro y sé paciente. Permite que la plenitud venga a ti, resistiéndote suavemente a la tentación de perseguir tus sueños en el mundo. Persíguelos en tu corazón hasta que desaparezcan en el ser y déjalos allí.
>
> Puede hacer falta un poco de autodisciplina, pero sé simple, sé amable. Atiende a tu salud interior y a tu felicidad. La felicidad irradia como la fragancia de una flor y atrae hacia ti todas las cosas buenas.

Permite que tu amor te nutra tanto como a los otros. No te esfuerces por buscar las necesidades de la vida: es suficiente estar serenamente alerta y consciente de ellas. De este modo la vida se desarrolla más naturalmente y sin esfuerzo. La vida está aquí para que la disfrutemos.

Sólo por ser como somos, estamos encaminados hacia un destino mucho más allá de cuanto pudiéramos imaginar. Basta con saber que el ser que nutro dentro de mí es el mismo Ser que baña todos los átomos del cosmos. Cuando los dos se ven mutuamente en un pie de igualdad, serán iguales, pues entonces la misma fuerza que controla las galaxias estará realzando mi existencia individual. Si un hombre afirma que está iluminado, sólo debo preguntarle: «¿Se cumplen tus deseos sin esfuerzos?». Si responde que sí, puedo aceptar que su pensamiento se ha vuelto mágico.

Pero también le haría una segunda pregunta: «¿En qué escala pones tus deseos?». Si dice que sus deseos son para sí mismo, sabré que no se ha desprendido de la realidad local. Por el contrario, si dice que sus deseos son para el mundo, sabré que el universo entero trabaja para él. Ha dominado la realidad no local. Es ciudadano del campo.

12

Lo que significa ser en totalidad

Para concederles el beneficio de la duda, los padres de Nick no se proponían destrozarlo. Por el contrario: desde que Nick nació lo trataron como a un pequeño dios. Pusieron a sus pies todos los juguetes que una familia rica puede proporcionar; el más ínfimo de sus deseos era concedido de inmediato. Sus balbuceos y gorgoritos infantiles encantaban a su madre hasta tal punto que no soportaba tenerlo fuera de su vista. Si se veía obligada a ausentarse, siquiera por media hora, los abuelos ocupaban su lugar; ellos también amaban tanto a Nick que no lo perdían de vista.

Durante tres años Nick aceptó como normal la mirada constante de ojos adultos. Era demasiado pequeño para sospechar que lo tenían custodiado. Por fin, un día su madre lo llevó aparte y trató de hacerle comprender algo importante. Treinta y cinco años después él recuerda todavía la intensa emoción de su voz.

—Saliste de mí y eres parte de mí. Eso siempre será cierto —dijo—. Pero tu padre y yo queremos que sepas algo. No llegaste como los otros bebés: fuiste adoptado.

Nick sonrió, encantado por la palabra nueva. No tenía edad suficiente para preguntarse cómo podía haber salido de su madre y ser adoptado al mismo tiempo. Sólo supo que era aún más especial que antes.

—¡Soy adoptado, soy adoptado! —repetía. Inmediatamente corrió a dar la buena noticia a su mejor amigo. Tardó dos años en captar por completo qué significaba ser adoptado.

—Mis padres siempre se aferraron mucho a mí —me contaba—. Poco a poco cobré conciencia de que su amor estaba teñido de mucha desesperación. Estaban obsesionados conmigo. El motivo de que me vigilaran constantemente era su morboso temor de que mi verdadera madre me secuestrara, como el principito de los cuentos robado en la noche por los gitanos.

Mantener a Nick en constante vigilancia era el único modo que ellos tenían de manejar el miedo a perderlo. Esa atención ansiosa y excesiva no habría sido demasiado destructiva por sí sola, pero pronto fue evidente que había mucho más en juego.

—Con mi padre pasaba algo malo —dijo Nick—. Se podría decir que era misógino, que odiaba a las mujeres. Si oyera esto se horrorizaría, porque es muy afectuoso con mi madre y se esmera en mostrarse muy romántico a su lado, sobre todo en público. Pero constantemente la denigra y desprecia de maneras sutiles. Nunca he visto que la golpee, pero sé desde muy niño que ella vive temiéndole y que no puede hacer nada al respecto.

El mismo miedo se filtró en la vida de Nick cuando dejó de ser un bebé. Descubrió que su amante padre, el que lo abrazaba con tanta fuerza y lo cubría de regalos, podía caer en una ira ciega sin previo aviso. Estallaba en los momentos más inesperados; las inhibiciones que le impedían atacar físicamente a su esposa no se aplicaban al pequeño.

—Mi padre me golpeaba mucho, por motivos que yo no podía adivinar. Yo nunca me portaba tan mal. Mi madre y yo nos desvivíamos por aplacarlo y mantenerlo tranquilo, pero si yo decía algo en un tono de voz que no le gustaba, si vacilaba antes de obedecer una orden suya, me abofeteaba o me daba nalgadas muy fuertes.

Nick recuerda con culpa haber ocultado los cardenales que su padre le infligía con esas fuertes palizas; se sentía víctima inocente, pero al mismo tiempo le avergonzaba inexplicablemente que lo castigara.

—Quiero ser justo con mi padre —explicó cuidado-samente—. No llevaba la violencia al extremo. No me apaleaba. Lo que dolía tanto no eran sus golpes, sino de dónde venía el castigo. ¿Qué le había hecho yo para merecer su desdén?

El hecho de que se le castigara por las infracciones más triviales (no recoger sus calcetines, dejar su cuarto desordenado) hacía que para Nick fuera imposible descubrir por qué se le castigaba. Las emociones que impulsaban a su padre, cualesquiera que fuesen, eran demasiado extrañas para que las comprendiera un chiquillo y demasiado poderosas como para que pudiera defenderse de ellas. Aunque la madre de Nick trataba débilmente de intervenir, la ira paterna gobernaba el hogar básicamente sin oposición.

Incapaz de luchar físicamente, Nick imitó a su madre y dedicó sus energías a mantener la paz. Sin protestar, se dejó llevar a una conspiración de silencio, preservando la fachada de ser un niño perfecto en el seno de una familia perfecta.

—Al crecer descubrí que vivíamos en un esquema de negación muy común en familias como la nuestra. Pero por entonces no tenía con qué comparar mi situación. Mi madre sabía lo que estaba pasando, pero volvía la espalda. Pronto debí aceptar el amargo hecho de que no trataría de protegerme, aunque la situación empeorara.

Arrojándose al papel de niño modelo, Nick se convirtió en ese tipo de vástago que todos los padres sueñan. Era un niño inteligente y sensible, que se comportaba bien y se esmeraba con sus deberes. Al crecer resultó magnéticamente hermoso; los otros niños lo miraban con respeto, como a un atleta natural y líder nato. Un éxito seguía al otro, pero debajo de todo eso, fermentando como lana podrida cubierta con láminas de oro, estaba esa sensación de miedo que no lo abandonaba jamás.

—Aprendí a guardar nuestro secreto a cualquier precio, sobre todo de mis abuelos; eran inmigrantes griegos que veían en mí a la brillante esperanza rubia. Todo el mundo esperaba maravillas de mí y yo, por encima de todas las cosas, quería cumplir. A los cinco años ya me sentía como un adulto pequeño. Comprendía los sentimientos y las ambiciones de los adultos, así como la necesidad adulta de no exponerse. La tensión interior era enorme, porque toda la familia vivía, básicamente, a través de mí.

Cuanto más hondo sepultaban los padres de Nick sus graves problemas emocionales, más necesario se les hacía manipular al hijo. Su psiquis se convirtió en el escenario donde representaban sus frustraciones ocultas.

—Yo aceptaba que era el chivo expiatorio. Lo que mamá y papá sentían, yo lo sentía también. Ése era mi trabajo: oficiar de amortiguador entre ellos. Sabía que era injusto. No se me permitía ningún sentimiento propio, los sentimientos de niño que tenían todos mis amigos. Nunca me sentía simplemente feliz o simplemente triste. Mis emociones eran complicadas, porque eran emociones de adulto, pasadas de mis padres a mí.

Ningún niño está preparado para soportar tales presiones. Nick no tardó en sufrir una profunda confusión sobre lo más básico de la sensación y la identidad.

—Recuerdo que a los seis años levanté la voz, angustiado, preguntando a Dios por qué me atormentaba así. Pero, ¿qué podía hacer? Mi madre decía que había salido de ella, pero también que era adoptado. Mi padre afirmaba amarme, pero me castigaba sin motivo. Y el gran motivo, según decían, era que deseaban que yo fuera para ellos un verdadero hijo.

»De algún modo extraño, todo se reducía al hecho de que yo era adoptado. Cada vez que mi padre me castigaba parecía estar diciendo: "No serás hijo mío, demonios, pero si te doy una buena paliza te haré mío".»

Hasta aquí he contado la historia de Nick tal como él me la relató, desde el punto de vista de un hombre de treinta y ocho años que recuerda vívidamente los dolores de su niñez, pero que los ha elaborado. Nick vino a mí durante la última fase de su tratamiento por una adicción grave, en el momento en que comenzaba a meditar; eso se había convertido en el ancla de su curado sentido del ser. Nuestras conversaciones se referían a temas interiores, pues los problemas estrictamente médicos de la adicción habían terminado. Por franco que Nick sea en la actualidad, un extraño sólo puede imaginar el terror del mundo de su niñez. Su verdadera textura, sus sensaciones, no son visibles en el hombre que veo ante mí.

Nick, como adulto, es una persona muy comprensiva. Ha leído libros sobre familias disfuncionales y hecho terapia grupal. En la actualidad puede hablar con simpatía de su envejecido padre, el mismo hombre que emerge en su relato como un monstruo.

—Ahora mi padre tiene setenta años, pero sigue siendo emocionalmente irritable. Cuesta mencionar aquellos años sin alterarlo —dice Nick—. Para amar a mis padres tal como son en la actualidad, he aceptado la responsabilidad por mi pasado, todo él. Quiero seguir adelante con mi futuro.

Nick pronunció estas conciliadoras palabras hacia el fin de nuestra primera entrevista, que fue larga. Su voz permaneció siempre perfectamente calmada, casi hasta lo escalofriante. Pero su descripción de las agresiones paternas me había hecho palpitar el corazón. De pronto caí en la cuenta de que la historia de Nick parecía enfurecerme más que a él... y eso me hizo vacilar. Cuando se confía a un adulto un secreto culpable o vergonzoso, eso puede provocar una extremada tensión psicológica, pero al menos esa persona tiene una personalidad formada con que absorberla. Nick nunca fue una persona aparte de sus secretos. Fueron moldeados en su psiquis desde sus primeros años. No pude dejar de preguntarme cuánto de sí había tenido que sofocar para aceptar tanto.

Éste no era tema que yo quisiera sondear. Después de años de penosos esfuerzos, Nick se ha convertido en algo admirable: es un hombre bueno, cuerdo, amable y tolerante. Pero ser bueno no es lo mismo que ser pleno. En realidad, las dos cosas pueden ser opuestos exactos, si la bondad es el resultado de una guerra en la que una parte del ser debe derrotar a otra. La integridad, sea lo que fuere, no es una guerra. Es un estado mental por encima de todo conflicto, no tocada por el mal, inmune al miedo. Este grado de libertad psicológica puede parecer inalcanzable, pero el concepto mismo de la totalidad significa no dividido en partes, ni siquiera en las básicas dualidades de bien y mal, amor y odio, blanco y negro.

Puesto que la realidad puede ser dividida infinitamente, ¿cómo existe la totalidad? Y si existe, ¿cómo se puede combinar con el mundo fragmentado? Los antiguos rishis se dedicaron a responder a estas preguntas. Lo que descubrieron fue esto: la mente humana puede estar silenciosa o activa. En ese aspecto, la dualidad es inevitable. «El juego de los opuestos», como lo llaman los Upanishads, no puede ser abolido. Pero los opuestos pueden coexistir sin desafiarse entre sí, y ése es el secreto. Para que la totalidad sea una realidad viviente, es preciso aprender a expandirse más allá del campo de la dualidad, abarcando las cualidades de la vida más diametralmente opuestas: el bien y el mal, el gozo y el sufrimiento, el amor y el odio.

Pensando en Nick, comprendí que su crianza había fomentado una «solución» que han adoptado muchas otras personas, aplicando toda su energía a hacer de la vida algo perfecto por afuera, mientras que se oculta fuera de la vista todo el miedo, la ira y la culpa. En todo caso, no es la represión del dolor lo que me preocupa, pues la psiquiatría ha explorado extensamente ese mecanismo. Pero ¿qué pasa con el otro polo? Al fingir que todo era perfecto, Nick desarrolló una profunda desilusión en cuanto a que pudiera existir, en verdad, algo perfecto. Equipara la perfección con el engaño. Tristemente, lo mismo hace la mayoría.

Uno de los golpes más fuertes que sufrí en los comienzos de mi profesión fue el comprobar lo divididos que estaban casi todos mis pacientes. Mantenían una fachada pública hasta el momento mismo en que yo los hacía pasar de la sala de espera al consultorio. En cuanto cerraba la puerta, el yo público se desmoronaba. Hacia mí venía un abrumador torrente de dolor, mucho más dolor que el que podía haber causado la enfermedad. Toda una vida de ira acumulada, dudas sobre el propio valor, duelo, culpa y remordimiento brotaban incontrolablemente de esas personas. Yo hacía lo posible y, al cabo de media hora, ellos se recomponían con la misma celeridad y la persona pública salía nuevamente a la sala de espera, despidiéndose de mí con una actitud animosa que daba escalofríos.

Esto es, exactamente, lo que significa estar fragmentado, vivir bajo el ir y venir de los opuestos. Es un estado tan distante de la curación que la perfección (que debería ser considerada, simplemente, el estado natural de la vida) asoma como enemiga. Muchos pacientes neuróticos recurren a la terapia con el deseo de ser «curados». Pero lo último que quieren es llorar hasta cansarse, expresar su vulnerabilidad, lamentarse por el amor perdido o lanzar gritos de júbilo. Sin embargo, eso es lo que hacen las personas normales si están en contacto consigo mismas. El problema profundo, no sólo para Nick sino para todos, es cómo liberarnos de los límites, si el ser prisioneros es la única manera cómoda de vivir que conocemos.

En primer término, es preciso tener la franqueza de admitir que la vida no es ya perfecta. Aunque esto pueda parecer un paso muy fácil, con frecuencia es el más difícil, pues debe ser dado en el nivel del sentimiento. Mirar a nuestro alrededor y decir tranquilamente: «Sí, aquí se podrían introducir algunas mejoras» no tiene nada que ver con las emociones sepultadas, con el sentirse atrapado, furioso, desilusionado, humillado y sufriente. Por mucho que se les niegue, todos tienen esas sensaciones. Si puedo arriesgarme a generalizar así es porque no veo a nadie que lleve una vida perfecta; puesto que la perfección es tanto natural como posible, debe de haber algo que la niega y le impide asomar.

Cierta vez, un discípulo escéptico visitaba a su gurú. Los gurús modernos no siempre viven en una cueva; éste habitaba un diminuto apartamento en Bombay.

—¿Existe realmente alguna diferencia entre usted y yo? —preguntó el discípulo—. Cuando nos miro sólo veo a dos viejos sentados en una habitación, esperando la comida.

El gurú respondió:

—Tu nivel de conciencia te obliga a verte a ti mismo como un viejo sentado en una habitación. Pero para mí, este cuarto y todo lo que hay en él ocupa una ínfima mota en el horizonte de mi conciencia.

—Aunque usted haya adoptado esa perspectiva, seguimos viviendo en el mismo mundo —argumentó el discípulo.

—No. Tu mundo es personal, privado e incompartible. Nadie puede entrar en él, porque nadie puede oír ni ver las cosas exactamente como tú; ningún otro puede tener tus recuerdos, pensamientos y deseos. Y eso es todo lo que tienes. Mi mundo es la conciencia en sí, abierta a todos, compartida por todos. En ella hay comunidad, discernimiento interior, amor. El individuo contiene la totalidad y eso lo hace real. Tú eres irreal. Esta realidad privada que aceptas sin cuestionarla, limitada por estas cuatro paredes, por tu cuerpo aislado y tu mente condicionada, es imaginaria. No es otra cosa que un sueño.

—En ese caso, ¿por qué se molesta usted en estar aquí? —rezongó el discípulo.

—No tengo obligación de estar en tu sueño —replicó el gurú—, puesto que conozco la verdad: soy infinito. Pero me brinda placer visitar tu sueño, porque puedo instarte a despertar.

UNA MOTA DE CONCIENCIA

Por miles de años se ha empleado la metáfora del despertar para describir qué significa pasar de un estado de ignorancia a otro de iluminación. Cuando uno despierta, abre los ojos y ve, cosa que no puede hacer mientras duerme; pasa de un estado de conciencia completamente inerte a uno alerta y activo; recobra el sentido de identidad que había perdido al dormir. Se dice que el contraste producido cuando una persona llega a la iluminación es igualmente severo. Pero hay un punto sutil a captar: despertar también implica un proceso natural que no necesita ser forzado. Uno no decide despertar por la mañana: nos sobreviene; pese a la soñolienta resistencia que podamos oponer, tarde o temprano despertamos. Los rishis creían que el despertar espiritual era igualmente natural e inevitable.

La iluminación que ha acaecido a los sabios antiguos era diferente de la vuestra o de la mía sólo porque llegó antes. Aunque no lo sepamos, ya estamos saliendo de un sueño profundo. El proceso sigue su propio ritmo, muchas veces con poca o ninguna señal exterior. Aquí vuelvo a pensar en Nick. Cuando tenía diecisiete años hizo inventario de sí mismo en un poema que muestra una profunda comprensión de los nudos que ataban su personalidad. También predijo gran parte de su tempestuoso futuro. El héroe del poema es un marino atormentado, a punto de viajar hacia costas desconocidas:

Días y noches de paz
Se han convertido en éxito y fracaso.
Oh, poderes demoníacos han traicionado mi ingenio,
Me veo perseguido por la nada.
¡Lejos, lejos!
Debo partir para destruir esta autodestrucción
Dentro de mi alma doliente.

Estas palabras son febriles, pero ciertas: dada su caótica niñez, el joven Nick no tenía nada sólido en que afirmarse, salvo su barco solitario (su ser); el gran enemigo era la amenaza de autodestrucción que se repitió a lo largo de toda su juventud adulta. En el curso de pocos años descubrió que la fantasía de la fuga podía ser viable en un poema romántico, pero no daba resultado en la vida real.

Aprendió muy temprano que debería luchar solo para sobrevivir. La lucha constante (contra su familia, su drogadicción, sus demonios interiores) ha sido siempre el tema principal de su existencia. Por eso me gustaría que Nick, más que nadie entre quienes conozco, encontrara ese camino de salida que está más allá de la lucha. Para hallar esa salida debemos concentrarnos en esas raras islas de calma en que no experimentamos la lucha. Éstos eran los portentos de integridad que su psiquis estaba tratando de alcanzar.

Si se puede reconocer la totalidad por cómo se la siente, el sentimiento adecuado es la plenitud. Todo lo que conserve profundamente da a una persona el sentido de su propia totalidad. Aunque sólo sea por un momento, alcanza un estado en que el «yo soy» es suficiente, sin preocupaciones, sin deseos de otra cosa. Uno está satisfecho de vivir de la vida misma, sólo por el aire, el sol, los árboles y el cielo. No carece de nada. Estar aquí es la mayor recompensa.

A los siete años tuve una experiencia de ese tipo que desde entonces me ha servido como talismán. Compartía diariamente un pequeño rito familiar con mi madre y Sanjiv, mi hermano menor, que tenía cuatro años. Mi madre nos sentaba junto a ella para leernos versos del Ramayana, la leyenda épica del Señor Rama. Esta obra no tiene equivalente exacto en Occidente. Contiene las batallas y aventuras requeridas por toda épica, pero el Ramayana es también una escritura sagrada. Rama es tanto un príncipe exiliado como una encarnación de Dios. Resulta imposible separar su humanidad de su divinidad. Mientras las hazañas de Rama en la batalla nos cautivaban a Sanjiv y a mí, los mismos versos elevaban a mi madre a la exaltación devota.

Tampoco se trataba sólo de una lectura a escuchar. El Ramayana se recita con música; mi madre se sentaba ante un pequeño armonio y tocaba la melodía de cada verso. Sanjiv y yo cantábamos con ella y dondequiera que fuera la música, allí iban nuestras emociones. La saga de Rama pasa del éxtasis más desenfrenado a las simas de la desesperación, tocando todas las emociones intermedias. Cuando mi padre cruzaba el umbral, después del trabajo, vistiendo el almidonado uniforme del ejército, nunca sabía si su esposa y sus hijos tendrían las mejillas bañadas en lágrimas o estarían chillando de placer.

Mi madre, que era una avezada narradora, terminaba el recitado de todos los días en un punto cargado de suspense. Un día interrumpió cuando el demonio Ravana, el archivillano de la saga, hiere en el campo de batalla a Lakshman, el hermano de Rama. Lakshman yace próximo a la muerte y el único remedio para su herida envenenada es una hierba que crece en las laderas del Himalaya. Desafortunadamente, la batalla se desarrolla en Sri Lanka, cientos de kilómetros más al sur. El gran aliado de Rama es Hanuman, rey de los monos, que por increíble fortuna sabe volar, y en ese momento lo revela. De inmediato se ofrece a traer la hierba que salvará la vida a Lakshman. Hanuman vuela hasta los montes del Himalaya, pero al llegar no puede hallar la planta que necesita. Busca por lo alto y por lo bajo, sabiendo que cada segundo es precioso. Aun así la hierba no aparece. Hanuman está fuera de sí por la frustración.

Fue allí donde mi madre cerró el libro, dejando que esa noche nos acostáramos vibrando de miedo y expectativa. Yo empezaba a identificarme con Rama y a Sanjiv con su hermano menor; por eso me sentía tan afligido por Lakshman. Al día siguiente, mi madre nos cantó cómo resolvió el astuto rey mono su disyuntiva. Arrancó la montaña de raíz y la llevó por el aire hasta Sri Lanka, para depositarla a los pies de Rama. La hierba fue hallada y, para nuestro júbilo, salvó la vida a Lakshman en el último instante.

Sin poder contener nuestros sentimientos, mi madre, mi hermano y yo corrimos al patio. Siempre cantando, nos tomamos de la mano y comenzamos a bailar en una ronda, cada vez más rápida. Me mareé y caí en el polvo, riendo. Cuando mi cabeza dejó de dar vueltas levanté la vista. Todo cuanto veía había adoptado una impresión de corrección total. Me encontré en medio de un mundo perfecto, chispeante de claridad y gozo. El cielo, el sol que se reflejaba en los árboles, los sonidos del tránsito en Delhi y mi madre sonriente, inclinada hacia mí, se fundieron en una imagen de contento absoluto.

Desde entonces me he referido muchas veces a esa sensación momentánea, que nunca deja de recordarme su verdad, tan duradera en mi mente como el mismo Rama. Pero lo que diferencia esta experiencia de otros gozos experimentados es que en ella estaba incluido Ravana, el demonio. ¡Lo amé por herir a Lakshman!, su malignidad permitía que triunfara el bien, hacía posible toda la aventura de Rama. Nunca me acerqué tanto, antes de conocer la espiritualidad, a captar la serenidad del sabio ante la justicia de la vida como un todo. Experimenté que la belleza de la totalidad excede sobradamente la belleza o la fealdad de una parte aislada.

Pocas personas han llevado el contento tan lejos como para poder decir si en la naturaleza humana está incluida la satisfacción completa y duradera; sin embargo, eso es exactamente lo que se asegura en los estados de conciencia más elevados. Nick experimentó un pasajero contento por primera vez cuando lo enviaron a Vermont, para que asistiera a una escuela secundaria experimental. Como parte del plan de estudios, los estudiantes pasaban algunas semanas caminando al aire libre y practicando montañismo; aprendían a bastarse a sí mismos acampando solos en el bosque.

—Me dejaban librado a mis recursos durante varios días a la vez; eso me dio un sentido del yo que nunca había tenido —recuerda Nick—. Había horas en que me sentía muy sereno por dentro. Me sentía protegido; permanecer en paz conmigo mismo parecía una posibilidad real.

Este interludio pasado en comunión con la naturaleza le provocó una impresión duradera, pero el regreso al hogar lo expuso una vez más a la turbulencia emocional de su familia. Su sentido del ser volvió a ser tenue; apenas lo divisaba por momentos fugaces.

Pocos años después, el padre presionó a Nick para que abandonara los estudios y se hiciera cargo de una de las empresas constructoras que él poseía. Nick demostró ser muy efectivo para eso, pero no pasó mucho tiempo sin que se enfrentara a su primera crisis emocional de adulto. Durante años enteros, cada vez que se atrevía a abrir su corazón a alguien, Nick experimentaba de inmediato fuertes punzadas de desconfianza. Eso era previsible, dado que los modelos de amor que adquirió de niño, sus padres, eran también poderosos modelos de traición. Las emociones fundidas del amor y la desconfianza estaban impresos en su psiquis y le resultaba casi imposible separarlos.

Al principio, mientras Nick pasaba por los normales ritos adolescentes de las citas amorosas y la intimidad pasajera, esta impresión se mantuvo en el plano inconsciente. El desastre se produjo cuando, al cumplir veinticinco años, se zambulló en un súbito casamiento con una mujer llamada Clare. Casi no tengo idea de cómo era, pues Nick habla muy poco de ella; sólo dice que se divorciaron después de pasar juntos dos años tempestuosos.

Al parecer, el período de compatibilidad duró poco más que la luna de miel. Nick no tardó en descubrir, con horror, que estaba programado para tratar a su esposa tal como su padre trataba a su madre.

—En el trabajo soportaba presiones tremendas, pues había descubierto demasiado tarde el error enorme cometido al trabajar para mi padre. Él era más tirano que nunca. Al anochecer, cuando volvía a mi casa, me desquitaba con Clare. Le contestaba bruscamente e iniciaba discusiones por nimiedades.

»Por debajo de esa conducta irracional, que me afligía terriblemente, quería hacer exactamente lo opuesto: franquearme y tratarla como a una confidente. Pero siempre había en mí una gran resistencia, como una roca en medio de mi pecho.»

Ésta es la tragedia del ser fragmentado. Ciertos sentimientos se tornan no permisibles, pues el pasado los ha vuelto demasiado amenazantes para incorporarlos a uno mismo. La roca en medio del pecho era parte de Nick, pero se había separado tan por completo que parecía una cosa aparte, un trozo de no ser imposible de apartar. «Cada vez que trataba de compartir un sentimiento con Clare tenía la horrible premonición de que ella me traicionaría. Los dos impulsos se trababan en lucha; realmente creo que la peor tortura no habría logrado obligarme a decirle lo que yo sentía. Como las ostras, si me abrían las valvas moriría. Clare se sentía frustrada por lo que interpretaba como un rechazo de mi parte; se fue alejando de mí y pronto nos separamos por completo.»

El matrimonio de Nick terminó en el fracaso, pero al

menos él llegó a sentir que su guerra interior no era total. Una mota de conciencia pendía sobre la refriega. Lo sabemos porque Nick se veía a sí mismo creando el conflicto que lo atrapaba, aunque su conciencia no bastara para liberarlo. Pasarían años antes de que esa mota se tornara más poderosa. Por el momento sólo servía para intensificar sus sufrimientos, pues veía con demasiada claridad que estaba convirtiendo a Clare en su víctima.

LA VIDA EN UNIDAD

Crecer a partir de una mota de conciencia hasta la conciencia completa del ser es un proceso natural, aunque pocas personas llegan al final. Si cerramos los ojos y permanecemos sentados en silencio, experimentaremos la misma sensación de «yo soy» que tiene el yogui, pero este sentido fundamental de ser puede limitarse o ser muy grande. Puede ser tan frágil que una crisis lo haga pedazos con facilidad o tan firme que se pueda construir el mundo sobre él.

El ser fragmentado finge ser firme y sólido, pero la roca interior está hecha de dolor, emociones negadas y culpa. Tarde o temprano, ese dolor reprimido se da a conocer, ya causando sufrimientos o alzando una imagen de espejo (en este caso, la esposa de Nick), que revela la presencia del dolor aunque no se pueda enfrentar el sentimiento en sí. Pero la negación es increíblemente poderosa. Cualquier realidad, por punitiva que sea, puede ser considerada como aceptable y hasta ideal. Me sentí muy conmovido al leer una frase de uno de los padres de la Iglesia Cristiana: «Dios ha puesto almas en el Infierno, pero en Su misericordia les permite creer que, en realidad, están viviendo en el Paraíso». Esto no sería misericordioso si no hubiera forma de huir de las situaciones infernales. Pero si creemos que cada persona está avanzando por el

333

proceso de despertar, nada puede ser más misericordioso que dejar pensar a todos que esta etapa de crecimiento es la mejor.

Todo esto sirve como prefacio a la idea de «unidad falsa». Existe una gran diferencia entre los diferentes estados de conciencia, pero cada uno tiende a dar la impresión de que uno ha hallado la unidad. «Unidad» significa una sensación de estar en contacto con la realidad, de ver las cosas como son. Los paranoicos más delirantes, convencidos de que mañana mismo nos invadirán los marcianos, compadecen al resto de la humanidad, que no puede compartir su captación de la realidad. De igual modo, el santo que ve a Dios en un gorrión caído no puede sino aceptar que su conciencia tampoco es compartida por todos.

Como todos albergamos la secreta creencia de que nuestro plano de conciencia ha de ser el correcto, nos parece imposible creer que exista, en realidad, un estado de unidad verdadera. Los rishis la llamaban *Brahmi Chetna*, «conciencia de unidad», y declaraban que era la meta hacia la cual evolucionan los otros estados de conciencia. Quienquiera que tenga una mota de autoconciencia se encamina hacia ella, aunque sea a tropezones. La diferencia entre mí, el hombre que vive en la ordinaria conciencia de vigilia, y el hombre en unidad es que yo veo el mundo dominado por diferencias: millones y millones de fragmentos separados se arraciman para formar mi realidad. El hombre en unidad también ve estos fragmentos, pero por debajo de ellos percibe la totalidad. Para él, el mundo con toda su diversidad es una sola cosa.

Un mundo hecho de una sola cosa parece extraño, pero los rishis lo encontraban glorioso, pues lo que ellos contemplaban en todas direcciones era su propia conciencia. La creación se convertía en un espejo que les devolvía la imagen de sí mismos. Los objetos vistos por el ojo ya no estaban hechos de materia inerte. Palpitaban de vida;

su ser fluía sin interrupción con el del rishi. Aunque generalmente invisible, a veces esa conciencia viva proyectaba su brillo, haciendo que una mesa o un árbol parecieran relumbrar desde adentro o llenar el aire con una lluvia de chispas doradas.

Visible o invisible, un mundo bañado de conciencia se torna indescriptiblemente íntimo para la persona que está en unidad. Ya no hay separaciones. Se puede, sin alargar la mano, sentir la textura de una pared distante. Se puede sentir bajo los pies el corcoveo de la tierra al girar sobre su eje. Hasta tocar una estrella se convierte en experiencia directa. «Puesto que todo está hecho sólo de conciencia», declaran los Upanishads, jubilosos, «no hay nada en la creación que no sea yo mismo.»

El paso de la mente a la unidad es tan radical como el paso de la vigilia al dormir o del dormir al soñar. Un libro apenas puede sugerir lo que ocurre, pero imaginemos a un explorador británico preparando una taza de té en el Ártico. Por todas partes le rodea una sola cosa: la molécula H_2O, con forma de témpano de hielo, la nieve que lo cubre, el Océano Ártico por sobre el horizonte, las nubes por encima, el agua que hierve en su tetera y el vapor que se desprende de ella; hasta el cuerpo del explorador es agua en sus dos terceras partes. La vista, por sí, no bastaría para revelar esta unidad. Hace falta un estado de captación específico, que haya aprendido los principios básicos de la física, para experimentar tantas cosas diferentes, sucesivamente duras, suaves, frías, calientes, blancas, azules, invisibles, visibles, móviles e inmóviles, como transformaciones de una sola sustancia fundamental.

Gracias a lo que sabe, el explorador puede manipular parte de la realidad. Puede convertir el hielo en agua, el agua en vapor, etcétera. El estado de unidad va más allá: se puede cambiar cualquier aspecto de la realidad, sin manipular moléculas o átomos, sino la capa fundamental de conciencia que une a toda la naturaleza. Por un toque simple, pero sobrecogedor, si puedo cambiar mi mente y si el mundo está hecho de la misma materia que mi mente, puedo cambiar el mundo.

Nos estamos refiriendo al despliegue natural de las capas más profundas de la mente. Los rishis aseguran que, dentro de nosotros existe la capacidad de mandar a todas las fuerzas de la naturaleza, de influir sobre todos los átomos del universo. ¿Es creíble todo eso? Nuestro actual estado de conciencia nos mantiene convencidos de que somos pequeños e indefensos. Una persona es insignificante comparada con el poderío de las fuerzas naturales. El ambiente, todopoderoso e inmisericorde, no se preocupa por su destino. Pueden ocurrir cosas terribles, por simple azar, a personas que no parecen merecerlas; todo el mundo se siente arrastrado por circunstancias que escapan a su dominio.

Aceptar esa realidad es el tipo de ignorancia más paralizante, según dicen los rishis, porque hace que se cumplan sus propias profecías. Si no conocemos la teoría general de la relatividad de Einstein, nuestra ignorancia no alterará en una pizca la relatividad; pero si somos ignorantes con respecto a nuestro propio ser, ese ser se reducirá hasta ajustarse a nuestro concepto. A cualquier persona dedicada a la firme negación del dolor y la ira se le presentará una imagen de la realidad doblemente engañosa, pues sufrirá cada vez que haga algo por expresar su dolor y, desde un principio, escapar al dolor es el único motivo de que lo niegue. La ignorancia es la más circular de las trampas circulares.

Afortunadamente, la conciencia no sólo se cura a sí misma, si se le da la oportunidad, sino que cierta parte ya está curada. Esta parte es el sentido del Ser, de «yo soy», que nadie puede sacrificar ni destruir. Sólo una persona en unidad ve el Ser en todas direcciones, pero cada uno de nosotros tiene dentro una semilla del Ser, el punto de partida de nuestra evolución.

Los especialistas del cerebro han tropezado con este aspecto de la conciencia en sus exploraciones de ese órgano, preguntándose qué tenían ante sí. A partir de la década de 1930, el renombrado neurocirujano canadiense Wilder Penfield pasó varias décadas hurgando en el cerebro de pacientes epilépticos con una aguja eléctrica.

Este procedimiento (completamente indoloro) permitía a Penfield hablar con sus pacientes mientras estimulaba la corteza cerebral. Cuando la aguja tocaba diversas partes del córtex, que controla las funciones más elevadas del pensamiento, se evocaba todo tipo de experiencias. Podía regresar cualquier momento del pasado, no con la vaguedad del recuerdo, sino repetido exactamente como si estuviera ocurriendo otra vez.

Penfield relata la experiencia de un joven surafricano que quedó estupefacto al percibirse muy lejos, riendo con su primo en una granja de su país, sin perder la plena conciencia de que yacía en una mesa de operaciones en Montreal. Para Penfield fue excitante descubrir que se podía evocar, a partir del cerebro, una realidad completamente formada y convincente por completo. La granja, el sol y el primo del paciente eran tan reales como la vida. Pero lo que más intrigó a Penfield fue el hecho de que el hombre no creyera estar en África del Sur. Su conciencia mantenía dos sendas al mismo tiempo y sabía con claridad que sólo una era cierta. En otras palabras, podía determinar que una imagen cerebral no era lo bastante convincente como para constituir la realidad. Algo se mantenía a un lado, apreciando la imagen sin dejarse envolver por ella.

De modo similar, Penfield podía tocar un punto determinado del córtex y hacer que el quirófano cambiara visualmente, tornándose de pronto mucho más grande o mucho más pequeño; pero el paciente sabía que se trataba de una ilusión óptica, aunque fuera lo único que tenía ante sus ojos. No decía: «La habitación está creciendo», sino: «Veo que la habitación parece crecer». La distinción puede parecer sutil, pero para Penfield demostraba algo muy importante: que se puede estudiar la conciencia aparte de los pensamientos y las imágenes que habitualmente la llenan.

En otras palabras, algún aspecto de la mente no está aprisionado en el mundo de la dualidad. Mantiene un invariable estado de inteligencia" consciente; es, simplemente. Este núcleo de claridad impertérrita es la conciencia en sí, en su forma más pura y sencilla. Lo sepamos o no, todos tenemos la mente anclada en la claridad. La conciencia pura permanece sin ser afectada aun en medio de los sucesos más desgarradores de la vida (a todas luces, la cirugía de cerebro es uno de los más desgarradores). Aunque no podemos alterar nuestro núcleo de conciencia pura, perderlo o destruirlo, podemos olvidarlo. Como parte de nuestro libre albedrío, cada uno tiene la opción de aplicar su atención a la parte cambiante de la mente o a la parte inalterable.

Lo que descubrieron los rishis es que la mente íntegra, la que se ha elevado a un estado de conciencia más alto, funde estos dos modos de atención diferentes. Un modo sigue la actividad del mundo; el otro permanece inmóvil dentro de su propia naturaleza. Una persona está más allá de todo sufrimiento si puede pensar y actuar sin perturbar la silenciosa claridad de su mente. Tal como lo expresaban los rishis, el reflejo de la luna llena se quiebra en el lago ventoso, pero eso no quiebra la luna en sí. En una imagen poética capturaron exactamente lo que Penfield descubrió con sus sondas.

Como cualquier otra herida, la conciencia herida debe cicatrizar por cuenta propia. Esto significa que a muchas personas las primeras etapas de la evolución les harán recordar el dolor, la ira y la culpa que preferirían olvidar. Pero la conciencia es como un ejército que avanza unido, sin dejar rezagados; es preciso enfrentarse a todo el viejo dolor. Tal como lo señala maharishi, la «iluminación» significa que todas las partes de la mente reciben luz; no hay rincones oscuros; no queda nada terrorífico que mirar. Sin embargo, la meditación no nos enfrenta de cabeza con nuestras viejas heridas. Cada una ha dejado su marca en el sistema nervioso; son esas cicatrices fisiológicas las que se liberan.

De este modo, el crecimiento hacia la iluminación se produce sin desgarraduras. Nada nos presiona para que crezcamos a determinada velocidad. Franz Kafka, cuya reputación literaria se basa en sus pinturas del sufrimiento agudo, escribió una vez una afirmación brillante del camino a la iluminación: «No necesitas abandonar tu cuarto. Permanece sentado a tu mesa y escucha. No escuches siquiera; espera, simplemente. No esperes siquiera: guarda quietud y soledad. El mundo se te ofrecerá gratuitamente para que lo desenmascares; no tiene opción; rodará en éxtasis a tus pies». Al leer este fragmento sentí el aliento de la realidad. Nos llama sin perturbar su propia quietud. Y para saber lo que susurra debo guardar yo mismo idéntico silencio.

LUCHA Y EXPANSIÓN

La siguiente etapa de Nick, que abarcó los últimos años de la veintena y los primeros de la treintena, consistió en debatirse con la mota de conciencia que se le revelaba de vez en cuando desde su niñez. Exteriormente fue la época más caótica de su vida, pues el impulso de liberarse de sus demonios se expresaba de modos retorcidos, con frecuencia como conducta autodestructiva. No obstante, en algún plano profundo iba creciendo, misteriosamente, la integridad.

El divorcio de Clare no fue cordial; le siguió muy pronto una agria disputa legal con los padres de Nick, que reclamaban la propiedad de la casa y la cuenta bancaria del hijo; les habían sido transferidos como recurso legal durante el juicio de divorcio, pero una vez que se asignó a

Clare una pensión modesta, los padres de Nick se negaron rotundamente a devolverle la propiedad. Su padre lo desafió tranquilamente a que le iniciara juicio, asegurando que podía mantenerlo en los tribunales por años enteros.

Nick, furioso, abandonó la empresa familiar. Se las compuso para sacar algún dinero de un fondo en fideicomiso y viajó a Italia, donde pasó un año en una especie de fantasía: aprendiendo a conducir coches de carrera en los grandes circuitos. Conducía temerariamente, llevando a su límite los peligros del deporte, pero esa veta autodestructiva apenas comenzaba a emerger. Pronto volvió a Boston e hizo la apuesta de su vida dedicándose a la cocaína. La misma mezcla de peligro, emoción e ira que había experimentado al conducir coches de carrera tomó un filo mucho más agudo.

La compulsión de continuar consumiendo cocaína era inmensa. Nick había llegado a un punto en que le era casi imposible, ya con treinta y cinco años, mantener la fachada de normalidad, aunque lo había hecho tan bien a los cinco. Pese a sus intensos esfuerzos por canalizar sus energías hacia actividades productivas (corría ocho kilómetros por día, nadaba tres kilómetros más en la piscina, se ejercitaba en el gimnasio y tenía un gran círculo de amigos comprensivos), descubrió que la desesperación y la cólera se le filtraban inexorablemente en la mente, tiñendo cualquier otro impulso. Sus secretos sepultados clamaban venganza.

Nick se liberó de la drogadicción en lentas etapas, pero en cada una el tema común era su expansión de la conciencia. Lo que da un poder siniestro a cualquier forma de tormento mental es que la gente tiene una noción equivocada de sí misma. Creemos ser torturados por el dolor, la depresión, el miedo y la desesperación, como si algún enemigo extranjero nos atacara desde adentro. Sin embargo, adentro no hay enemigos. Hay sólo materia mental. Esta sustancia invisible, como una especie de arcilla universal, se modela a sí misma convirtiéndose en todos nuestros pensamientos, sensaciones y deseos.

El problema es que esta materia mental puede representar dramas en los que juega papeles opuestos. Puede ser la víctima y el torturador al mismo tiempo. Nick me contó que, años antes, se había hospedado en un hotel de Jamaica para pasar una semana buceando. Momentáneamente había abandonado todas las drogas y se encontraba en mejor estado físico que nunca. Una mañana, al entrar en la ducha, súbitamente se dejó caer de rodillas, llorando, totalmente fuera de sí. Desde algún rincón oscuro brotaba una ola de desesperación.

—¡Dios! —exclamó en voz alta—. ¿Por qué me ocurre esto? ¿Tengo que matarme? ¿Existes? Por favor, por favor, si eres Dios, llévate mi tormento.

Como siempre, relató este momento terrorífico con voz dominada y agradable, pero me rozó la vacuidad que él había sentido.

—¿Cree usted que Dios le escuchó? —pregunté al cabo de un momento.

—No lo sé —dijo—. No sé si Dios es real para mí. Puedo haber estado gritando al destino o al abismo.

—Por lo que a usted concierne, ¿su voz no fue escuchada por nadie?

—No lo sé —repitió.

—Pero al menos sabemos que alguien la oyó —observé—. ¿Sabemos?

»La oyó usted mismo. ¿Por qué no comenzar por allí? En vez de preguntarnos si hay algún agente todopoderoso capaz de salvarle del sufrimiento, podemos al menos comenzar con su necesidad de comprenderse a sí mismo, escuchar de verdad y saber quién es.

»Cada vez que gritamos, nuestra voz llega a nosotros mismos. Cuando tenemos miedo somos nosotros mismos los que nos damos miedo; si empezamos a desgarrarnos por adentro, la misma mente desgarra y es desgarrada. Experimentar sólo una parte lleva al sufrimiento; no importa si usted se identifica con el actor o con aquello sobre lo que actúa. En la realidad, el actor no está separado del objeto de la acción. Todo es sólo usted.»

Al pensar en el inútil sufrimiento resultante, vi también en la cara de Nick una expresión triste y desconcertada. Pero no estábamos allí para discutir el dolor. La última fase en la vida de Nick ha sido la más feliz, pues ha comprendido que puede hallar una salida a la cruel autodivisión que le dio forma en la niñez. Comprendió que, si quería vivir en paz consigo mismo, debía desmantelar las recurrentes amenazas de su pasado. Fue afortunado al encontrar un terapeuta comprensivo y experimentado, que empezó a tratarlo varias veces por semana. Al principio, la ira que en Nick inspiraba su padre era demasiado violenta como para manejarla. «Cuando descorché mis fantasías de venganza y empecé a hablar de matar a mi padre, lo hice de manera muy convincente; mi terapeuta dijo que tendría que llamar a mis padres para advertirles del peligro. Hizo falta esa fuerte amenaza para detenerme.»

También fue necesario internarlo de vez en cuando en centros de desintoxicación para drogadictos; pasó por diversos programas de rehabilitación, nueve veces en total.

Con el correr del tiempo, la turbulencia de su mundo interior empezó a ceder. Ya no tenía la súbita erupción de su negra ira; no despertaba a medianoche, como le había ocurrido desde la adolescencia, sudando" de pánico. El Nick de la superficie (el niñito bueno que deseaba complacer) comenzó a comprender que el otro Nick, al parecer tan loco y autodestructivo, era en realidad un niño sollozante, con legítimas emociones de dolor y terror que no merecían ser condenadas y temidas, sino curadas.

Hace un año, ya al final de su terapia, Nick comenzó

a meditar. Fue una experiencia reveladora, pues de pronto recobró la claridad que había perdido veinte años antes, la última vez que estuvo solo en los bosques de Vermont. Aunque sus experiencias de silencio interior eran breves, al salir de ellas se sentía como si hubiera establecido contacto con una fuente de profunda satisfacción. Era su primera experiencia de un ser íntegro en muchos años; además, la primera satisfacción que restaba toda importancia a su vergüenza, su culpa y al odio que contra sí mismo sentía.

—He tenido una imagen recurrente en que me veo nadando solo en medio del océano —dijo Nick—. Me debato en el agua, en tanto monstruos borrosos se elevan desde abajo hacia mí. Pero la primera vez que medité esa imagen siniestra sufrió un cambio. Se me ocurrió que yo no era sólo el nadador, sino también el mar, y que los monstruos no eran otra cosa que yo mismo.

Después de una larga pausa empezó inesperadamente a contarme algo:

—Llevaba trece años buscando a mi verdadera madre. Hallarla se había vuelto para mí muy importante. Pensaba que tal vez mi drogadicción se relacionaba con mi herencia. También quería ver una cara que podía parecerse a la mía. Me motivaban todo tipo de razones. Pero no ocurría nada. Pasaron los años; gasté una fortuna en investigadores, algunos de los cuales eran simples charlatanes.

»Poco después de que comencé a meditar, al encender la radio oí que una mujer decía poder localizar a los padres de niños adoptados en seis semanas. No quiso revelar sus métodos, pero de inmediato le envié mi nombre. Tal como ella prometía, seis semanas después recibí por correo el nombre de mi verdadera madre.»

Esto parece un relato cuidadosamente ideado por un escritor: la madre biológica de Nick resultó ser una gitana, tal como él había imaginado en el cuento de hadas que se contaba a sí mismo en su infancia. Cuando lo adoptaron había amenazado con recuperarlo secuestrándolo. Por varios años continuó rondando a los padres de Nick, tratando de extraerles más dinero (ellos no han revelado hasta qué punto tuvo éxito).

—De súbito mi vida toda empezó a integrarse. Desapareció el mundo impersonal y fortuito; desperté a un mundo que tenía sentido. No puedo decirle exactamente cuándo capté esta nueva sensación, pero desde ese momento me sentí increíblemente libre. Sólo deseaba ponerme en contacto con mi verdadera madre y decirle que todo estaba bien. No me importaba lo que ella hubiera hecho; la perdoné y perdoné a mis padres adoptivos, a todos.

—Pero esta mujer lo vendió y luego intentó una extorsión —señalé.

—Me emocionó mucho encontrarla —replicó—. ¿Cómo no perdonarla? Cuando la llamé estaba muy nervioso. La mujer que había rastreado a mi madre me indicó que comenzara por escribirle una carta, pero yo tenía que telefonearle. Se llama Eva Z...; fingí ser un pariente lejano. Al cabo de un rato entró en sospechas y me preguntó cómo sabía tanto de la familia Z... si nunca me había presentado en sus reuniones.

»Entonces fui directo y le pregunté: "¿Usted no tuvo un hijo varón?". Respondió que no, sin vacilar. Hubo algunos rodeos, pero al fin presioné más: "¿Verdad que usted dio a luz un varón, el 5 de agosto de 1953, y lo entregó en adopción a una pareja adinerada de Glen Rock, Nueva Jersey?". Eva, doblemente suspicaz, exigió saber quién era yo. "Soy su hijo", barboté.

»Ni siquiera vaciló. "Aunque no me creas", dijo, "te amo." De inmediato se me derritió el corazón. Los dos rompimos a llorar. Ella quería verme de inmediato, pero yo me hice rogar. Necesitaba tiempo para absorber el hecho de haberla hallado, tras trece años de búsqueda.

»Nos reunimos dos semanas después. Fue maravilloso. Eva se parece a mí; sus dos hijas se parecen a mí. Tiene una risa hermosa. En una ocasión no pudo dejar de reír por diez minutos enteros; yo trataba de calmarla, preocupado, pero ella me apartó diciendo: "Déjame en paz. Sólo quiero reír". Salimos a bailar y la tomé en mis brazos. Ella sonreía y me miraba. "Es mi madre", pensaba yo. "La tengo aquí, entre mis brazos. La abrazo, la toco." ¿Cómo no perdonarla?»

Nick hizo una pausa para dominarse. Había descubierto el secreto de su nacimiento, que abría dentro de sí un profundo pozo de emociones. Pero había algo más. Estaba arrebatado por el misterio del corazón que apenas comienza a conocerse, lo cual equivale a un segundo nacimiento. Pensé en lo mucho que yo también he cambiado. Ha desaparecido mi total convencimiento de que la vida es implacable, como una rueda de molino que muele imparcialmente nacimiento y muerte. Ver las cosas de ese modo es aceptar la apariencia y pasar por alto la esencia. Si te acercas, el mundo se parece mucho más a un deseo, un gran deseo que se convierte en realidad a nuestro alrededor, con nuestros propios deseos entretejidos a él.

En esta vida humana no podemos impedir que la rueda muela, pero en algún otro plano tenemos todo el poder. Somos los hijos privilegiados de la naturaleza. Una vez que nos concentramos en nuestros deseos más profundos, tienen que tornarse realidad. Por eso es que el gran deseo del mundo es, en primer lugar, desplegarse.

Nick y yo guardamos silencio, compartiendo un concepto de la vida muy delicado, muy apasionante. Él no tenía nada más que decir, pero yo aún escuchaba lo que había pasado antes por alto y no deseaba olvidar jamás. Por primera vez, en su voz se había elevado el gozo puro.

ÍNDICE